权威·前沿·原创

皮书系列为
"十二五""十三五""十四五"国家重点图书出版规划项目

BLUE BOOK

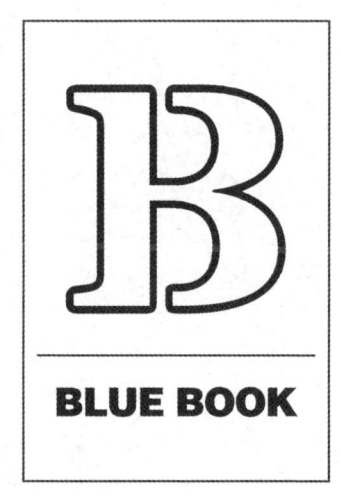

智库成果出版与传播平台

四川蓝皮书

BLUE BOOK OF SICHUAN

成渝地区双城经济圈建设报告（2022）

THE ANNUAL REPORT ON CONSTRUCTION OF THE CHENGDU-CHONGQING ECONOMIC CIRCLE (2022)

主　编／李中锋
副主编／廖祖君　王　芳

社会科学文献出版社
SOCIAL SCIENCES ACADEMIC PRESS (CHINA)

图书在版编目（CIP）数据

成渝地区双城经济圈建设报告 . 2022 / 李中锋主编 . -- 北京：社会科学文献出版社，2022.6
（四川蓝皮书）
ISBN 978-7-5228-0137-7

Ⅰ.①成… Ⅱ.①李… Ⅲ.①区域经济发展-研究报告-成都-2022②区域经济发展-研究报告-重庆-2022 Ⅳ.①F127.711②F127.719

中国版本图书馆 CIP 数据核字（2022）第 086244 号

四川蓝皮书
成渝地区双城经济圈建设报告（2022）

主　　编／李中锋
副 主 编／廖祖君　王　芳

出 版 人／王利民
责任编辑／王　展
责任印制／王京美

出　　版／社会科学文献出版社·皮书出版分社（010）59367127
　　　　　地址：北京市北三环中路甲29号院华龙大厦　邮编：100029
　　　　　网址：http://www.ssap.com.cn
发　　行／社会科学文献出版社（010）59367028
印　　装／天津千鹤文化传播有限公司

规　　格／开 本：787mm×1092mm　1/16
　　　　　印 张：20　字 数：296千字
版　　次／2022年6月第1版　2022年6月第1次印刷
书　　号／ISBN 978-7-5228-0137-7
定　　价／249.00元

读者服务电话：4008918866

▲ 版权所有 翻印必究

四川蓝皮书编委会

主　任　高中伟　向宝云
副主任　李中锋
编　委　（按姓氏拼音为序）
　　　　安中轩　陈　映　陈　妤　陈美利　达　捷
　　　　甘庭宇　黄　寰　何祖伟　李卫宏　李晟之
　　　　廖冲绪　廖祖君　刘　伟　骆　希　庞　淼
　　　　彭　剑　王　芳　张克俊　张立伟

本书编写组

主　编　李中锋
副主编　廖祖君　王　芳
执笔人　（按文序排列）
　　　　王　芳　侯宏凯　张剑宇　曲天天　韩文艳
　　　　熊永兰　王丽程　王　倩　陈诗薇　冯豫东
　　　　冉　敏　毛　静　周　俊　曹　瑛　易晓芹
　　　　黄桂平　易彦玲　张　筠　王天崇　杨　婧
　　　　吴振明　高　洁　李明陆　李　晶　李丽萍
　　　　胡鲲翔　李双强

主要编撰者简介

李中锋 博士、教授、博士生导师，四川省社会科学院副院长，主要研究方向为区域经济学，人口、资源与环境经济学，长期从事我国西部民族地区经济社会发展研究。近年来，主持国家社会科学基金项目2项、教育部社会科学基金项目等省部级课题多项，参与国家社会科学基金、国家自然科学基金以及教育部人文社会科学重点研究基地重大项目多项，在CSSCI核心期刊发表学术论文多篇，科研成果曾入选国家社会科学基金《成果要报》。

廖祖君 经济学博士、研究员、博士生导师，四川省社会科学院区域经济研究所所长，《中国西部》主编，主要从事区域发展、农业经济、组织与制度创新研究。在《人民日报》理论版、《光明日报》理论版、《中国农村经济》、《中国农村观察》、《财经科学》等核心刊物发表论文数十篇，独著和主编论著4部、作为副主编出版论著6部，获省部级奖励12项（其中一等奖2项），主持国家社会科学基金项目3项、国家社会科学基金重大招标项目子课题3项、四川省社会科学基金项目2项，参与撰写的多份调研报告获得国务院和四川省主要领导同志的肯定性批示。

王 芳 经济学博士，四川省社会科学院区域经济研究所副研究员，主要研究方向为区域经济、产业经济、城乡融合等。连续多年参与《四川城镇化发展报告》（蓝皮书）编撰工作，参与国家社会科学基金课题1项，参与四川省规划重大课题1项，主持和参与省级、市级课题研究30余项，获四川省社会科学优秀成果二等奖1项。

加快打造高质量发展重要增长极

盛 毅*

城市群作为城市发展到成熟阶段的空间组织形式，在发达国家已经有近百年的实践，纽约引导城市向郊区扩张，东京和巴黎在郊区建卫星城，英国制定大伦敦规划，都发生在20世纪20年代至60年代。目前，这些城市群已经成为世界上最发达的城市群。

中国正式提出城市群建设只有20余年时间，而且早期划分标准并不科学。无论是2006年《中国城市竞争力报告》中划分的15个城市群，还是《2010中国城市群发展报告》中划分的23个城市群，普遍缺乏专门规划，更缺乏一体化体制机制设计。1997年湖南省提出推动长株潭一体化发展，应当是最早的城市群建设行动方案，是政府推动城市群建设的例子。而有意识地推动国家层面的城市群发展，则出现在2015年以后。从2015年到2018年，国务院先后批复了长江中游、哈长、成渝、长江三角洲、中原、北部湾、关中平原、呼包鄂榆、兰西等9个城市群发展规划，全面开启了中国城市群建设征程。

进入新时代以来，中心城市和城市群在区域发展中的优势更加突出。为顺应这一空间分工格局变化趋势，充分发挥城市群引领区域发展的龙头作用，进一步强化承载经济和人口的能力，党中央和国务院对城市群发展做出了新部署，先后批复《京津冀协同发展规划纲要》《长江三角洲区域一体化

---

* 盛毅，四川省社会科学院研究员，原副院长，四川省委省政府决策咨询委员会成员，享受国务院政府特殊津贴专家。

发展规划纲要》《粤港澳大湾区发展规划纲要》《成渝地区双城经济圈建设规划纲要》等,将四大城市群建设上升到国家重大战略层面,拟通过率先推进部分重点城市群建设,带动更多城市群、都市圈和中心城市建设,加快构建区域发展新格局。

成渝地区双城经济圈(简称"双城经济圈""经济圈")建设,正是国家继在沿海布局三大城市群之后,在中西部落子的第一个重点城市群。双城经济圈建设的主要任务,是着力打造带动全国高质量发展的重要增长极和新的动力源,建设具有全国影响力的重要经济中心、科技创新中心、改革开放新高地、高品质生活宜居地,形成有实力、有引领能力、有特色的城市群。《成渝地区双城经济圈建设规划纲要》批复以来,四川和重庆按照党中央和国务院的部署,遵循"一体化"和"一盘棋"的要求,全方位推动经济圈建设,努力唱好"双城记"。首先是川渝两地党政领导先后召开了四次联席会议,出台了建设工作方案和推进机制,组建了专门机构,确定了年度重点任务和建设项目,提出了共同争取国家支持的重大事项,制定了重点规划编制方案和便捷生活行动方案。其次是两地党政领导对加强成都和重庆双核建设、推进部分产业协同发展和世界级集群建设、共建科技创新中心、推进碳达峰碳中和、促进毗邻地区一体化和共建高竹新区等,做出了具体安排。最后是相关部门和各城市甚至县(区)、乡(镇),也根据联席会议精神和工作要求,签署了上百个合作协议。两年来,城市群建设取得的成效很明显。当然,我们也要看到,城市群建设在我国是一个全新的课题,在成渝地区双城经济圈建设推进过程中,遇到不少问题和挑战,不仅需要更多理论支持,还需要创新的实践。尤其是双城经济圈发育程度不高,其空间分布结构、大中小城市结构、内在经济联系、产业链规模,与国内外先进的城市群相比,还存在较明显的差距,需要在遵循城市群发展规律的前提下,紧密结合自身实际,进一步明确建设的主攻目标和重点任务,创新发展路径,在有条件的方面取得突破,为中西部城市群建设提供更多经验借鉴。

本报告正是基于以上需要编写的。报告关于总体情况的回顾总结和展望,使我们对双城经济圈建设进展有了一个总体了解和把握;同时根据五大发展理念，对经济圈建设的各个区域和领域进行分析，总结经验和剖析问题；还对双城经济圈的行政区与经济区适度分离、城乡融合、大中小城市协同发展、产业转型等热点问题，做了初步的讨论和探索。从报告中可以看到，双城经济圈建设目前已经走过了从系统部署到全面铺开的阶段，接下来的任务是深入落实总体规划和各专项规划、实施方案、合作协议，这就必然会涉及体制机制如何构建这一关键问题。应当承认，与所有城市群建设遇到的难题一样，深入系统推进双城经济圈一体化发展，遇到的最大瓶颈是体制机制障碍，主要表现在经济区管理权限太小，一旦涉及大的利益关系，靠协商很难落实，而要向经济区扩大授权，又会与现有行政管理体制形成较大冲突。因为国家级城市群作为跨省构建的综合性经济区，群内既有各类经济技术开发区、自由贸易试验区、经济带或经济走廊等专门经济功能区，也有省级范围的都市圈、城市新区等综合经济功能区，所以向经济区扩大授权不仅与省级行政管理发生矛盾，也可能导致群内各次级经济区与行政区关系的再协调，面临的情况会更复杂。

　　基于这一现实，下一步深入推进双城经济圈建设，可以现有总体规划和实施方案为指导，准确把握战略定位，在一体部署、相互协作、共同实施行动中，分层次、分领域推进合作，争取在中心城市与周边城市同城化或一体化，毗邻地区协同发展，交通、产业、科技、环保、民生等政策协同对接方面，率先取得突破。通过打造经济圈内高水平区域协作发展样板，带动和引领整个经济圈的一体化发展。尤其是要注重发挥中心城市辐射带动作用，进一步强化发展引擎的动能，形成以大带小、以点带面的区域发展格局。这些都需要针对各合作区域和相关领域实际，把发挥市场在资源配置中的决定性作用与更好发挥政府作用结合好，通过持续深化改革开放创新，加快探索分层次的一体化体制机制构建。当然，在打造增长极和动力源的同时，还要牢固树立"绿水青山就是金山银山"的理念，全面践行生态优先、绿色发展的要求，做好长江生态保护，建设长江上游生态屏障。

摘 要

本书是由四川省社会科学院组织编撰的首部《成渝地区双城经济圈建设报告》，旨在紧密跟踪成渝地区双城经济圈的发展动态，全面梳理2020年以来若干重大领域的建设成果，对众多热点问题进行学理性和实践性的专题分析，为推动成渝地区双城经济圈建设建言献策。全书共分为四个部分，总报告围绕新发展格局下的成渝地区双城经济圈建设这一主题，系统梳理了成渝地区双城经济圈的历史演变进程和国家规划历程，重点从经济发展水平、城镇化发展水平、协同发展水平和生态文明建设水平四个视角进行了深入分析和综合评价；在此基础上，本报告基于成渝地区双城经济圈所处新发展阶段，立足新发展理念和新发展格局，展望了成渝地区双城经济圈未来的发展。第二部分是以五大发展理念为主线的系列报告，从"创新、协调、绿色、开放、共享"五个方面描绘成渝地区双城经济圈建设的进展、典型案例、关键短板等，提出相应的对策建议。第三部分为协同发展篇，重点剖析了成渝地区在经济区与行政区适度分离改革中的制度创新和实践探索，阐释经济、产业和教育几大领域的协同发展情况与不足，利用大量数据和案例进行深度细致的分析与研判。第四部分为融合发展篇，聚焦成渝地区双城经济圈建设过程中的城乡融合、区域融合等热点问题进行论述分析。

关键词： 成渝地区双城经济圈　新发展格局　协同创新　融合发展

目 录

Ⅰ 总报告

B.1 新发展格局下的成渝地区双城经济圈
　　……………… 王　芳　侯宏凯　张剑宇　曲天天 / 001
　　一　成渝地区双城经济圈历史脉络 ……………………… / 002
　　二　成渝地区双城经济圈发展现状 ……………………… / 005
　　三　成渝地区双城经济圈前景展望 ……………………… / 047

Ⅱ 发展理念篇

B.2 成渝地区双城经济圈创新发展报告 ………… 韩文艳　熊永兰 / 065
B.3 成渝地区双城经济圈协调发展报告 ………………… 王丽程 / 084
B.4 成渝地区双城经济圈绿色发展报告
　　……………………… 王　倩　陈诗薇　冯豫东 / 099
B.5 成渝地区双城经济圈开放发展报告 ………………… 冉　敏 / 130
B.6 成渝地区双城经济圈共享发展报告 ………… 毛　静　周　俊 / 153

Ⅲ 协同发展篇

B.7 成渝地区双城经济圈主要城市经济协同发展报告………… 曹 瑛 / 163

B.8 成渝地区双城经济圈产业协同发展报告
……………………………… 易晓芹 黄桂平 易彦玲 / 175

B.9 成渝地区双城经济圈教育协同发展报告
………………………………… 张 筠 王天崇 杨 婧 / 189

B.10 经济区与行政区适度分离改革的理论逻辑与实践探索
——以川渝高竹新区为例……………………… 吴振明 / 212

Ⅳ 融合发展篇

B.11 成渝地区双城经济圈城乡融合发展研究…… 高 洁 李明陆 / 221

B.12 川南城市融入成渝地区双城经济圈的路径选择
——以宜宾市为例………………………… 李 晶 李丽萍 / 239

B.13 攀西经济区融入成渝地区双城经济圈路径研究……… 胡鲲翔 / 250

B.14 成渝地区双城经济圈辐射带动川渝全域发展路径研究
……………………………………………… 李双强 / 272

Abstract ……………………………………………………………… / 283
Contents ……………………………………………………………… / 285

总 报 告
General Report

B.1
新发展格局下的成渝地区双城经济圈

王芳 侯宏凯 张剑宇 曲天天*

摘　要： 本报告梳理了成渝地区双城经济圈的历史演变进程和国家规划历程，对成渝地区双城经济圈经济发展水平、城镇化发展水平、协同发展水平和生态文明建设水平进行了深入分析和综合评价。结果表明，成渝地区双城经济圈经济增长速度高于全国平均，产业结构逐步优化，经济动能转换颇具成效，对外开放水平日益提升，城镇化稳步推进，城乡居民生活、社会保障、基础设施建设和公共服务水平均有所提升，跨区域协同发展初见成效，空间、资源开发格局和生态环境保护与治理机制逐步优化。本文基于成渝地区所处的发展阶段，从创新引领、协调发展、绿色低碳、开放协同、共建共享等方面展望了成渝地区双城经济圈的未来发展。

---

* 王芳，博士，四川省社会科学院区域经济研究所副研究员，研究方向为区域经济学；侯宏凯，四川省社会科学院研究生学院区域经济学专业2020级硕士研究生；张剑宇、曲天天，四川省社会科学院研究生学院区域经济学专业2021级硕士研究生。

关键词： 成渝地区双城经济圈　城镇化　城市群　重庆　成都

一　成渝地区双城经济圈历史脉络

成渝地区双城经济圈位于"一带一路"和长江经济带交汇处，是西部陆海新通道的起点，具有连接西南西北，沟通东亚与东南亚、南亚的独特优势。区域内生态禀赋优良、能源矿产丰富、城镇密布、生物多样，是我国西部人口最密集、产业基础最雄厚、创新能力最强、市场空间最广阔、开放程度最高的区域，在国家发展大局中具有独特而重要的战略地位①。成渝地区双城经济圈规划范围包括重庆市的中心城区及万州、涪陵、綦江、大足、黔江、长寿、江津、合川、永川、南川、璧山、铜梁、潼南、荣昌、梁平、丰都、垫江、忠县等27个区（县）以及开州、云阳的部分地区，四川省的成都、自贡、泸州、德阳、绵阳（除平武县、北川县）、遂宁、内江、乐山、南充、眉山、宜宾、广安、达州（除万源市）、雅安（除天全县、宝兴县）、资阳等15个市。

（一）历史演变和发展进程

成渝地区双城经济圈内拥有两大国家中心城市，是长江经济带的重要城市群，对我国区域协调发展具有重大意义。从成渝地区的历史演变和发展进程来看，可分为古代、近代和现代三个阶段。古代成渝地区兴起于地理条件优越的成都平原，从先秦到宋代，不断经历分分合合，直至明代才形成了以成都和重庆为区域经济中心、政治中心的城镇体系格局。古代成渝地区的经济中心集中在成渝地区的交界区域，即位于成都与重庆中间的地带。直至近代民国出现了市建制，市建制的出现结束了中国古代县管城的格局。1930年，国民政府设立成都、重庆、自贡三大市，即出现了现代意义上的城市，此时虽然没有呈现出城市群格局，但为成渝地区城市群的产生奠定了基础。

---

① 《成渝地区双城经济圈建设规划纲要》，2021。

新中国成立后，伴随着成渝铁路、宝成铁路的修建，四川盆地首次出现了现代化的交通廊道，这标志着成渝地区城市群的发展进入了铁路时代，同时其规模不断发展壮大，逐步成为整个成渝地区的经济轴心。重庆市于1997年升为直辖市且得到迅速发展，而成都市作为四川的省会城市和西南地区的经济发展中心，也同样发展迅猛。直至今日，成都市与重庆市形成了成渝地区双城经济圈的两大增长极，显示出了区域发展的极化格局。

表1 成渝地区双城经济圈历史演变过程

发展阶段	演变进程
古代阶段	起源于成都平原
	先秦到宋代，不断经历分分合合
	明代形成了以成都和重庆为双中心的城镇体系格局
近代阶段	以民国时期出现的市建制为开端，出现了现代意义上的城市
现代阶段	新中国成立后，进入铁路时代，逐步形成城市群
	1997年重庆市升为中央直辖市
	成都市与重庆市形成了成渝地区的两大增长极

（二）国家规划历程

成渝地区双城经济圈的历史脉络更体现在国家规划历程中（见表2），2002年，国务院西部大开发办公室委托四川省社科院和重庆市社科院联合研究成渝经济区的发展课题，此项研究课题由四川省社科院原副院长林凌教授和时任重庆市社科院副院长廖元和教授主要承担。2005年，课题成果《共建繁荣：成渝经济区发展思路研究报告——面向未来的七点策略和行动计划》由经济科学出版社出版，从书中的内容来看，课题组对成渝经济区的范围界定、区域特征、功能定位、开发与整治等进行了系统研究。[①] 同年，国务院启动区域规划编制试点工作，在全国范围内选择了四个区域，成

[①] 林凌主编《共建繁荣：成渝经济区发展思路研究报告——面向未来的七点策略和行动计划》，经济科学出版社，2015。

渝地区则是其中之一。2006年，成渝经济区区域规划编制试点工作正式启动，由国家发改委地区经济司具体负责。

2010年，国务院批准《成渝经济区区域规划》，明确要求把成渝经济区建设成为西部地区重要的经济中心，这是关于成渝地区区域经济发展的第一个国家级规划方案。2011年，国家发改委批复《成渝经济区区域规划》，强调要以重庆和成都为核心，依托中心城市和长江黄金水道、主要陆路交通干道，把成渝经济区建设成为西部地区重要的经济中心。2014年3月，中共中央和国务院在《国家新型城镇化规划（2014~2020年）》中，指出要加快培育成渝、中原、长江中游、哈长等城市群，使之成为推动国土空间均衡开发、引领区域经济发展的重要增长极。同年9月，国务院在《关于依托黄金水道推动长江经济带发展的指导意见》中，提出以长江三角洲、长江中游和成渝三大跨区域城市群为主体，形成集约高效、绿色低碳的新型城镇化发展格局。然而官方仍未划定成渝城市群所包含的空间范围。国家发改委、外交部、商务部在2015年3月联合发布的《推动共建丝绸之路经济带和21世纪海上丝绸之路的愿景与行动》中，将重庆定位为"西部开发开放重要支撑"，将成都定位为"内陆开放型经济高地"。2016年，国务院批复《成渝城市群发展规划》，规划提出到2020年，成渝城市群要基本建成经济充满活力、生活品质优良、生态环境优美的国家级城市群。2030年，成渝城市群完成由国家级城市群向世界级城市群的历史性跨越。

2020年中央财经委员会第六次会议提出，推动成渝地区双城经济圈建设，有利于在西部形成高质量发展的重要增长极，打造内陆开放战略高地，对于推动高质量发展具有重要意义。中央财经委员会第六次会议的召开，标志着成渝地区双城经济圈建设上升为国家战略。

2021年10月，中共中央、国务院印发了《成渝地区双城经济圈建设规划纲要》（以下简称《规划纲要》），并发出通知，要求各地区各部门结合实际认真贯彻落实。《规划纲要》指出，要加强顶层设计和统筹协调，牢固树立一体化发展理念，唱好"双城记"，共建经济圈，合力打造区域协作的高水平样板,在推进新时代西部大开发中发挥支撑作用,在共建"一带一路"中发挥带动作用,在推进长江经济带绿色发展中发挥示范作用。

表2 成渝地区国家发展规划历史脉络

发展阶段	时间	规划进程
成渝经济区	2002~2005年	课题申报与成果"成渝经济区发展思路研究报告"
	2010~2011年	《成渝经济区区域规划》
	2014年	《国家新型城镇化规划(2014~2020年)》
		《关于依托黄金水道推动长江经济带发展的指导意见》
	2015年	《推动共建丝绸之路经济带和21世纪海上丝绸之路的愿景与行动》
成渝城市群	2016年	《成渝城市群发展规划》
成渝地区双城经济圈	2020年	中央财经委员会第六次会议的召开,标志成渝地区双城经济圈建设上升为国家战略
	2021年	《成渝地区双城经济圈建设规划纲要》正式发布

二 成渝地区双城经济圈发展现状

(一)经济实力迈上新台阶

1. 经济规模不断扩大

2020年,成渝地区双城经济圈实现地区生产总值(GDP)接近6.82万亿元,占全国的比重约为6.72%。经济圈的"双核"成都和重庆2020年的地区生产总值增速分别为4.0%和3.9%,均高于2020年全国平均增速(2.3%)。2015~2020年,仅重庆在2018年的地区生产总值增速低于全国平均增速(见图1)。地区生产总值的快速增长及其占全国比重的提高表明成渝地区双城经济圈作为我国西部地区重要增长极,对推动区域均衡发展发挥了应有的作用。但与长三角、粤港澳大湾区、京津冀三大城市群相比,成渝地区双城经济圈在经济规模、人均地区生产总值、均衡发展上还存在一定差距（见图2）。

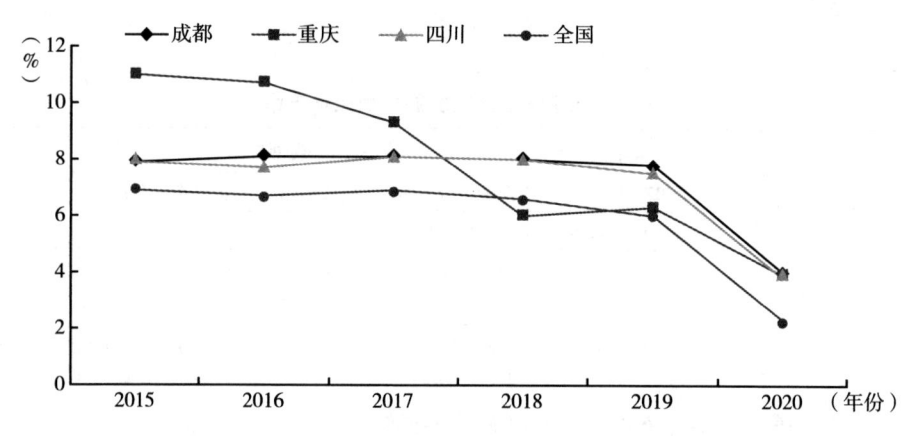

图1 2015~2020年成渝地区与全国、四川经济增速比较

资料来源：成都、重庆、四川和全国相关年份国民经济和社会发展统计公报。

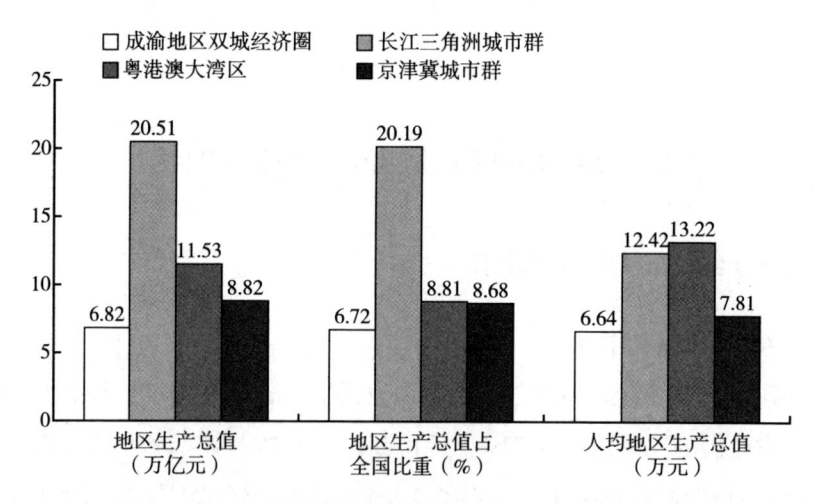

图2 2020年成渝地区双城经济圈与国内三大城市群比较

资料来源：相关省市2021年统计年鉴。

表3展示了全国经济总量排名前20的城市的部分经济信息，可以看出，2020年重庆和成都的经济总量在全国城市中分别位列第五和第七，经济总

量排名前 20 的城市中,成渝地区双城经济圈有 2 个、京津冀城市群有 2 个、长三角城市群有 8 个、粤港澳大湾区有 3 个,这也说明了"双核"对成渝地区双城经济圈的强劲带动作用。

消费和外贸是加快构建"双循环"新发展格局的关键,消费方面,成都、重庆的社会消费品零售总额分别位列全国第五和第七;外贸方面,成都和重庆的进出口总额与长三角城市群、粤港澳大湾区、京津冀城市群的主要城市差距较大,这反映了内陆城市群在对外经济上的先天劣势。总的来看,2020 年成都和重庆的地区生产总值较高,但人均地区生产总值相对较低,呈现出"总量较大,人均不足"的特征。

表3 2020 年全国经济总量排名前 20 的城市比较

单位:亿元,%

排名	城市	地区生产总值	人均地区生产总值	地区生产总值增速	进出口总额	社会消费品零售总额
1	上海	38700	155609	1.7	34828	15932
2	北京	36102	164925	1.2	23215	13716
3	深圳	27670	157574	3.1	30502	8664
4	广州	25019	134006	2.7	9530	9217
5	重庆	25002	78009	3.9	6513	11783
6	苏州	20170	158218	3.4	22237	7702
7	成都	17716	84613	4.0	7154	8118
8	杭州	16106	134609	3.9	7340	3581
9	武汉	15616	126753	-4.7	2704	6149
10	南京	14817	159071	4.6	34828	15932
11	天津	14083	101609	1.5	7340	3580
12	宁波	12408	131720	3.3	9786	4238
13	青岛	12400	123138	3.7	6407	5203
14	无锡	12370	165770	3.7	6050	2994
15	长沙	12142	120936	4.0	2350	4469
16	郑州	12003	95262	3.0	4946	5076

续表

排名	城市	地区生产总值	人均地区生产总值	地区生产总值增速	进出口总额	社会消费品零售总额
17	佛山	10816	113973	1.6	5060	3289
18	泉州	10158	115695	2.9	1970	5228
19	济南	10140	110217	4.9	1382	4469
20	合肥	10045	107205	4.3	2580	4513

资料来源：各市2021年统计年鉴。

在经济总量排名第11到第20的城市中，京津冀城市群有1个、长三角城市群有4个、粤港澳大湾区有1个，而成渝地区双城经济圈没有城市进入其中。2020年，经济总量在5000亿~10000亿元的城市中，京津冀城市群有2个、长三角城市群有7个、粤港澳大湾区有1个，而成渝地区双城经济圈中除了成都和重庆外，其他城市经济总量均未超过5000亿元，这说明成渝地区双城经济圈内城市的接续性和梯度性较差，两大极核外围缺乏有效承接的卫星城市，各城市发展较为不平衡，经济圈面临一定程度的"中部塌陷"问题。这一问题可以从四大城市群的对比中直观地看出（见图3~图6），排在成都之后的绵阳在经济总量上与成都相差巨大，除成都和重庆外，大部分城市经济总量都为1000亿~3000亿元规模。京津冀城市群虽也面临类似的困扰，但其拥有天津、唐山和石家庄三座经济总量较大的城市，缓解了部分城市梯度性差的问题。而长三角城市群和粤港澳大湾区基本不存在上述问题。

表4展示了四大城市群内各市经济规模分类汇总数据，可以看出，相较于其他三大城市群，成渝地区双城经济圈内的城市经济规模基本在3000亿元以下，分布较为不均衡，而健康的城市群状态如长三角城市群，呈现出正态分布特征。

从城市规模上亦可看出成渝地区双城经济圈内城市的梯度性较差。按照2014年国务院发布的"城市规模划分标准"，成渝地区双城经济圈的城市主要为Ⅱ型大城市，经济圈内没有特大城市和Ⅰ型大城市，而其他三大城市群均有特大城市或Ⅰ型大城市。

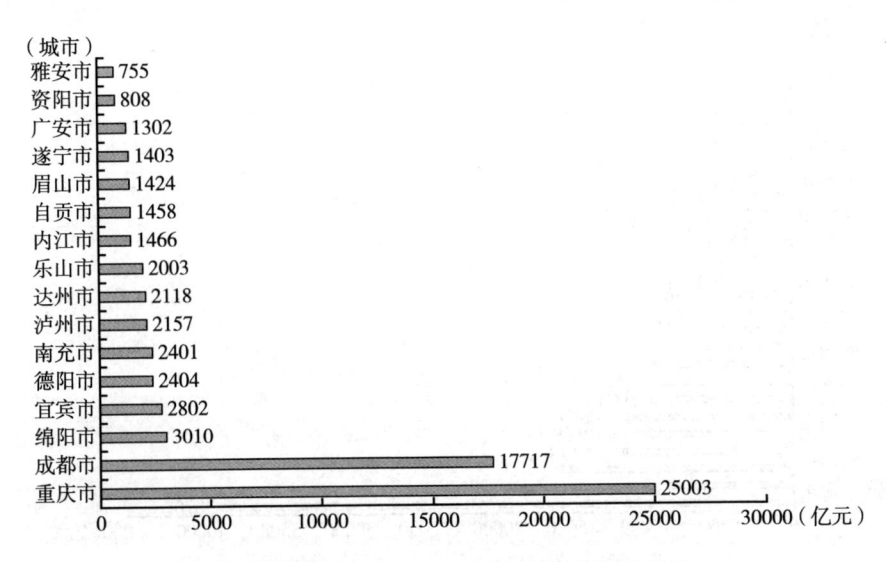

图 3　2020 年成渝地区双城经济圈各市经济总量

城市	经济总量（亿元）
雅安市	755
资阳市	808
广安市	1302
遂宁市	1403
眉山市	1424
自贡市	1458
内江市	1466
乐山市	2003
达州市	2118
泸州市	2157
南充市	2401
德阳市	2404
宜宾市	2802
绵阳市	3010
成都市	17717
重庆市	25003

资料来源：各市 2020 年国民经济和社会发展统计公报。

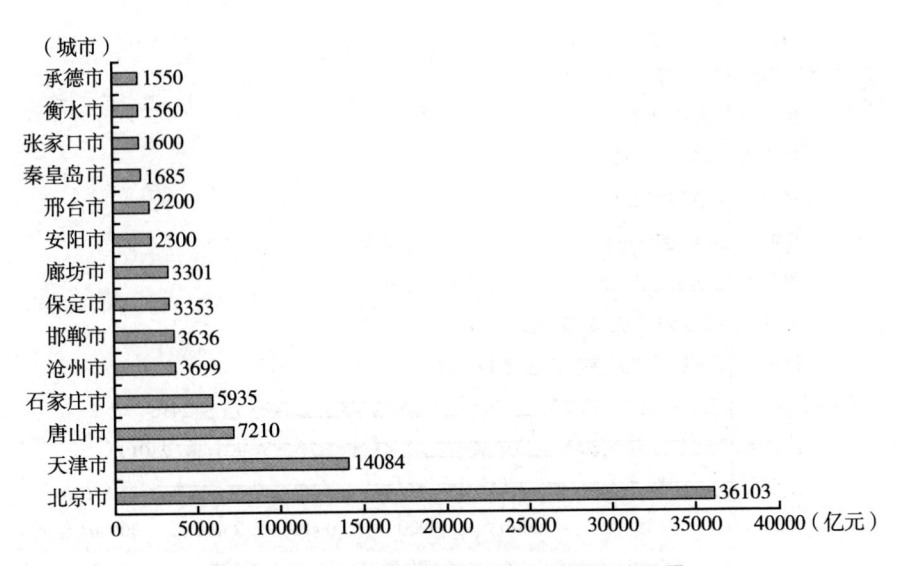

图 4　2020 年京津冀城市群部分城市经济总量

城市	经济总量（亿元）
承德市	1550
衡水市	1560
张家口市	1600
秦皇岛市	1685
邢台市	2200
安阳市	2300
廊坊市	3301
保定市	3353
邯郸市	3636
沧州市	3699
石家庄市	5935
唐山市	7210
天津市	14084
北京市	36103

资料来源：各市 2020 年国民经济和社会发展统计公报。

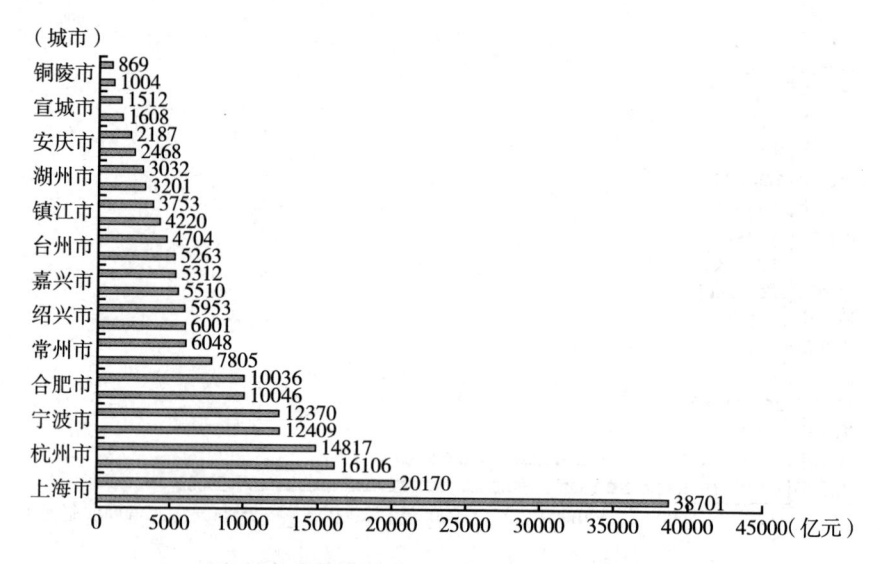

图 5　2020 年长三角城市群部分城市经济总量

城市	亿元
铜陵市	869
	1004
宣城市	1512
	1608
安庆市	2187
	2468
湖州市	3032
	3201
镇江市	3753
	4220
台州市	4704
	5263
嘉兴市	5312
	5510
绍兴市	5953
	6001
常州市	6048
	7805
合肥市	10036
	10046
宁波市	12370
	12409
杭州市	14817
	16106
	20170
上海市	38701

资料来源：各市 2020 年国民经济和社会发展统计公报。

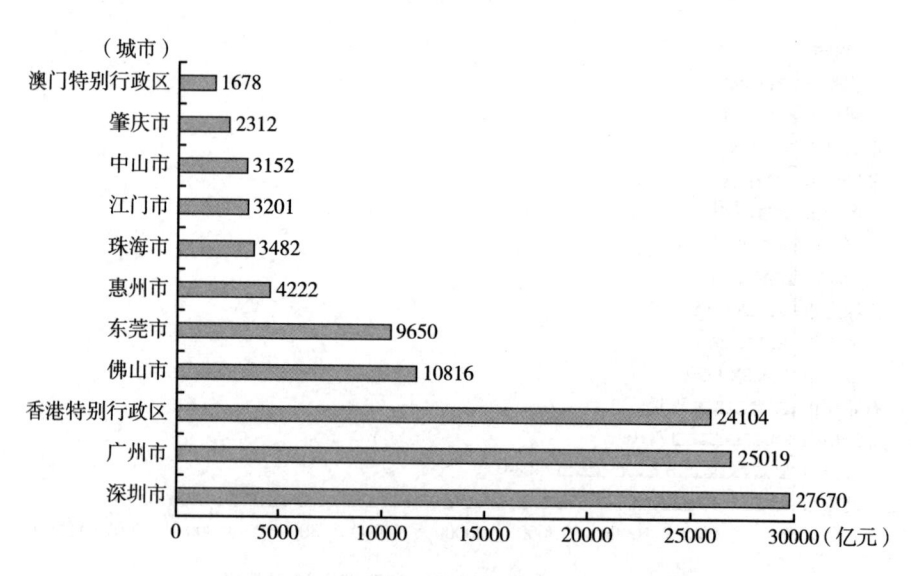

图 6　2020 年粤港澳大湾区部分城市经济总量

城市	亿元
澳门特别行政区	1678
肇庆市	2312
中山市	3152
江门市	3201
珠海市	3482
惠州市	4222
东莞市	9650
佛山市	10816
香港特别行政区	24104
广州市	25019
深圳市	27670

资料来源：各市 2020 年国民经济和社会发展统计公报。

表4　2020年四大城市群内各市经济规模分类汇总

单位：个

GDP/亿元	成渝	长三角	京津冀	粤港澳大湾区
GDP≥30000	0	1	1	0
20000≤GDP<30000	1	1	0	3
10000≤GDP<20000	1	6	1	1
5000≤GDP<10000	0	7	2	1
3000≤GDP<5000	1	5	4	4
2000≤GDP<3000	6	2	2	1
1000≤GDP<2000	5	3	4	1
GDP<1000	2	1	0	0

资料来源：根据各市2020年国民经济和社会发展统计公报数据整理所得。

表5　四大城市群内各城市规模汇总

单位：个

城市规模		成渝	长三角	京津冀	粤港澳大湾区
小城市	Ⅱ型小城市	0	0	0	0
	Ⅰ型小城市	0	0	0	0
中等城市		2	3	0	1
大城市	Ⅱ型大城市	12	7	5	5
	Ⅰ型大城市	0	8	4	0
特大城市		0	6	3	3
超大城市		2	2	2	2

资料来源：根据各市2020年国民经济和社会发展统计公报数据整理所得。

2. 产业结构逐步优化

成渝地区三次产业结构正由"二三一"转变为"三二一"，第三产业增加值在地区生产总值中占比已超过半数，第三产业吸纳就业的能力稳步上升，以成渝地区双城经济圈为核心的川渝两地现代化产业体系逐步形成。"十三五"期间，四川省三次产业结构由2015年的12.2∶47.5∶40.3转变为2020年的11.4∶36.2∶52.4，重庆市三次产业结构由2015年的7.3∶45.0∶47.7转变为2020年的7.2∶40.0∶52.8（见图7）。2020年，四川省工业增加值对经济增长的贡献率为36.3%，规模以上工业企业达到了14843户，营业收入总计45250.1亿元；重庆市工业增加值对经济增长的贡献率为28.0%，全年规模以上工业企业利润总额比上年增长17.3%。

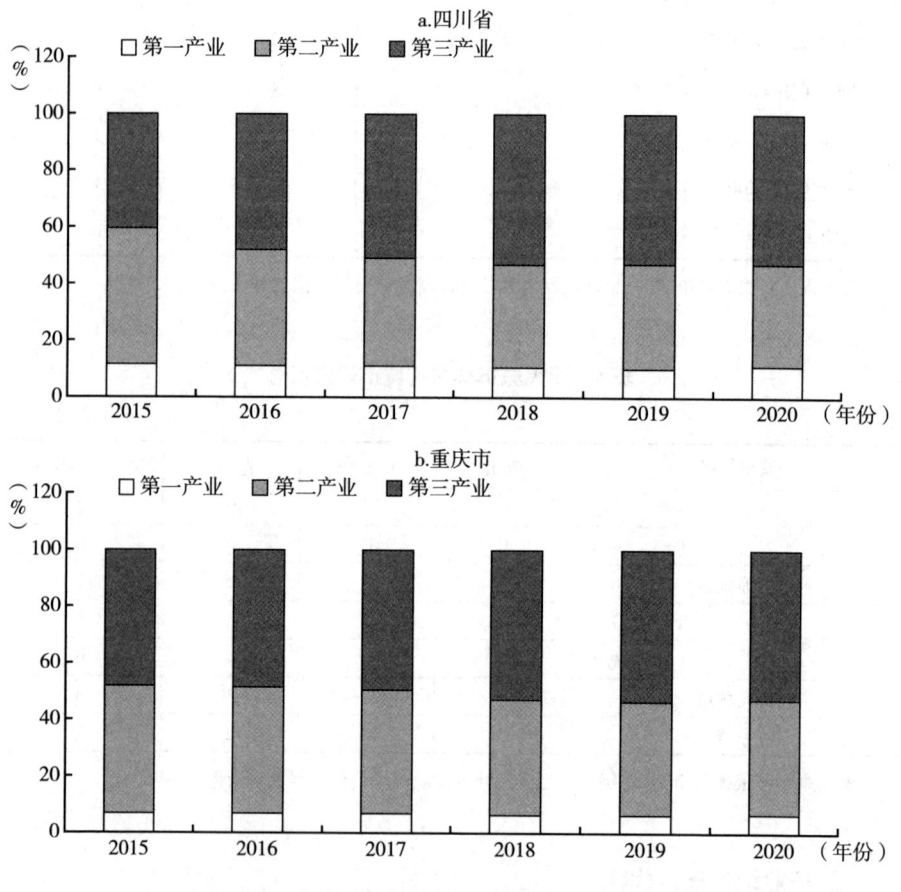

图7 2015~2020年四川省、重庆市三次产业结构

资料来源：四川、重庆相关年份统计年鉴。

工业领域，成渝地区正在加快建设以电子信息、装备制造等为核心的现代制造业产业集群。2020年，四川省电子信息产业共实现主营业务收入

12684.8亿元。规模以上计算机、通信和其他电子设备制造业增加值全年增长17.9%，比全国平均增速高出10.2个百分点，比全省规模以上工业增速高出13.4个百分点，累计贡献率达34.8%，拉动规模以上工业增长1.6%。规模以上电子信息制造业完成营业收入6957.5亿元，同比增长28.1%，总量居全国第四，并在前四名中增速排名第一。2020年，重庆市电子信息产业增加值同比增长13.9%，成为全市工业增长"第一动力"。截至2021年3月，重庆有规模以上电子信息企业639家，主营业务收入排名全国第七。川渝两地还共同推出了川渝电子信息产业重点产品产业链供需对接平台，对打通产业链上下游、推动川渝电子信息产业转型升级和高质量发展、联手打造具有国际竞争力的电子信息产业集群具有重要意义。2020年，川渝两地装备制造业规模突破1.4万亿元，同比增长5%。四川省装备制造产业主营业务收入达7327.8亿元，其中75%集中分布在成都、德阳、自贡、宜宾、广安等5市。重庆市装备制造业规模以上企业数达1094户，工业总产值首次突破2000亿元。根据《重庆市装备制造业高质量发展行动计划（2021～2025年）》，到2025年，重庆市装备制造业主营业务收入将超过3000亿元，装备制造产业集群将初步形成，其中高端装备制造对产业增长的贡献率将达到50%。

  服务业领域，以金融业、物流业和文旅产业为主导的现代服务业体系对成渝地区双城经济圈实体产业的支持力度持续增强。截至2020年末，四川省金融机构人民币各项存款余额为90350.5亿元，同比增长10.5%；保险公司达99家，全年实现原保险保费收入2273.6亿元，比上年增长5.8%；证券开户数达2123万户，比上年末增长15.4%，全年证券交易额为181166.3亿元，比上年增长42.2%；上市公司数量达136家，市值达30567.28亿元，均列全国省级区域第八名，资产总额达到24136.98亿元。2020年，重庆市金融机构资产规模为6.67万亿元，比上年增长10.7%，年末全市金融机构本外币存款余额为42854.31亿元，比上年末增长8.5%。截至2020年末，重庆市共有保险法人机构5家、营业性保险分公司57家，保费总收入为987.62亿元；共有证券公司总部1家、证券营业部208家、证券分公司45

家；境内上市公司有57家，总股本为929.62亿股，股票总市值为9770.48亿元，全市通过境内证券市场累计融资2932.07亿元。

成渝地区双城经济圈拥有重庆港口型国家物流枢纽和成都陆港型国家物流枢纽两个国家物流枢纽。2020年，四川省社会物流总额为71218.9亿元，同比增长2.7%；全省社会物流总费用7273.8亿元，同比增长2.5%；社会物流总费用与GDP比值为14.9%，比上年降低0.3个百分点；物流业总收入为6406.6亿元，同比增长2.9%。2020年，重庆市货物运输总量为12.14亿吨，货物运输周转量为3524.70亿吨公里，社会物流总费用为3618亿元，社会物流总费用与GDP的比值为14.5%，低于全国平均水平0.2个百分点。成渝地区双城经济圈的物流产业有力支撑了地区支柱产业和相关企业的发展。根据《共建成渝地区双城经济圈口岸物流体系实施方案》，成渝地区将打造高度一体化的现代口岸物流体系，到2025年，川渝两地社会物流总额将达到14万亿元。

文化和旅游产业是成渝地区双城经济圈的一张亮眼名片，在新冠肺炎疫情影响下，成渝地区一手抓疫情防控，一手抓经济恢复，取得了阶段性成果。2020年，四川省文化产业增加值为2200亿元，旅游总收入达6500亿元，同比恢复57%；接待国内游客4.3亿人次，同比恢复57%。2020年，重庆市全年接待入境旅游人数14.63万人次，实现旅游外汇收入1.08亿美元，年末全市拥有国家A级景区262个，其中5A级景区10个、4A级景区121个。

3. 增长动能保持强劲

"十三五"期间，川渝地区消费总需求持续增长。从消费看，2015~2020年，川渝地区社会消费品零售总额增速变动趋势与全国相仿，但整体高于全国平均增速（见图8）。2015~2018年，川渝地区社会消费品零售总额增速接近10%。受新冠肺炎疫情影响，2019年、2020年川渝地区社会消费品零售总额增长率锐减，甚至出现了负增长，但仍高于全国平均。2020年，四川省社会消费品零售总额达20824.6亿元，占地区生产总值的42.8%。重庆市社会消费品零售总额达11787.2亿元，占地区生产总值的47.14%。值得注意的是，相比于四川省,重庆市消费需求增长更为稳健,在新冠肺炎疫情影响下,2020年重庆市社会消费品零售总额仍然实现了正增长。

从投资看,川渝地区全社会固定资产投资增长率整体高于全国平均增速,其中四川省的固定资产投资仍然保持了10%左右的高增长,呈现出明显的投资拉动属性,而重庆市的固定资产投资增长率则逐年降低,并有接近全国平均增长率的趋势(见图9)。

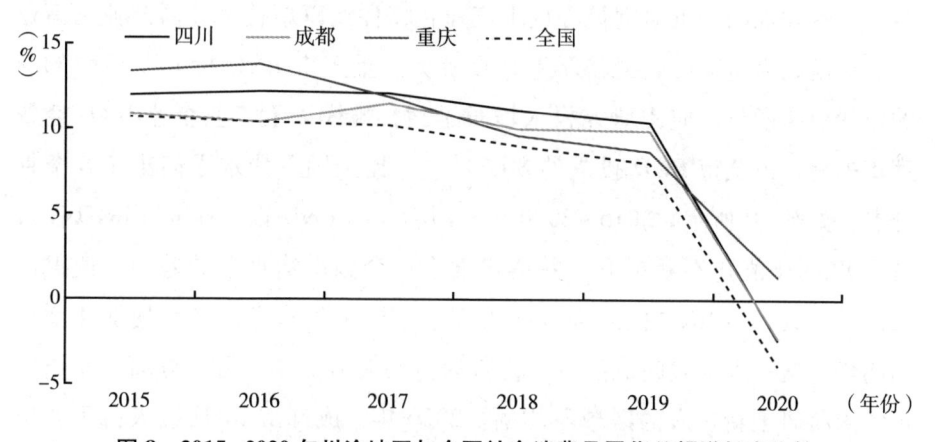

图8　2015～2020年川渝地区与全国社会消费品零售总额增长率比较

资料来源:四川、重庆相关年份统计年鉴。

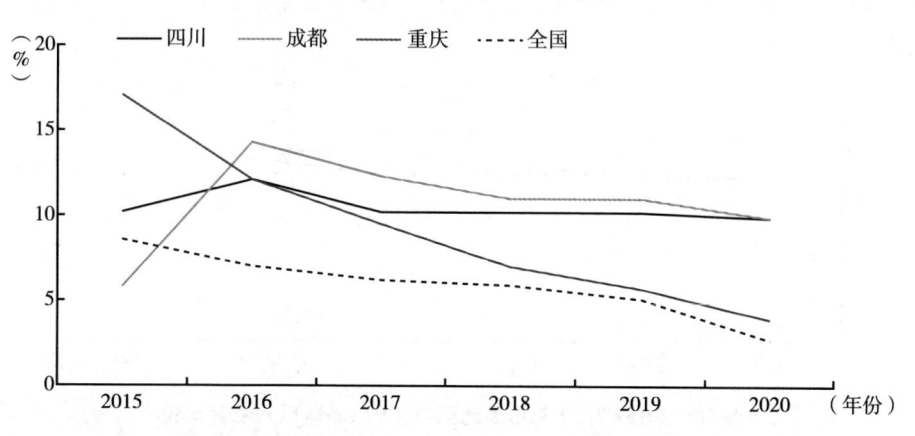

图9　川渝地区与全国2015～2020年全社会固定资产投资增长率比较

资料来源:四川、重庆相关年份统计年鉴。

"十三五"期间，川渝地区创新能力持续增强。中共四川省委明确把全面创新改革作为引领四川发展的"一号工程"，着力推进科技体制、知识产权等重点领域改革，破除创新驱动发展的体制机制障碍，形成推动新旧动能转换的强大动力。目前已建成了包含2000余台精密仪器的大型科技资源共享平台，成立全国首个专利、商标、版权三合一的知识产权综合管理机构，实现应收账款融资2127.64亿元，并推动100项重大科技成果转化，有效推动一批关键核心技术产业化，促使以新技术、新产业、新业态、新模式为特征的新经济不断发展壮大。重庆市R&D投入以年均11%的速度快速增长，应用研究投入增长迅猛，规模以上工业企业R&D经费逐年提高，占全市R&D投入的80%左右，比全国平均水平高出2.5个百分点。如图10所示，2015~2020年，川渝地区R&D投入强度（R&D投入占GDP的比值）不断提升，并逐步缩小与全国平均水平的差距。值得注意的是，成都市R&D投入强度显著高于全国平均水平，并呈现加速增长的趋势，这一方面表明成都对于科研创新的大力支持，另一方面反映出四川省内科研创新投入的区域不均衡。2020年，成都市R&D投入占了四川省R&D投入的52.3%。

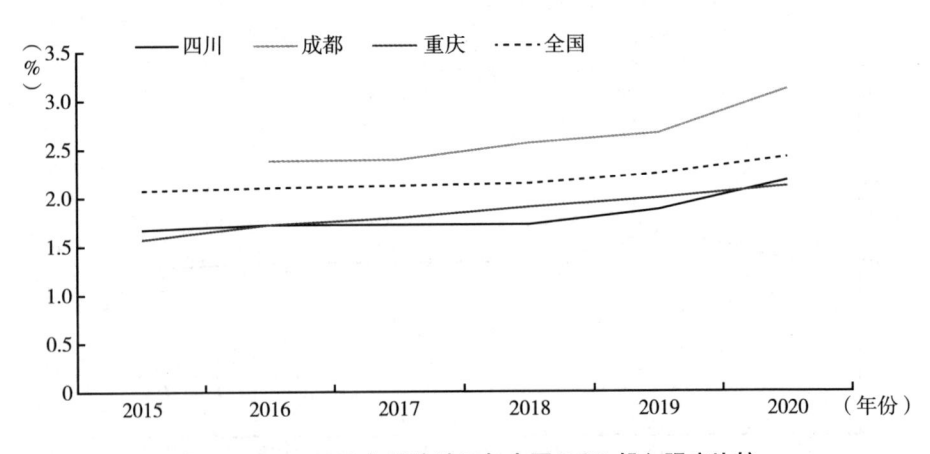

图10 2015~2020年川渝地区与全国R&D投入强度比较

资料来源：四川、重庆相关年份统计年鉴。

"十三五"期间，川渝地区供给侧结构性改革颇具成效。四川省在压减过剩产能、淘汰落后产能的同时，积极开发利用清洁能源资源，推动产业转型升级。五年间，四川省水电装机稳居全国第一，年均外送绿色电能达到1400亿千瓦时，相当于减排10亿吨二氧化碳和800万吨二氧化硫，基本建成全国清洁能源中心，正着手布局新能源、节能环保、数字经济、新能源与智能汽车的绿色产业生态圈，涌现出通威太阳能、东方电气等一批行业龙头企业。2016~2019年，重庆市累计关闭249户落后产能烧结砖瓦企业，关闭退出43户钢铁企业，去除钢铁产能817万吨，去除煤炭行业过剩产能2435万吨、水泥过剩产能245万吨。重庆市对本地传统产业不断提档升级，在巩固汽车、电子信息两大产业集群发展优势的同时，加快装备制造、化工、材料等产业改造。

4. 对外开放水平日益提升

"十三五"期间，川渝地区对外开放水平日益提升。如图11所示，2015年，受制于全球经济复苏疲软和大宗商品价格下跌，川渝地区进出口总额锐减。因为川渝地区对外贸易对电子信息产业依赖较大，而电子产品需求弹性较大，所以川渝地区进出口总额跌幅明显大于全国。2017年，中国（四川）自由贸易试验区、中国（重庆）自由贸易试验区正式设立，川渝地区进出口总额增速赶上并超过全国平均增速。由于重庆本身即为沿江开放城市，而四川则是传统的内陆省份，因此自贸区的设立对四川进出口总额的增长驱动作用显著高于重庆。此外，四川省超过80%的进出口总额来自成都市，所以四川省和成都市进出口总额增长率高度重合。自贸区的设立有力推动了川渝地区对外开放的进程。截至2021年底，成渝地区双城经济圈内共有31家外国领事机构获批设立，其中成都21家、重庆10家。截至2020年，四川省城市共与107个城市结为国际友城；重庆市与46个城市结为国际友城，与104个城市结为友好交流城市。2021年，成都市举行了以"同舟共济共创幸福美好生活"为主题的"2021成都国际友城市长视频交流会"，成都及其28个国际友好城市、友好合作关系城市和友好交流城市通过线上方式共同发布了《成都国际友城合作联合倡议》。仅2020年，重庆就举办了第十八届中国（重庆）国际绿色建筑装饰材料博览会、第十八届中国国际摩托车博览会、2020中国（重庆）国际汽车零部件及售后服务展览会暨智能汽车技术、新能源汽车展览会等国际会展，极大地提升了重庆会展业的国际影响力。

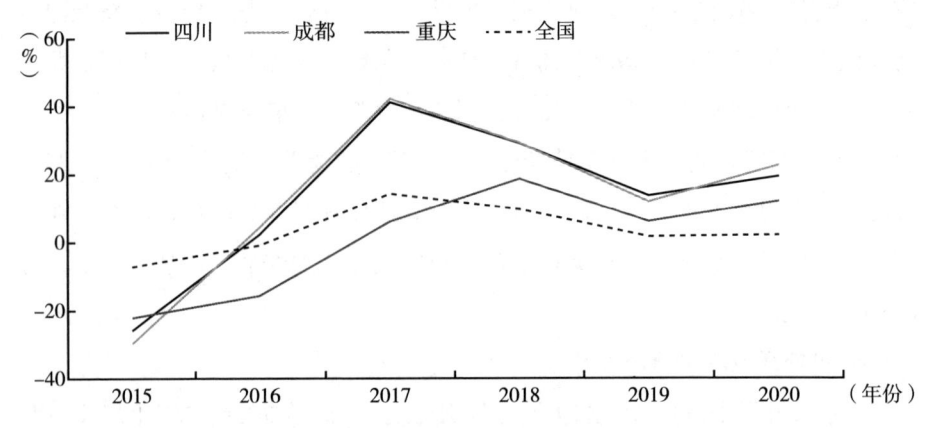

图11　2015~2020年川渝地区与全国进出口总额增长率比较

资料来源：四川、重庆相关年份统计年鉴。

（二）社会发展质量提升

1. 城镇化进程

川渝地区城镇化水平稳步提升。2000~2020年，四川省和重庆市的城镇化率分别由26.7%和35.6%上升到56.73%和69.5%。重庆市城镇化水平高于全国平均水平，大城市带动大农村特征显著；而四川省城镇化水平明显滞后于全国平均水平，城镇化建设还有较大潜力和空间（见图12）。从增速看，2000~2020年，四川省和重庆市的城镇化率平均每年分别提高1.54个百分点和1.67个百分点，增速明显高于全国水平（1.4个百分点），说明川渝地区城镇化建设处于快速发展阶段。

2020年成渝地区双城经济圈主要城市常住人口城镇化率均在40%以上，但区域差异化特征显著。达州、广安、资阳三市常住人口城镇化率低于

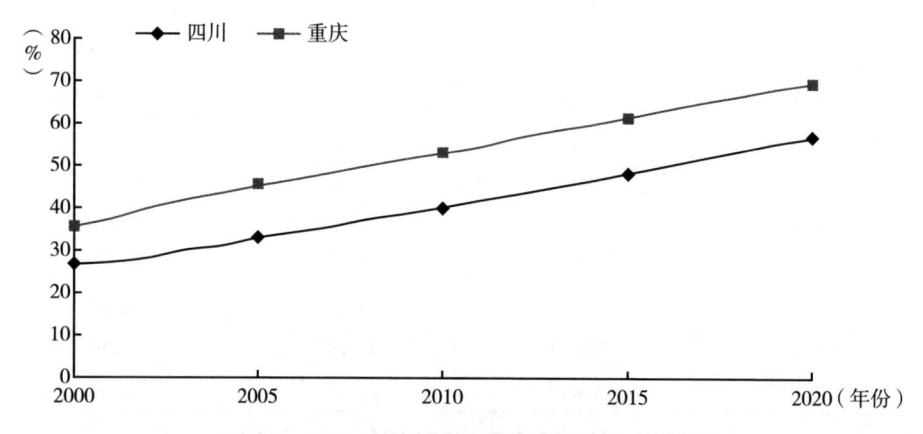

图12 2000~2020年川渝地区城镇化水平比较

资料来源：《四川统计年鉴2021》《重庆统计年鉴2021》《中国统计年鉴2021》。

50%；重庆和成都两市常住人口城镇化水平遥遥领先，分别为69.50%和78.77%，远远超过全国平均水平（63.89%），其余城市均处于50%~60%区间。各市的户籍人口城镇化率和常住人口城镇化率水平差距较大，存在半城镇化的现象，表明部分农村人口虽定居在城镇中，但受落户意愿、落户能力和落户制度等影响，无法将户口迁移至城镇，户籍制度改革、农民工市民化的进程亟待加快（见表6）。

表6 2020年成渝地区双城经济圈主要城市人口和城镇化率情况

单位：万人，%

城市	常住人口	常住人口城镇化率	户籍人口城镇化率
重庆	3124	69.50	49.26
成都	2095	78.77	66.83
绵阳	487	51.66	36.59
宜宾	459	51.39	38.31
德阳	346	55.97	35.02
南充	561	50.22	29.42
泸州	426	50.24	39.82
达州	539	49.80	36.14
乐山	316	53.11	39.02

续表

城市	常住人口	常住人口城镇化率	户籍人口城镇化率
内江	314	50.07	28.06
自贡	249	55.40	38.20
眉山	296	50.14	39.12
遂宁	282	57.30	30.50
广安	326	44.07	24.58
资阳	231	41.29	19.09
雅安	144	52.78	46.33

资料来源：《四川统计年鉴2021》《重庆统计年鉴2021》和相关各市统计公报。

2. 人口结构

从人口性别结构来看，成渝地区双城经济圈内各城市男女比例差异有所不同，成都、重庆等市男女比例较为均衡，达州、广安等市男女比例差距较大（见表7）。

从人口年龄结构来看，2020年，川渝地区的总抚养比高于全国3.41个百分点，社会抚养压力日趋增大（见图13）。但川渝地区劳动年龄人口总量依旧庞大。2020年，四川省劳动年龄人口约为5604万人，重庆市劳动年龄人口约为2148万人。同时人口质量也在不断提升，根据第七次全国人口普查数据，四川省每10万人中具有大学文化程度的人口由2010年的6675人增加到2020年的13267人，提高了98.8%。16~59岁劳动年龄段人口中具有大学文化程度的人口占比为20.73%，比2010年提高11个百分点。15岁及以上人口的平均受教育年限由8.35年上升至9.24年，增加了0.89年，比全国增幅高0.06年。重庆市每10万人中具有大学文化程度的人口由2010年8478人增加到15412人，15岁及以上人口的平均受教育年限由8.75年提高至9.80年。川渝地区的人才红利将逐渐取代人口红利，为推动两地高质量发展，更好建设成渝地区双城经济圈做出贡献。

表7 2020年成渝地区双城经济圈主要城市性别比例

单位：%

城市	男性人口占比	女性人口占比
重庆	51.17	48.83
成都	49.49	50.51
绵阳	51.18	48.82
宜宾	51.89	48.11
德阳	50.69	49.31
南充	52.19	47.81
泸州	51.57	48.43
达州	52.53	47.47
乐山	50.80	49.20
内江	51.52	48.48
自贡	50.76	49.24
眉山	50.67	49.33
遂宁	51.80	48.20
广安	52.35	47.65
资阳	52.26	47.74
雅安	50.98	49.02

资料来源：《四川统计年鉴2021》《重庆统计年鉴2021》。

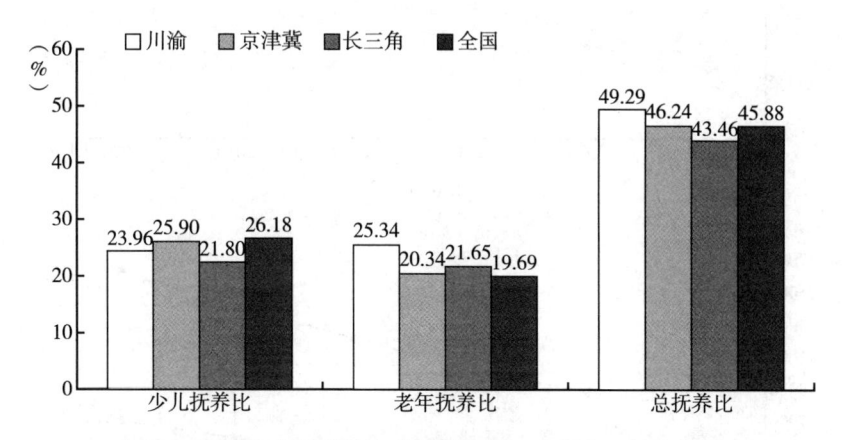

图13 2020年川渝地区与其他城市群、全国人口情况比较

说明：由于市级人口统计数据中针对老年人口的统计口径不一致，此处抚养比采用省级人口数据，与实际数据略有出入。

资料来源：《四川统计年鉴2021》《重庆统计年鉴2021》《中国统计年鉴2021》。

3. 城乡居民生活水平

2020年，川渝地区人均可支配收入和人均消费支出均有提升，人民生活水平稳步提高。从人均可支配收入情况来看，重庆市城镇居民人均可支配收入为40006元，增长5.4%，与全国城镇居民人均可支配收入43834元、增长3.5%相比，虽绝对数值仍有差距但增速显著高于全国；农村居民人均可支配收入为16361元，增长8.1%，与全国农村居民人均可支配收入各省区市中位数15204元、增长5.7%相比，同样表现出绝对数值仍有差距但增速显著高于全国的特征。四川省城镇居民人均可支配收入为38253元，同比增长5.8%；农村居民人均可支配收入为15929元，同比增长8.6%，与全国水平相比，整体上表现与重庆市类似。此外，川渝地区城乡居民收入比呈现出稳步下降趋势，城乡居民收入差距持续缩小（见图14和图15）。

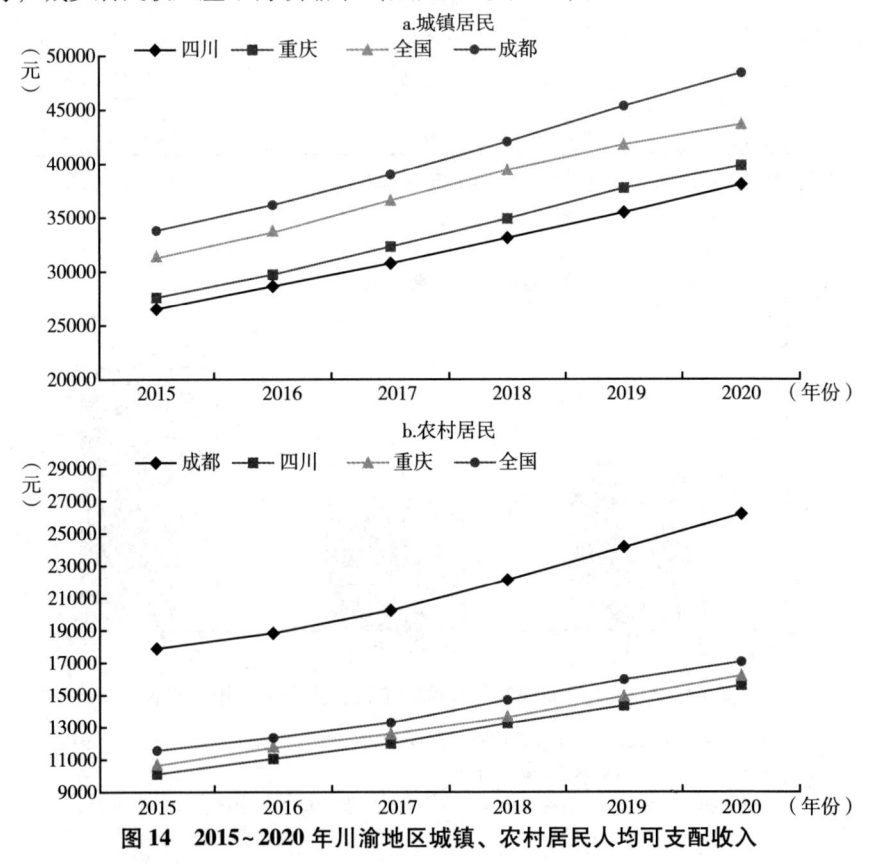

图14 2015~2020年川渝地区城镇、农村居民人均可支配收入

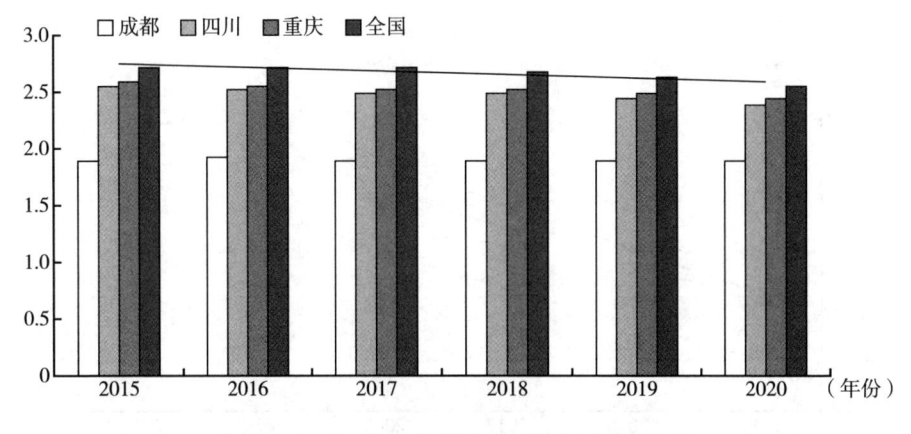

图 15　2015~2020 年川渝地区城乡居民收入比

2020 年，重庆市城镇常住居民人均消费支出 26464 元，增长 2.6%；农村常住居民人均消费支出 14140 元，增长 7.8%。四川省城镇居民人均消费支出 25133 元，同比下降 0.9%；农村居民人均生活消费支出 14953 元，同比增长 6.4%。2020 年全国城镇居民人均消费支出 27007 元，下降 3.8%；农村居民人均消费支出 13713 元，增长 2.9%。从整体上可以看出，川渝两省市农村居民的消费支出增速均快于城镇居民，与全国趋势一致，同时城乡消费支出比不断下降，城乡结构进一步改善（见图 16 和图 17）。

另外，成渝地区双城经济圈内主要城市的城乡居民收入比均低于全国当年值 2.56，其中遂宁市城乡居民收入比最低，为 1.51。值得注意的是，仅成都一地的城镇居民人均可支配收入超过了当年的全国城镇居民人均可支配收入，而农村居民人均可支配收入低于当年全国农村居民人均可支配收入的有重庆、南充、达州和雅安四市。由此可见，一方面，近年来成渝地区城乡收入结构逐步改善，促进城乡收入比不断下降；另一方面，部分城市总体收入水平低，城市经济发展的带动性还不够强，还未展现出显著的城乡收入结构改善成果（见表 8）。

除了总量提升外，川渝地区居民消费结构也持续改善，食品支出比重（恩格尔系数）持续下降。2020 年，四川城镇居民恩格尔系数为 34.8%，比

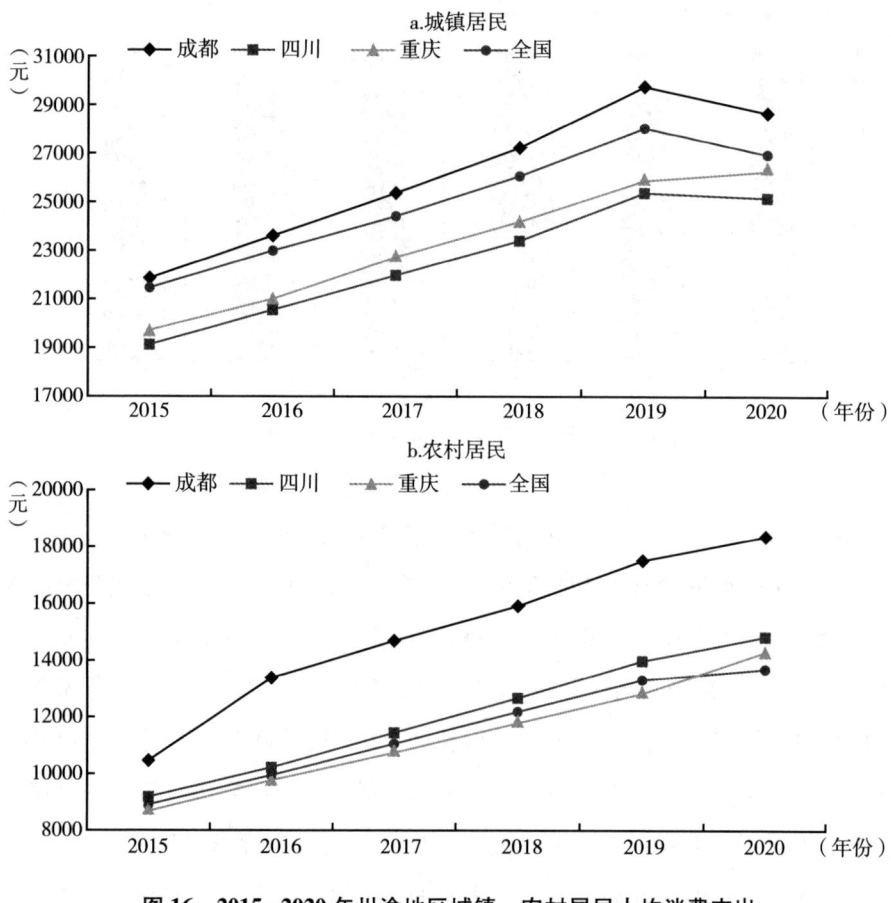

图 16 2015~2020 年川渝地区城镇、农村居民人均消费支出

2015年（35.2%）下降了0.4个百分点；农村居民恩格尔系数为36.6%，比2015年（39.1%）年下降了2.5个百分点。重庆居民恩格尔系数为33.6%，比2015年（35.2%）下降了1.6个百分点。全国居民恩格尔系数为30.2%，其中城镇为29.2%，农村为32.7%，川渝地区虽与全国仍有差距，但正在不断改善中。

4. 城市公共服务及基础设施建设

在城市公共服务及基础设施建设方面，成渝地区双城经济圈也得到了长足发展。具体来说，在教育事业方面，各级教育普及程度均达到或超过中高

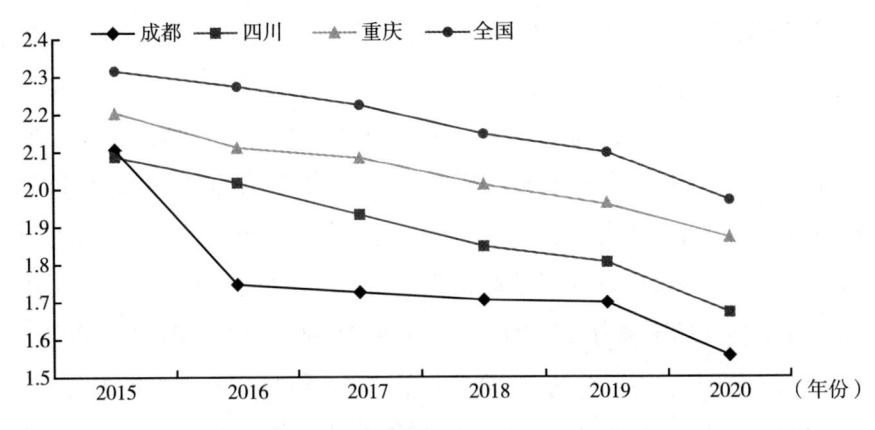

图 17　2015~2020 年川渝地区城乡居民消费支出比

表 8　2020 年成渝地区双城经济圈主要城市与全国城乡人均收支、收入比状况

城市	城镇居民人均可支配收入(元)	城镇居民人均消费支出(元)	农村居民人均可支配收入(元)	农村居民人均消费支出(元)	城乡居民收入比
全国	43834	27007	17131	13713	2.56
重庆	40006	26464	16361	14140	2.45
成都	48593	28736	26432	18501	1.69
绵阳	39680	24730	19303	15038	1.60
宜宾	39166	23391	18569	14606	1.67
德阳	39360	24279	19790	14762	1.62
南充	36057	21740	16431	13075	1.66
泸州	39547	25608	18035	13631	1.54
达州	36001	22813	16876	12496	1.58
乐山	38931	25539	18175	14837	1.52
内江	38337	22891	17918	14076	1.67
自贡	38781	22335	18788	14742	1.74
眉山	38892	23965	19730	15314	1.62
遂宁	37117	24531	17815	14772	1.51
广安	38071	23889	17867	13539	1.59
资阳	37562	21949	19076	13705	1.71
雅安	37191	21773	15890	13212	1.71

资料来源：《四川统计年鉴 2021》《重庆统计年鉴 2021》《中国统计年鉴 2021》。

收入国家平均水平。以重庆市为例，截至2020年，重庆市高等教育毛入学率为53.3%，高中阶段教育毛入学率为98.48%，初中入学率为99.86%，小学入学率为99.99%，九年义务教育巩固率为95.50%。成渝地区双城经济圈主要城市的普通中学、普通小学和中等职业教育学校分布较为均衡，但高校资源主要集中在成都和重庆两大中心城市，其余城市高校资源较为缺乏（见表9）。2020年，四川省一般公共预算教育经费达1771.11亿元，占一般公共预算支出11200.72亿元的比例为15.81%，比上年的15.40%增加0.41个百分点。重庆市一般公共预算教育经费为758.81亿元，比上年的730.28亿元增加28.53亿元，增长3.9%，全市一般公共预算教育经费占一般公共预算支出4893.9亿元的比例为15.51%，比上年的15.06%增加了0.45个百分点。

表9 2020年成渝地区双城经济圈主要城市各类学校情况

单位：所

城市	普通中学	普通小学	中等职业教育学校	普通高等学校
重庆	1132	2754	170	68
成都	635	623	87	58
绵阳	207	402	24	11
宜宾	288	295	16	2
德阳	145	204	17	9
南充	483	280	31	7
泸州	225	224	16	7
达州	379	298	33	3
乐山	192	224	20	3
内江	177	276	18	4
自贡	139	113	15	2
眉山	185	177	17	6
遂宁	149	206	13	1
广安	279	187	23	1
资阳	197	173	7	3
雅安	84	145	8	2

资料来源：《四川统计年鉴2021》《重庆统计年鉴2021》。

从社会保障方面来看,川渝两地社会保险覆盖面也在不断扩大,城镇职工基本养老保险参保人数、基本医疗保险参保人数和失业保险参保人数均有显著增加(见表10~表12)。截至2020年末,四川省参加基本养老保险总人数已达6054.3万人,比上年末减少14.8万人;参加失业保险人数(不含失地农民)1045.8万人,比上年末增加95.6万人;参加基本医疗保险总人数已达8591.7万人,医保接近全覆盖。重庆市参加基本养老保险人数为2370.2万人,比上年末增加79.8万人;参加失业保险人数为548.48万人,比上年末增加33.53万人;参加基本医疗保险总人数已达3266万人,参保率继续稳定在95%以上。川渝地区基本医疗保险参保率皆在95%以上,并接近全覆盖,为居民就医提供坚实保障。近年来,社保互认对打破行政区划障碍、执行协同发展机制起到积极作用,也在成渝地区双城经济圈的社会保障机制中发挥重要作用。

表10　2015~2020年四川省居民参保情况

单位:万人

年份	城镇职工基本养老保险参保人数	基本医疗保险参保人数	失业保险参保人数
2015	1250.1	2655.7	661.0
2016	1379.8	5662.8	702.0
2017	1519.0	8173.4	776.7
2018	1662.1	8637.2	875.1
2019	1784.6	8616.9	953.5
2020	1882.6	8591.7	1047.0

资料来源:《四川统计年鉴2021》《重庆统计年鉴2021》。

表11　2015~2020年重庆市居民参保情况

单位:万人

年份	城镇职工基本养老保险参保人数	基本医疗保险参保人数	失业保险参保人数
2015	837.4	588.5	439.52
2016	862.3	604.8	447.1
2017	895.1	640.3	466.27

续表

年份	城镇职工基本养老保险参保人数	基本医疗保险参保人数	失业保险参保人数
2018	945.8	678.3	489.78
2019	1015.3	720.6	514.95
2020	1088.83	766.98	548.48

资料来源:《四川统计年鉴2021》《重庆统计年鉴2021》。

表12 2020年成渝地区双城经济圈主要城市居民参保情况

单位:万人

城市	城镇职工基本养老保险参保人数	基本医疗保险参保人数	失业保险参保人数
重庆	1203.4	767.0	548.5
成都	960.8	1832.7	607.1
绵阳	167.1	491.4	44.4
宜宾	112.3	495.9	30.0
德阳	140.8	356.1	40.4
南充	130.4	616.3	24.6
泸州	120.8	473.0	31.9
达州	115.4	566.9	16.7
乐山	126.3	324.7	26.8
内江	95.3	351.1	18.9
自贡	89.4	277.7	17.0
眉山	94.3	299.5	22.6
遂宁	87.6	302.8	14.0
广安	77.6	399.2	16.8
资阳	54.4	265.6	11.8
雅安	50.6	149.5	12.5

资料来源:《四川统计年鉴2021》《重庆统计年鉴2021》。

在文化、卫生方面,川渝两地也发展迅速。四川省公共图书馆藏书量由2015年的1617万册上升至2020年的5758万册;博物馆数量由2015年的222个上升至2020年的258个;卫生机构数由2015年的80114个上升至2020年的82793个;医疗卫生机构床位数由2015年48.9万张上升至2020

年的65.0万张；卫生机构人员数由2015年的64.76万人增加至2020年的82.70万人，其中，执业医师数由14.9万人上升至19.6万人。重庆市公共图书馆藏书量由2015年的1304万册上升至2020年的1997万册；博物馆数量由2015年的81个上升至2020年的105个；卫生机构数由2015年的19805个上升至2020年的20922个；医疗卫生机构床位数由2015年的17.67万张上升至2020年的23.56万张；卫生机构人员数由2015年的22.72万人上升至2020年的30.17万人，其中执业医师（含执业助理医师）数由6.10万人上升至8.87万人（见表13）。

表13　2020年成渝地区双城经济圈主要城市文化、卫生情况

城市	公共图书馆总藏书量(万册)	博物馆数量(个)	卫生机构数(个)	医疗卫生机构床位数(张)	卫生机构人员数(人)
重庆	1997	105	20922	235560	237726
成都	1228	97	11954	153663	249639
绵阳	220	15	4857	40666	46252
宜宾	138	12	4993	36215	40778
德阳	127	11	2450	26377	32424
南充	229	9	8248	45514	51263
泸州	191	12	4727	34608	42218
达州	162	7	4548	39834	42378
乐山	108	11	3224	25834	29463
内江	96	5	3579	25896	28703
自贡	64	4	2162	23646	25790
眉山	68	6	2136	20370	24849
遂宁	98	5	3984	22752	26345
广安	226	3	3353	22242	25622
资阳	61	2	3367	20687	21631
雅安	104	9	1544	13818	16105

资料来源：《四川统计年鉴2021》、《重庆统计年鉴2021》和全国博物馆年度报告信息系统。

在城市基础设施方面，成渝地区双城经济圈主要城市在交通、城市绿化、供水和供气等公共服务方面表现较好，各市供水和燃气普及率都达到或超过了95%，详见表14和表15。

表14　2020年成渝地区双城经济圈城市基础设施情况

城市	公路总里程（公里）	民用汽车拥有量(万辆)	人均城市道路面积(平方米)	人均公园绿地面积(平方米)
重庆	180796	764.88	14.1	16.2
成都	29629	544.62	18.7	14.1
绵阳	23639	79.27	19.5	14.1
宜宾	25086	49.02	14.1	14.5
德阳	10261	57.52	27.1	14.1
南充	30514	62.61	16.1	14.1
泸州	19698	49.73	13.7	14.0
达州	28784	43.94	13.8	14.2
乐山	16059	47.73	14.5	14.9
内江	12970	31.43	15.4	16.6
自贡	9446	30.19	18.3	14.6
眉山	8443	43.23	17.4	14.4
遂宁	13742	32.01	26.9	15.1
广安	14599	30.56	30.4	16.9
资阳	12527	21.79	24.7	15.6
雅安	8206	21.53	34.6	19.3

资料来源：《四川统计年鉴2021》《重庆统计年鉴2021》。

表15　2020年成渝地区双城经济圈主要城市供水、供气情况

城市	供水综合生产能力(万米³/日)	供水总量（万米³）	供水普及率（%）	天然气供气总量（万米³）	燃气普及率（%）
重庆	788	180134	95.06	553949	96.27
成都	656	124722	99.64	341420	99.35
绵阳	67	14743	99.06	60952	99.82
宜宾	59	8391	95.57	30789	92.15
德阳	32	6845	99.87	49415	99.56
南充	43	11600	98.67	23100	98.67
泸州	72	12373	97.78	57584	97.27
达州	30	6544	96.01	12010	97.31
乐山	42	7599	98.84	40083	97.12
内江	18	5531	99.19	14156	99.54
自贡	29	7301	95.00	23327	97.23

续表

城市	供水综合生产能力(万米³/日)	供水总量(万米³)	供水普及率(%)	天然气供气总量(万米³)	燃气普及率(%)
眉山	26	5642	98.79	15441	96.49
遂宁	33	7067	100.00	24613	97.53
广安	248	4006	97.61	8517	98.64
资阳	14	3561	100.00	7418	100.00
雅安	21	2813	98.33	6600	97.91

资料来源：《四川统计年鉴2021》《重庆统计年鉴2021》。

（三）协同发展力度加大

1. 区域协同

成渝地区长期以来呈现"哑铃式"发展格局，空间发展不均衡。由于行政区划分割等因素的阻碍，区域协同发展存在统筹不力、对接不良、流通不畅等问题。成渝地区双城经济圈建设启动以来，成渝地区积极促进中心城市与周边地区互动发展、毗邻地区协同发展，优化成渝地区双城经济圈空间布局。

（1）双核引领动能加强。"十三五"期间，成都市地区生产总值年均增长7.1%，在全国城市排位中由第九位升至第七位；重庆市地区生产总值年均增长7.2%，在全国城市排位中由第六位升至第五位。在跻身万亿级城市俱乐部后，成都和重庆仍然保持强劲的发展势头，两市作为中心城市的发展能级和辐射能力也不断提升和加强，都市圈建设和区域协同发展逐步推进。

成都市深入贯彻四川省委"一干多支、五区协同"战略发展理念，着力打造"两轴""三区""三带"，加速推进成都都市圈建设和成德眉资同城化发展。2016~2020年，成德、成眉、成资间共打通断头路15条，总投资171.8亿元。2020年以来，成资、成眉、成德轨道交通有限公司相继成立，成都市域铁路S3线、S5线、S11线建设取得突破性进展，高铁半小时通勤圈基本建成。2021年，《成资临空经济产业带建设方案》《成德临港经济产业带建设方案》相继出台,《成眉高新技术经济带建设方案》也在酝酿之中。成资临空经济产业带规划236个投资项目,匡算资金投入8336亿元;成德临港经济产业带规划170个重大投资项目,匡算资金投入4477亿元。

重庆市立足"两中心两地"的战略定位,加快推进重庆都市圈建设和"一区两群"协调发展。2020年,重庆宣布主城区由9区扩容至21区,扩容后的重庆主城区以35%的土地面积(2.87万平方公里),承载了全市66%的人口与71%的GDP。同年,重庆市发布《重庆主城都市区建设行动方案(2020~2022年)》,推动主城都市区基础设施互联互通、中心城区与主城新区功能互补。截至目前,重庆市轨道交通由中心城区逐步向主城新区延伸,运营里程达370公里,"四枢纽十干线"的干线铁路格局初步形成,通车里程达1357公里,中心城区与主城新区通勤时间缩短至50分钟内,重庆都市圈一小时通勤圈加速形成。2021年7月,重庆市委市政府提出建立健全"一区两群"对口帮扶协同发展机制,做优做特渝东北、渝东南17个"两群"区县。截至2021年11月底,实施项目184个,落实帮扶资金4.24亿,总投资16.54亿元。

(2)主轴建设成效初显。自川渝分治以来,成渝主轴虽然城镇密集,但是中部区域缺乏次级城市有力支撑,"中部塌陷"较为明显,严重制约了成渝地区双城经济圈良性发展。遂宁、潼南、资阳、大足等地充分利用地处"成渝之心"的区位优势,敏锐把握时代赋予的机会与使命,主动开展区域合作、一体化规划、抱团式发展,力图实现成渝主轴"中部崛起"。2020年12月,遂潼川渝毗邻地区一体化发展先行区正式设立,遂宁、潼南着力推动基础设施、产业发展等五个一体化,打造"双中心三走廊一园区"发展格局。截至2022年1月,遂潼跨省城际公交、商务定制快客正式投运,遂潼快捷通道B段、C段等顺利通车,安居机场、遂渝高速扩容、遂潼大道、涪江复航等合作项目加速推进,遂潼涪江创新产业园区揭牌成立,遂潼一体化进程稳中有进。资阳、大足立足独特的文化遗产与自然景观,签署一体化发展合作协议,共建文旅融合发展示范区,合力打造巴蜀文化长廊。2021年,资阳市与重庆市大足区签订《2021年重点合作事项清单》,部署15项重点任务,相关项目投资、规划制定、机制设计正加速推进。

星散于成渝主轴端点外侧的绵阳、乐山、雅安、黔江等地在成渝城市群带动下，主动发挥比较优势，不断提升城市能级。"十三五"期间，绵阳GDP超过3010亿元，年均增长7.8%，现代基础设施体系加速完善，全市铁路里程达263公里，成绵城际动车实现公交化运营，南郊机场吞吐量进入全国机场50强，国家科技创新先行示范区建设稳步推进，全社会R&D经费支出占GDP比重达到7.14%，国家高新技术企业从160家增至446家。乐山GDP突破2000亿元，年均增长7.5%，现代产业体系加速建立，工业集中度提升5个百分点，以旅游业为龙头的第三产业产值占GDP比重提升9.5个百分点。雅安GDP五年内跨过两个百亿台阶，年均增长7.3%，三次产业结构由16.9∶38.4∶44.7调整为20.1∶29.9∶50，绿色产业驶入快车道，旅游综合收入比"十二五"期末提升1.2倍。重庆市黔江区五年间GDP年均增长8.4%，黔东南区域中心城市建设提速增效，渝湘高铁重庆—黔江段全面开工，黔张常铁路、渝怀铁路（二线）、黔恩高速公路、黔石高速公路黔江段建成通车，黔江（武陵山）机场开通15条航线，引领武陵山区城镇群开辟特色发展道路。

（3）两翼协同稳步推进。川东北、渝东北的万州、达州、南充、开州、云阳等地与川南、渝西的自贡、内江、泸州、宜宾、江津、荣昌等地距离成渝极核较远，接受都市圈经济与产业辐射较弱，需要通过强化区域合作抱团式发展，做大做强双城经济圈南北两翼，提升区域带动能力。

万州、达州、开州位于川渝鄂陕接合部、三峡库区和秦巴山区腹心，是成渝地区东北向的门户，辖区面积2.4万平方公里，人口约1000万，2020年GDP达3624亿元，具有协同发展的良好基础。自成渝地区双城经济圈建设启动以来，中央和地方加紧建设谋划部署，区域一体化进程按下加速键。2020年12月，各方签署包括渝西高铁、成达万高铁、渝万高铁、达万铁路扩能改造等重大项目的万达开一体化交通基础设施互联互通备忘录，涉及项目预估投资额达2826亿元。2021年，万达开三地围绕产业协同、物流交通、开放创新、公共服务、生态保护一体化实施年度重大项目43个，合力推动川东北、渝东北一体化发展。作为川东北区域中心城市和四川省经济副中心重点培育城市，"十三五"期间南充市GDP突破2400亿元，年均增长7.4%，高速公路、铁路、水运通车（通航）里程分别居全省第二位、第四位、第一位。2020年7月，定位为成渝北翼现代产业发展集聚区、国家产城融合发展创新示范区的南充临江新区正式设立，南充融入成渝地区双城经济圈、打造川东北区域中心城市进展良好。

川南渝西地区包括自贡、泸州、内江、宜宾、江津、永川、荣昌等10个市、区，人口达2420万，经济体量超过1.2万亿元，经济潜力巨大。2020年12月，川南渝西融合发展试验区建设正式启动，川南渝西地区开启新一轮协同发展之路。2020年，宜宾设立三江新区，围绕电子信息、装备制造、新材料及生命健康等产业，与川南渝西地区共建产业生态圈。2021年，三江新区新签约项目48个，投资额达575亿元，GDP增长23.1%。2021年10月，《内江自贡同城化发展总体方案》发布，内容涉及交通互联、产业协同、民生互通，规划共建承接产业转移创新发展示范区（内自合作园区）、威资荣城镇协同发展区、沿富隆城镇融合发展区。2021年11月，《泸永江融合发展示范区总体方案》发布，泸州市、重庆市永川区和江津区明确40项重点任务，合作共建成渝地区南翼重要增长极。

（4）全域融入进展迅速。位于秦巴山区、乌蒙山区、攀西地区的巴中、广元、凉山、攀枝花等地区由于经济、地理等各方面因素尚未进入成渝地区双城经济圈规划范围，但向心发展、融入"双圈"①的意愿强烈。2020年8月，巴中市印发《关于加快融入成渝地区双城经济圈建设的决定》，指出要将巴中建设为成渝地区北向重要门户枢纽、绿色产品供给地、产业协作配套基地和休闲度假后花园，并提出主动融入万达开川渝统筹发展示范区建设，加强与"双圈"城市协同合作。凉山提出"一通道、四基地、一屏障"的战略定位，蓄力打通四川南向通道，建设新能源、新材料、优质农产品、康养旅游基地，打造长江上游重要生态屏障。2021年，广元确立建设川陕甘

---

① 指成渝地区双城经济圈。

接合部现代化中心城市的目标,明确"成渝地区北向重要门户枢纽"定位,提出"沿大蜀道融入成都、沿嘉陵江融入重庆"的思路,聚力与成渝地区交通互联、产业互补、生态共治。

2. 产业协同

由于要素禀赋、区位条件等较为相近,成渝地区产业同构现象比较严重。川渝两地有9个在全国具备比较优势的产业出现重叠,分别占四川、重庆比较优势产业数量的47%和75%。为避免经济结构趋同造成的资源错配、重复投资、同质化竞争等问题,川渝两地主动推进核心产业的分工协作,共创跨区域产业联动协同发展模式。

(1)汽车产业。成渝地区是全国六大汽车产业基地之一,业已形成较为完整的产业生态,但整体呈现出大而不强的特点。目前汽车年产量近300万辆,占全国比重接近12%,但汽车年产值占全国比重仅为8%,整体处于价值链中低端,单车均价和利润均低于平均水平,品牌价值、研发能力、技术水平相较于长三角、珠三角地区仍有较大差距。当前汽车产业正与新能源、新材料、新通信技术密切融合,面临新一轮电动化、网联化、智能化、共享化的转型升级。面对行业变革带来的机遇与挑战,成渝地区不断加强顶层设计和平台建设,推动两地汽车产业密切协作,共建万亿级汽车产业集群。2021年,川渝两地审议发布《川渝汽车产业产业链供应链协同工作方案》、《成渝地区双城经济圈汽车产业高质量协同发展实施方案》(以下简称《方案》)。《方案》指出,两地将加强统筹推进、政策互通、平台构建和宣传引导;加快新能源和智能网联车新车型研发,共同推动汽车整车中高端发展;完善电池、电机、电控等核心项目,共同突破产业链薄弱环节;优化两地汽车产业供需平台对接,联合确保供应链稳定;携手共创国家氢燃料电池汽车示范城市群,建设成渝智慧高速公路,共同打造应用示范场景;整合两地核心企业与科研院所展开联合攻关,共同建设协同创新生态,力争到2025年,两地汽车产业产值分别突破6000亿元。

(2)电子信息产业。电子信息产业为川渝两省市共同的支柱型产业,是疫情影响之下两地GDP逆势上扬的最大动力之一。目前,四川"一核一带两走廊"① 电子信息产业空间发展格局已基本形成，重庆已连续7年成为全球最大笔记本电脑生产基地，两地电子信息产业集聚度、关联度、互补性较强，产业链较为完善，具备良好的合作基础。随着成渝地区双城经济圈建设上升为国家战略，成渝地区电子信息产业高效协同正加速推进。2020年10月，川渝两地电子信息产业政府主管部门、行业协会、企业、合作平台等相关人士齐聚四川宜宾，就集成电路、大数据、云计算等领域展开深度交流，签署了一系列协同发展合作协议，共建全球电子信息高端研发制造基地。2021年4月，重庆两江新区、四川天府新区成立电子信息产业联盟，重庆市经信委和四川省经信厅上线川渝电子信息产业重点产品产业链供需对接平台，截至6月即入驻企业170余家。2021年5月，川渝联合发布《成渝地区双城经济圈电子信息产业协同发展实施方案》，共同编制《川渝电子信息产业"十四五"发展布局及产业链全景图》，优化成渝地区电子信息产业协同布局。2021年7月，成都、德阳、眉山、资阳四市共同签署推进成都都市圈电子信息产业协同发展战略合作协议，通过产业政策引导错位发展。

（3）装备制造产业。成渝地区装备制造业拥有深厚的历史积淀、长期的技术积累和庞大的生产规模。2020年成渝地区装备制造业规模突破1.4万亿元，有条件打造具有国际影响力和世界竞争力的装备制造产业集群。2021年3月，川渝分别出台的"十四五"规划纲要均提及协同打造世界级装备制造产业基地。2021年6月，成渝地区八方协同建设世界级先进装备制造产业集群暨地方产品（德阳）推介会在四川德阳召开，成都、德阳、眉山、资阳、渝北、江北、江津、永川8个装备制造重镇的经信部门宣布将在共聚产业集群、共创区域品牌、共建研发平台、共搭对接平台、共用政策支撑、共享招商资源、共宣合作成果等方面开展深度合作。2021年12月，《成渝地区双城经济圈共建世界级装备制造产业集群实施方案》审议通过，方案明确共建"两核一带"装备制造产业生态圈、共同打造具有国际竞争

---

① "一核"：成都市；"一带"：成绵乐高铁发展带（广元—绵阳—德阳—成都—眉山—乐山—雅安）；"两走廊"：川南发展走廊（成都—资阳—内江—自贡—宜宾—泸州）、川东北发展走廊（成都—遂宁—南充—广安—达州—巴中）。

力的清洁能源装备产业、共同打造世界级航空航天产业发展高地、共同培育轨道交通装备协同发展体系、共同推动智能制造装备突破发展等9项重点任务。计划到2025年，川渝两区装备制造业主营业务收入破万亿，初步形成世界级产业集群。

（4）生物医药产业。生物医药产业具有高技术水平、高附加价值、高学科交叉等特点，是高端制造业的重要组成部分之一。得益于成渝地区扎实的产业基础、丰富的医药创新资源和突出的中医药自然禀赋，生物医药产业逐步成为成渝地区最具活力的战略性产业之一，也成为成渝地区弯道超车、塑造区域核心竞争力的新型赛道。通过产学研医多层次的分工协作，成渝地区正联手打造万亿级别的生物医药产业体系。2020年5月，四川省中医药管理局与重庆市中医管理局签署川渝中医药一体化发展合作协议。2020年7月，重庆市中药研究院与四川省中医药科学院宣布共建川渝中医药大健康产业科技创新中心。2020年8月，川渝多家生物医药企业、高校签署合作协议，将在重庆打造"川渝肿瘤协同创新中心（重庆）研究院"等生物医药项目。2020年9月，成都高新区生物产业专家联合会和重庆市医药行业协会共同签订《推动成渝双城经济圈医药产业融合发展、业界共治战略合作协议》。2021年9月，成都举办"成渝地区双城经济圈医药健康产业高质量发展研讨会"，成渝地区相关管理机构、科研院所、行业协会、医药企业签订了一系列合作协议。

3. 创新协同

成渝地区高校及科研院所聚集、科教资源丰富、高科技基础设施布局完善、先进制造业体系完备，具有良好的科技创新氛围，但整体而言，区域创新能力较长三角、珠三角地区仍有较大差距。2020年，川渝两地R&D经费投入全国占比仅为6.49%，R&D经费投入强度低于全国平均水平，其中成都、重庆、绵阳三地R&D经费投入占到川渝两地R&D经费总投入的81.7%，创新分布极化严重。为尽早建成具有全国影响力的科技创新中心，川渝两省市正携手优化区域协同创新格局，提高自主创新和成果转化能力，共同打造区域协同创新体系。2020年4月，重庆市科技局与四川省科技厅签署《进一步深化川渝科技创新合作 增强协同创新发展能力 共建具有全国影响力的科技创新中心框架协议》，以及《科技资源共享合作协议》、《协同推进科技成果转化专项合作协议》、《科技专家库开放共享合作协议》3个子协议。2020年6月，双方商定了《2020年川渝两地科技部门协同创新工作清单》，内容包括共同争取国家科技资源、打造协同创新共同体、共同推进关键核心技术攻关、共同开展科技成果转移转化、联合举办一系列创新创业活动。2021年4月，双方商定《2021年成渝地区协同创新工作要点》，要点包括重大规划共同编制与有机衔接、重点实验室共同创建、关键核心技术共同攻关等9个方面21项内容。此外，双方共同启动川渝科技资源共享服务平台，平台整合大型仪器设备14090台（套），总价值112亿元，实现了两地用户统一认证、一键登录、设备共享。2021年，40个科技创新重大项目在成渝地区落地，总投资逾1000亿元。40余项人工智能、现代农业、健康医药等领域核心技术攻关正式立项，截至2021年10月川渝两地科技部门已出资6000万元。目前，西部（成都）科学城、西部（重庆）科学城、中国（绵阳）科技城构成的成渝地区"创新金三角"建设加速推进，成、德、绵、眉、资首度实现科技创新券互通，绵阳、达州、广安、遂宁、资阳等地与潼南、北碚、万州等地科技交流密切推进，四川内江、泸州与重庆永川、荣昌建立高新区产业联盟。根据重庆科学技术研究院编制的《2021年成渝地区双城经济圈协同创新指数评价报告》，成渝地区协同创新总指数提高9%。为加快推进成渝地区双城经济圈建设，增强协同创新发展能力，建设具有全国影响力的科技创新中心，川渝两省市共同出台《增强协同创新发展能力行动方案》，提出到2025年成渝地区区域协同创新体系将基本建成。

4. 开放协同

成渝地区双城经济圈承担着建设内陆地区对外开放新高地、开启对外开放"内陆时代"的历史使命。自成渝地区双城经济圈建设启动以来，川渝两地围绕对外开放通道构建、对外开放平台建设、对外开放金融中心打造等方面展开多层次深入合作。对外开放通道构建方面，2021

年1月,中欧班列(成渝)号开行。中欧班列(成渝)号是全国首个两地共创的中欧班列品牌,2021年,中欧班列(成渝)号开行4800余列,全国占比超30%,开行线路覆盖欧洲上百个城市。2020年,成都双流机场和重庆江北机场旅客吞吐量在全国分列第二位和第四位,覆盖全球的航空网络基本形成。2021年6月,天府机场正式开航投运。2021年9月,国务院印发《"十四五"推进西部陆海新通道高质量建设实施方案》,方案指出要优化自成都经泸州(宜宾)、百色至北部湾出海口西线通路、扩能自重庆经贵阳至北部湾出海的中线通路、完善自重庆经怀化至北部湾出海的东线通路。对外开放平台建设方面,2017年挂牌成立的中国(重庆)自由贸易试验区和中国(四川)自由贸易试验区互动频繁,协同推进高水平开放平台建设。2020年,重庆两江、西永及果园港片区与四川天府、青白江、泸州等自贸片区签署了多项战略合作协议,内容涉及产业、创新、开放、公共服务等方面。川渝市场监管部门通过"天府通办""渝快办"等平台的合作,不断推进自贸试验区政务服务事项跨省通办和"证照分离"改革。川渝两地尝试建立自贸试验区司法联席会议机制,实现"一带一路"法律数据库、案例库共享,探索干线直达、多式联运等国际物流规则。2021年9月,川渝两地相关机构签署了"关银—KEY通"川渝一体化合作备忘录,成渝地区实现"电子口岸卡"业务跨关区通办,可为近2000家有跨区域办理进出口业务的企业压缩2/3以上的业务办理时间,单次可节省业务办理费用近1000元。对外开放金融中心打造方面,2022年1月,中国人民银行等多部门联合印发《成渝共建西部金融中心规划》,将成渝地区定位为"立足西部、面向东亚和东南亚、南亚,服务共建'一带一路'国家和地区的西部金融中心",鼓励成渝地区与新加坡、日本及其他"一带一路"沿线国家展开双向投融资。

(四)生态文明共建共享

生态文明建设本质上来说就是人类活动与自然环境的协调发展关系,

是一种生态环境与人类社会、经济等活动的双向反馈关系,生态文明建设对可持续发展具有极其重要的作用。人类通过各种各样的活动改造自然并从自然环境中获取所需的资源,一方面,人类向环境排放废弃物,从而改变了生态环境质量以及生态承载能力;另一方面,生态环境的变化又反过来影响人类的社会活动。人类通过将生态文明建设融入经济建设、政治建设、文化建设、社会建设等方面来保护环境。传统粗放式经济增长模式带来了资源的过度开发和利用,导致生态环境被破坏等诸多问题,对生态资源、环境造成了不同程度的破坏,甚至对部分地区造成了不可逆的破坏。因此要改变传统的发展理念,就要从更绿色环保、低碳高效的角度出发,建设可持续发展的生态文明社会,实现社会、经济、资源和环境的全面绿色发展。

随着国家生态文明建设的日益推进,成渝地区双城经济圈实施长江上游大保护,逐步优化并调整产业结构,严格保护生态红线,增强生态系统应对生态环境变化的自我适应调节能力,以成渝地区的生态文明建设驱动长江上游及整个长江经济带的绿色经济发展。《成渝地区双城经济圈建设规划纲要》指出,要坚持共抓大保护、不搞大开发,把修复长江生态环境摆在压倒性位置,深入践行"绿水青山就是金山银山"的理念,坚持山水林田湖草是一个生命共同体,深入实施主体功能区战略,全面加快生态文明建设,建立健全国土空间规划体系,形成人与自然和谐共生的格局。与此同时,还要坚持"川渝一盘棋"思维,做到区域协调发展。具体来说,成渝地区双城经济圈生态文明建设主要体现在以下三个方面:第一,成渝地区空间、资源开发格局;第二,成渝地区生态环境保护与治理机制;第三,成渝地区生态文明建设制度保障。

1. 成渝地区空间、资源开发格局

(1) 成渝地区空间开发格局。空间开发格局是生态文明建设的空间载体。成渝地区双城经济圈在国土空间开发中属于重点开发区,即要优化国土空间开发格局,提高用地、用水、用能效率。首先,成渝地区双城经济圈的空间开发格局以实施主体功能区战略为导向。一方面,成渝地区双城经济圈与长江中游城市群、长三角共同打造长江经济带的三大增长极，实现整个长江经济带的经济发展与生态共享；另一方面，成渝地区总体上承接了西南与西北，并在"一带一路"建设中成为重要的开放平台。其次，在城市化格局设计方面，成渝地区双城经济圈将绿色城镇化理念全面融入成渝地区的规划建设中，以重庆市和成都市作为引领区域发展的增长极，依托综合交通廊道，辐射并带动沿线城市的发展，强化长江上游生态大保护，严守开发"三线"，打造成渝发展主轴辐射带，培育沿江城市带形成沿江生态廊道，构建绿色低碳的生产生活方式和建设运营模式，实现可持续发展。

（2）成渝地区资源开发格局。资源开发格局可以在总体上体现地区的资源享有与利用情况，高效用地、用水、用能是资源开发的主要目标，提高地区的资源利用效率，更有利于形成经济增长、山清水秀的生态宜居城市及城市群，构建出科学合理的城市化、农业发展和生态全格局。充分了解成渝地区的资源开发格局，有利于加快西部地区发展，拓展全国新空间，促进生产空间集约高效、生活空间宜居舒适。下文就成渝地区的生态资源享有与利用情况选取水资源、森林与草原资源以及旅游产业的开发三个方面来说明。

首先，成渝地区双城经济圈总体水资源丰富。四川省水资源总量丰富，人均水资源高于全国平均水平，但时空分布不均衡，且容易形成区域性和季节性的缺水。重庆市境内河流纵横，长江自西南向东北贯穿市境，北有嘉陵江、南有乌江汇入，形成向心的、不对称的网状水系。四川省与重庆市水资源总量共约 4004.12 亿立方米，2020 年全国水资源总量约为 31605.2 亿立方米，由此可见，成渝地区水资源总量丰富，约占全国的 12.7%（见表 16）。[①]

---

① 《重庆市水资源公报 2020》《四川省水资源公报 2020》。

表16　2020年川渝地区水资源情况

单位：亿立方米，%

地区	水资源总量	全国占比
四川省	3237.26	10.2
重庆市	766.86	2.4

资料来源：《重庆市水资源公报2020》《四川省水资源公报2020》。

其次，就森林资源情况而言，四川省是森林资源大省，2020年四川省森林总面积为29187.6万亩，森林覆盖率为40.03%，森林蓄积量为19.16亿立方米；2020年重庆市森林总面积为6494.0万亩，森林覆盖率为52.50%，活立木蓄积2.41亿立方米（见表17）。① 由此可见，成渝地区森林资源丰富，森林生态调节能力较强。

表17　2020年川渝地区森林资源情况

单位：万亩，%

地区	森林总面积	森林覆盖率
四川省	29187.6	40.03
重庆市	6494.0	52.50

资料来源：《2020四川省生态环境状况公报》《2020重庆市生态环境状况公报》。

最后，就成渝地区旅游资源开发情况而言，四川省与重庆市均是旅游资源大省。2020年，全年四川省共接待国内外游客4.5亿人次，全年旅游总收入7170.10亿元，占第三产业生产总值（25471.1亿元）的28.15%，占2020年四川省地区生产总值（48598.8亿元）的14.75%。2020年，重庆市共接待国内外游客2.904亿人次，全年旅游总收入979.18亿元，占第三产业生产总值（13207.25亿元）的7.41%，占2020年全市地区生产总值（25002.79亿元）的3.91%（见表18）。

---

① 《2020四川省生态环境状况公报》、《2020重庆市生态环境状况公报》。

表18　2020年川渝地区旅游资源开发情况

单位：亿元，%

地区	全年旅游总收入	占第三产业生产总值比重	占全省(市)地区生产总值比重
四川省	7170.10	28.15	14.75
重庆市	979.18	7.41	3.91

资料来源：《四川统计年鉴2021》《重庆统计年鉴2021》。

总体来看，成渝地区空间、资源开发状况良好，空间与资源得到有效利用，特别是生态旅游资源开发取得较好成果：应用市场手段配置整合资源，变生态旅游资源优势为生态旅游产业发展优势、生态文明建设成果为生态旅游景观，形成了生态文明建设与区域经济高质量发展的良性循环。

2.成渝地区生态环境保护与治理机制

（1）成渝地区生态环境保护情况。成渝地区全面贯彻落实《中央生态环境保护督察工作规定》，但由于成都市和重庆市第二产业增加值占地区生产总值的比重分别为36.13%、39.96%，整体来看，成渝地区仍面临着资源环境约束日趋加剧的问题，产业结构需要进一步优化升级，资源利用效率有待提升。另外成渝地区还面临城市扩张开发压力大、大气污染和水体污染依然严重、自然灾害多发频发等问题。本报告主要选取了空气质量、固体及危险物情况（土壤质量）、水源质量来反映成渝地区的生态环境保护与治理成果。

首先，就空气质量而言，2020年四川省总体平均优良天数率为90.8%，其中优占44.6%，良占46.2%；总体污染天数比例为9.2%，其中轻度污染占8.1%，中度污染占1.0%，重度污染占0.1%。2020年重庆市总体平均优良天数率为91.1%，其中优占36.9%，良占54.2%；总体污染天数比例为8.9%，其中轻度污染占3.6%，中度污染占5.3%（见表19）。为治理空气污染情况，所采取的具体举措包括交通污染控制、工业污染控制、扬尘污染控制、生活污染控制、增强监管能力、增强科研分析能力等。

表19 2020年川渝地区空气质量情况

单位：%

地区	优良天数率		污染天数率		
	优	良	轻度污染	中度污染	重度污染
四川省	44.6	46.2	8.1	1.0	0.1
重庆市	36.9	54.2	3.6	5.3	0

资料来源：《2020四川省生态环境状况公报》《2020重庆市生态环境状况公报》。

其次，就固体及危险废物情况（土壤质量）而言，2020年四川省年产一般工业固体废物约为18721.77万吨，综合利用7631.63万吨（含综合利用往年贮存量283.28万吨），处置2231.34万吨（含处置往年贮存量12.75万吨），贮存9154.00万吨；年产生工业危险废物364.92万吨，综合利用349.19万吨（含综合利用往年贮存量13.77万吨），贮存29.51万吨。2020年，重庆市年产一般工业固体废物约为2523.78万吨，综合利用1913.22万吨（含综合利用往年贮存量36.76万吨），处置458.98万吨（含处置往年贮存量70.87万吨），贮存259.07万吨；年产生工业危险废物65.44万吨，综合利用18万吨（含综合利用往年贮存量0.24万吨），处置50.77万吨（含处置往年贮存量4.87万吨），贮存1.79万吨（见表20）。就固体及危险废物（土壤质量）而言，治理手段主要有加强土壤污染防治、推进无废城市试点、加强化学品风险防控、加强对废弃电器电子产品处理企业的监管和审核、强化生活垃圾处理。

表20 2020年川渝地区固体废物及危险废物（土壤质量）情况

单位：万吨

地区	一般工业固体废物			工业危险废物	
	产生量	综合利用量	处置量	产生量	综合利用处置量（含往年）*
四川省	18721.77	7631.63	2231.34	364.92	349.19
重庆市	2523.78	1913.22	458.98	65.44	68.77

*四川省和重庆市统计口径不一致，四川省没有区分综合利用和处置，重庆市则将二者分开统计。

资料来源：《四川统计年鉴2021》《重庆统计年鉴2021》。

最后，就水源质量而言，从长江流域来看，长江干流重庆段总体水质为优，15个监测断面水质均达到或优于Ⅱ类。重庆市集中式饮用水水源地水质良好。全市集中式饮用水水源地水质达标率为100%。长江干流四川段、黄河干流四川段、金沙江、嘉陵江水系水质断面优良率为100%；岷江和沱江水系优良水质断面占比分别为94.9%、86.1%。长江干流四川段总体水质优，5个断面（有4个国考断面）均为Ⅱ类，支流7个断面（有5个国考断面）均为Ⅱ~Ⅲ类水质。2020年，四川省全省集中式饮用水水源地水质达标率为100%。为全面贯彻落实水污染防治行动计划和污染防治攻坚战要求，就水源治理而言，成渝地区主要采取的手段有生活污水治理、工业污染防治、重点流域污染防治、农业农村污染防治、集中式饮用水水源地管理等。

（2）成渝地区生态环境治理机制。生态环境保护与治理主要包括实施生态修复、开展绿色发展试验示范、建设防灾减灾体系以及建立系统协同治理机制等四个方面。

第一，关于实施生态修复方面，成渝地区双城经济圈提出，以建设水系廊道和陆域廊道、修复湿地、保护水域环境为重点工程，如构建以江河水系和山脉森林为依托的绿色生态廊道，促进生态系统休养恢复，提高生态的承载能力和净化能力。

第二，在开展绿色发展试验示范方面，成渝地区双城经济圈支持探索绿色发展新模式，涉及生态产品价值变现、生态保护机制、生态补偿机制以及绿色金融等领域。与此同时，成渝地区支持公园城市创新建设，探索建立公园城市所匹配的城市规划原则、指标评价、价值转化等体系。

第三，在建设防灾减灾体系方面，针对区域内地震及次生灾害频发、防洪压力大以及城市排水系统不完善等问题，要完善雨情、汛情、旱情等监测预报和发布共享机制，完善震灾应急预案和应急保障体系，提高防灾减灾综合能力。

第四，在建立系统协同治理机制方面，成渝地区要建立统一的环保标准，齐心协力推进跨界水体环境治理、大气污染联防联控以及加强土壤污染、固体废物和危险废物的协同治理，使成渝地区通过统一的生态环保标准，协同推进环境污染治理与生态文明建设。如统筹水环境、大气环境以及土壤环境的综合保护和治理方案，有序制定统一的大气、水、土壤以及危险废物、噪声等领域环保标准。

3.成渝地区生态文明建设制度保障

四川省与重庆市各级政府都十分重视生态文明建设的制度保障，因此，对于生态文明的制度建设，政府综合运用法律、行政、市场等多种手段共同考核与推进生态环境保护与建设。如2016年重庆市和四川省分别发布《重庆市生态文明建设"十三五"规划》和《四川省"十三五"生态保护与建设规划》，对城市建成区绿地覆盖率、森林覆盖率、水质达标率等生态环境指标做出明确要求，完善自然资源资产产权和用途管制、生态保护红线、资源有偿使用、生态补偿、生态环境保护责任追究和损害赔偿等制度。《成渝地区双城经济圈建设规划纲要》中还指出，要协同建设，统一标准，共抓生态管控，如坚持一张负面清单管成渝地区，严格执行长江经济带发展负面清单管理制度，建立健全生态环境硬约束机制；开展跨区域联合环境执法，统一管控对象的界定标准和管控尺度，共同预防和处置突发环境事件；完善重大基础设施建设项目环境影响评价制度。

综上所述，成渝地区双城经济圈的生态文明建设总体取得初步成效，空间与资源开发更有效率，总体环境污染情况得到改善，制度与评价体系不断健全，但仍须进一步完善与提出创新型意见。在未来的生态文明建设中，首先，仍要继续坚持生态文明建设理念，走绿色发展道路，严守"三线一单"，并健全环境治理与生态保护市场体系；其次，要不断优化产业结构，提升生态环境的稳定性与承载能力；再次，要加大区域协同、城乡协同的环境综合治理力度，从整体上改善人民居住环境；最后，要恰当发挥政府的调控作用并不断加强环境教育，提高公众生态环保意识，倡导绿色生活方式，使资源利用更有效、生态环境更宜居。

三 成渝地区双城经济圈前景展望

近年来,中华民族面临百年未有之大变局,成渝地区迎百年未有之机遇。在党的正确引领和全国人民的持续奋斗下,我国已经实现了第一个百年奋斗目标,正朝着实现第二个百年奋斗目标昂首迈进,中华民族迎来实现伟大复兴的历史契机。然而放眼全球,新冠肺炎疫情持续扩散,逆全球化呼声四起,世界经济长期低迷,国际局势风云变幻,中国与世界的关系正在风云激荡中实现重塑。成渝地区地处我国西南腹心,扼长江之咽,据三峡之险,倚秦岭为屏,控青藏为障,人口集聚,物产富饶,自古以来便是我国最为重要的战略纵深地区,在抗日战争中曾作为战略大后方,挽救国家和民族危亡。新中国成立以来,经七十年筚路蓝缕、砥砺前行,今日之成渝,经济体量日益扩大,工业体系门类齐全,交通网络四通八达,科研力量基础深厚,生态优势逐步凸显,向东可通荆越以至东洋,向南可引云贵而出南亚、东南亚,向西向北可经关陇、新疆,跨中亚、西亚而至欧洲,已成为我国西部的经济中心和内陆对外开放门户。2020年1月3日,习近平总书记在中央财经委员会第六次会议上提出建设成渝地区双城经济圈这一重大部署,成渝地区双城经济圈建设正式上升为国家战略,成渝地区在实现中国梦的伟大征程中再次承担起全新的历史使命。2021年是"十四五"开局之年,也是成渝地区双城经济圈建设的起始之年。成渝地区双城经济圈建设将立足全面建设社会主义现代化国家的新发展阶段,秉持创新、协调、绿色、开放、共享的新发展理念,融入"以国内大循环为主体,国内国际双循环相互促进"的新发展格局,奋力实现"双碳"目标,全力打造"中国第四极",推动区域经济高质量发展。

(一)创新引领经济高质量发展,争创"中国第四极"

1. 共建现代产业体系

产业是经济之本,现代区域竞争是产业链条和产业体系之间的竞争。在新一轮科技革命和产业变革加剧的背景下，全球供应链、产业链和价值链在收缩中实现重塑，由全球化布局逐步走向区域化分布，以多元化产业集聚提升抗风险能力。成渝地区工业基础深厚，制造业体系完备，其中电子信息、汽车产业配套率超过80%，具备建设现代产业体系的条件。"十四五"期间，成渝地区要加强产业"一盘棋"意识，加强区域产业体系顶层设计，统筹谋划整体产业布局，充分发挥局部比较优势。要加强汽车、电子信息、装备制造等传统优势产业链的互融互补，加强产学研合作和信息共享，避免同质化竞争，共建世界级产业集群。要合力充分整合区域特色资源，培育人工智能、量子通信、生物医药、特色消费品等战略新兴产业集群，建设以人工智能为特色的高端智能制造产业集群，建设融医药、保健、医疗、康养于一体的大健康产业生态圈。要依据自身优势成链条、成体系地承接产业转移，提升产业园区建设与管理水平，吸引国际知名的头部企业入驻，发挥头部带动、配套集群、链条联动的规模经济优势。

2. 推动数字经济发展

随着万物互联时代的到来，数据要素成为土地、资本、科技之外的一种基础性生产要素，数字经济成为继农业经济、工业经济之后的全新经济形态，成为欠发达地区实现"后发赶超"的重要途径。成渝地区人口稠密，各类基础设施较为完善，科研教育资源丰富，太阳能、风能、水能等清洁能源储备丰富，具备发展数字经济的优势。"十四五"期间，成渝地区要持续优化数字基础设施，加快普及千兆光纤网络和5G网络基础设施，协同建设全国一体化算力中心节点和全国绿色数据中心，提升基础设施智能化、网络化、协同化、服务化水平，推进能源、水利、交通运输环保等领域基础设施数字化改造。要不断推进传统产业数字化升级，推动工业互联网建设走深走实，加快工业企业智能化改造，创新数字经济应用场景，推动大数据建设与农业全产业链深度融合，提升农业农村现代化水平。要提升数字化治理能力，加强数据要素流通管理，加快传统政务服务互联网化改造，提升智慧城市建设与管理能力，推动社会服务数字普惠化。

3. 加大科技创新投入

创新是产业之本，是推动经济社会发展的第一动力。成渝地区要充分整合高等院校、科研院所和科技企业的创新优势，不断加大科技研发投入。要围绕电子信息、航空航天、汽车、生物医药、智能制造等产业链条的薄弱环节加大基础科研力量投入，展开联合技术攻关，加强科技创新对产业发展的引领作用，推动全产业链竞争力的提升。要集中力量建设西部（成都）科学城、西部（重庆）科学城、中国（绵阳）科技城，推动科研机构、大学、企业、人才等科创资源空间集聚与平台互联，联合申请国家级科研项目在成渝落地。要大力吸引高端人才流入，健全科研创新体制，建立统一的技术交易市场，加强知识产权协同保护，建立创业孵化、金融支持、成果转化的一体化创新平台。

4. 打造国际消费中心

积极拉动国内消费是"双循环"的重要基点。随着各种全新的文化符号、技术媒介和商业模式的出现，新消费正在催生新的消费理念和消费方式，成为驱动经济持续增长的重要引擎。巴蜀文化共同体作为中华广域文化共同体中一支神秘而灿烂的地域文化，千百年来孕育了一系列璀璨辉煌的名胜古迹和艺术瑰宝，凝练出兼通儒道、乐观通达、浪漫逍遥的人文特色。"十四五"期间，成渝地区要进一步挖掘地域文化特色，打造城市消费品牌，推动成渝在国际平台联合营销，建设具有巴蜀风格的世界级商圈。要充分发挥旅游休闲、度假康养、文娱美食方面的优势，共建巴蜀文化旅游走廊，共同打造贯通两地的精品旅游路线，建设特色消费聚集区。要推进体育经济、会展经济、文创产业融合发展，积极承办具备国际影响力的时装周、电影节、音乐节、体育赛事等，培育影视、动漫、传媒、游戏、服装、音乐、户外运动等文娱产业，提升成渝文化向心力。

（二）推进大中小城市协调发展，加快都市圈建设

1. 加快成渝两个都市圈建设

作为成渝地区双城经济圈仅有的两个万亿级特大城市，成都和重庆要进

一步提升发展能级,优化功能布局,提升带动能力,培育现代化都市圈。成都要以建设践行新发展理念的公园城市为指引,高标准规划建设天府新区、东部新区与西部(成都)科学城,推动高水平产业生态圈建设与产城融合,完善现代化、智能化、国际化城市治理体系,提升创新策源和金融服务能力;要进一步推动成德眉资同城化发展,加强成都都市圈统一规划,增强基础设施互联互通与产业协同,形成"研发—生产—配套"梯次布局的产业集群。重庆市要突出主城都市区极核优势,加强主城都市区交通体系建设,完善"一小时通勤圈";要推动中心城区加强科技创新、国际交流、先进制造、现代服务等高端功能,支持主城新区建设成为制造业高质量发展增长极,提升中心城区与主城新区的产业协同水平;要以"高质量发展引领区、高品质生活示范区"为目标加快推进两江新区推进建设,高标准打造西部(重庆)科学城;要进一步加强"一区两群"区域协作机制,加强对渝东北三峡库区、渝东南武陵山区的带动能力。

2. 推动成渝主轴崛起两翼协同

一个成熟的城市群需要不同层级的城市相互支撑,"双核独大"的城镇化发展格局反映了成渝地区区域布局仍然有待优化,要加强成渝"第三极"培育力度,推动成渝主轴崛起和南北两翼协同发展。要推进成遂渝、成资渝、成内渝三线协同发展,鼓励成渝中部地区加强协作水平,支持内江建设成渝主轴中心城市,支持绵阳、乐山建设成都平原区域中心城市。要提升川东北、渝东北经济集聚水平,支持南充、达州、万州建设区域中心城市,推动万州、达州、开州一体化同城化发展,培育成渝北翼新兴增长极和战略支点,打造成渝地区东出北上综合交通枢纽。要推动川南渝西地区融合发展,支持宜宾、泸州建设川南区域中心城市,推动泸州、自贡、内江、宜宾、永川、江津等地协同建设川南融合示范区,实现产业、交通等重大政策协同,携手共建西部陆海新通道和长江经济带物流枢纽,构筑成渝南向开放新高地,打造成渝地区双城经济圈发展引擎。

3. 加快成渝县域经济培育

成渝之间连绵的宽阔地带和身后的广袤地区,是一个个县域经济体。作为最小的完整经济单元，县域经济是新型城镇化的重要载体，是区域发展的关键拼图，是农业农村现代化和乡村振兴的主战场。要推动县域经济发展与区域重大战略相结合，完善顶层设计与区域分工，加快县域国土空间规划。要围绕县域禀赋特点优化产业布局，依靠县域特色优势培育全产业链条，提升农业现代化、产业化和联农带农水平，推动农村农民共同富裕。要把发展县域经济与建设特色小镇结合起来，推动县域经济业态创新和农文旅融合发展，推动农村剩余劳动力就地城镇化。

（三）合力打造低碳生态宜居地，共建绿色经济圈

1. 共筑长江上游生态屏障

成渝地区双城经济圈生态环境保护对整个长江经济带乃至全国的生态文明建设都具有重大意义。要坚持"绿水青山就是金山银山"的理念，共抓大保护、不搞大开发。要在宏观层面上探索社会经济与生态安全的平衡，实践绿色转型发展新路径，使得生态环境质量实现根本好转，水、大气、土壤环境质量全面改善，形成区域社会、经济、资源和环境的绿色均衡发展局面。

2. 共同打造绿色产业集群

成渝地区应积极促进绿色技术的研发与创新，实施重大绿色技术研发与示范工程。首先，要着重优化产业结构，形成优势互补的产业格局，从产业结构升级角度提升成渝地区生态环境的稳定性与承载能力。其次，要提高和促进绿色产业的生产与消费，形成绿色产业产品需求与供给的动态平衡；再次，形成积极的产业联动，优势互补，使区域间、产业间、企业间形成良性的可持续发展模式。最后，还要为绿色产业发展提供足够的资金支持，最终共同打造出绿色产业集群。

3. 加强污染跨界协同治理

一方面，成渝地区应统一制定环保标准编制技术规范，包括统一的大气、水、土壤以及危险废物、噪声等领域的环保标准；另一方面，成渝地区双城经济圈还须加强跨界治理合作，具体表现在深化大气污染联防联控、推

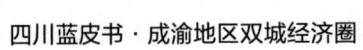

进跨界水体环境治理等实践治理方面。总之，通过加大区域协同、城乡协同的环境综合治理，使人民居住环境整体上得到改善。

4. 联合推进碳达峰、碳中和

在联合推进碳达峰碳中和目标的过程中，成渝地区可就"双碳"目标形成合作机制。首先，要继续坚持绿色低碳发展理念，不断健全与完善顶层设计。其次，要结合不同区域环境、资源禀赋状况，分区管控并系统性推动低碳减排。最后，要进一步推动科技创新，促进低碳技术的研发与推广，形成健全完善的低碳减排产业链。

5. 提高公众生态环保意识

合力打造低碳生态宜居地，共建绿色经济圈还需要公众的密切配合与积极参与。首先，要提高公众生态环保意识，包括环境科学知识、科学素养和态度以及独立理性的思考判断。其次，要恰当发挥政府的调控作用，倡导绿色生产方式和生活方式，使资源利用更有效率。最后，政府要统筹布局再生资源分拣中心，建设城市废弃资源循环利用基地，使公众形成的生态环保意识得以切实实现。

（四）协同建设内陆开放新高地，融入"双循环"格局

1. 共建"一带一路"桥头堡

成渝地区是中欧班列（成渝）号和长江经济带的起点，既能够通过亚欧通道紧密连接丝绸之路经济带，又能够通过长江黄金水道沟通21世纪海上丝绸之路，是"一带一路"的重要节点。成渝地区要进一步完善对外通道建设，推动重庆等沿江城市打造港口物流枢纽，支持江北机场、双流机场和天府机场共同打造国际航空门户，提升中欧班列（成渝）号的运行规模和效率，形成"水陆空铁"全方位的国际交通枢纽。要探索建设"一带一路"服务中心，与"一带一路"国家和地区建立长期友好关系，更多地举办"一带一路"国际合作高峰论坛，吸引沿线国家和地区的企业家在成渝地区投资，鼓励和支持中小企业"走出去"深度参与"一带一路"建设。

2. 开辟西部陆海新通道

西部陆海新通道建设能够有效缓解长江黄金水道的运输压力，提升成渝地区乃至西部地区货物出口的运输速度，加深成渝地区与广西、贵州、云南等地的区域交流合作，加强成渝地区对东亚、东南亚、南亚的经济辐射强度，深化与东盟国家的商业贸易往来。成渝地区要加快南向铁路、公路、高速公路、高速铁路的规划建设与扩容改造，加速织密陆上交通网络，持续提升铁路运营组织能力。要建设面向陆海新通道的新兴产业基地和货物集散基地，打造陆海新通道供应链、产业链、物流链节点枢纽城市。要加强与广西、贵州、云南等地的物流、产业合作，加快推进川桂国际产能合作产业园项目和中国（四川）—东盟自贸合作中心等平台建设，在新加坡、越南、印尼、马来西亚等国构建国际物流供应链节点网络，推动东盟国家与成渝地区双向投资。

3. 推动金融更高水平开放

金融开放平台建设能够有效提升区域资金活力和对外开放水平，成渝要对标"立足西部，面向东亚和东南亚、南亚，服务共建'一带一路'国家和地区的西部金融中心"的定位，深化金融开放水平和跨境跨区域金融合作。要有力支撑人民币"走出去"战略，支持成渝地区在对外贸易中使用人民币结算，支持成渝地区金融机构向符合条件的境外企业发放人民币贷款；要完善内陆金融开放体系建设，引进境内外金融机构在成渝地区发展，鼓励国际金融组织、境外交易所和东盟地区中央银行在成渝地区设立驻华代表机构，实现境内外金融市场资金、股权、债券等互联互通；要深化与"一带一路"国家的多层次资本市场合作，与国际金融机构共同建设"一带一路"、中欧班列和陆海新通道运营管理中心，为相关项目提供融资服务；要强化跨境资本流动管理，推进跨境金融业务创新，建立与国际接轨的跨境金融法律服务体系。

（五）推动发展成果均等化分享，探索成渝共富路

1. 推进基础设施一体化

基础设施一体化是推动区域协调发展、破解成渝地区双城经济圈"中

部塌陷"问题的突破点,是城乡均衡发展、促进城乡融合发展和乡村振兴的关键点。各地应在双城经济圈整体上进行统筹规划,按照"多方协调、共同建设"的原则,加快交通、信息通信、能源电力基础设施建设,推进基础设施一体化。要强化重庆、成都"1小时通勤圈",实现"双核"与七大区域中心城市、主要节点城市1.5小时通达,与主要相邻城市群核心城市约3小时通达。依托以成渝高速、成渝遂高速、渝蓉高速、成资渝高速、成渝高铁和正在建设中的成渝中线高铁为核心的成渝北线、中线和南线综合运输通道,加强成都都市圈和重庆都市圈的联系,带动成渝主轴城市发展,要构建高速共享的通信网络系统,提高成渝经济圈内互联网普及率,提高农村网络覆盖率。加快通信网络、数据中心等新型基础设施建设,促进人工智能、大数据、5G、物联网等产业快速发展和相关应用落地,让信息化助力成渝经济圈实现智能化。要优化城乡能源供给网络,鼓励使用清洁绿色能源,统筹规划城乡天然气网络布局,实现城际网络互通,减少输送过程中的损耗,提高天然气利用效率。淘汰老旧小火电厂,合理建设水电、风电、光伏项目,将流域梯级水电站周边一定范围内的光伏、风电就近接入水电站,利用水电站互补调节和其送出通道,提高送出通道利用率。加快对城乡输配电网络的升级,全面建成统一的"坚强智能电网",减少电能的运输损耗,提升供电稳定性。鼓励购买新能源汽车,提高绿色能源的普及率,加快推进充电桩等新能源基础设施建设。

2. 推动公共服务均等化

成渝地区双城经济圈各级政府要通力合作,在注重区域经济一体化的同时,也要关注区域公共服务的均等化,适度打破行政壁垒,探索经济圈居民均等享受公共服务。要不断完善各级政府财力与事权相匹配的制度,做好财政转移支付,调整各市财政支出结构,合理加大对公共服务的财政投入力度,尤其要注意向广大农村和偏远地区加大倾斜力度,缩小区域间和城乡间的基本公共服务差距。尽快实现异地就医、定点医疗机构互认,解决农民工子女就地入学难题。要建立推动公共服务均等化协同机制,统一、高效地调度经济圈内的行政资源,减少各地、各部门间的内部损耗。

要推进农村地区公共服务多元供给体制改革，以政策手段引导企业部门积极参与农村地区公共产品与服务供给，以满足农村地区和农民对公共服务丰富性的需要。

3. 共建城乡融合示范区

成渝地区要加快城乡土地、劳动力、资金、技术等要素的市场化改革，促进城乡要素自由流动，继续推动城乡要素市场一体化改革。在吸纳农村劳动力到成都、重庆和其他区域中心城市的同时，也要引导城市人才下乡，充分利用农村资源要素，提高农村产业集约化水平，推动成渝经济圈现代农业高质量发展。要深化户籍制度改革，拔除城镇就业的农村劳动力落户障碍。要鼓励金融机构深入农村，丰富农村地区的金融资源，加大资金对农业的扶持力度。要实现农村地区产业融合发展，以乡村民宿、乡村旅游、农业观光等为着力点，推动农业与旅游业融合，以各电商平台为抓手，拓展农产品销售渠道，实现农业与互联网融合。要加快特色小镇建设，使其成为承接城市人才、资金和产业流入农村地区的关键节点，推动城乡融合发展。要提高农业科技成果转化率，实现农业科技成果的产业化和资本化，以科技促进城乡融合发展。充分发挥市场在资源配置中的基础性和决定性作用，鼓励企业成为技术研发和科技成果转化的主体，提高企业的技术创新能力，缩短技术转移转化和产业化的路径。同时，政府应在政策法规上予以支持保障，继续引导和支持科研院所、高等院校的技术研发力量投入农业科技。

参考文献

程前昌：《成渝城市群的生长发育与空间演化》，华东师范大学博士学位论文，2015。

范恒山：《成渝地区双城经济圈建设的价值与使命》，《宏观经济管理》2021年第1期。

郭义盟：《成渝城市群生态文明建设评价研究》，成都理工大学硕士学位论文,2017。

刘登娟、吕一清:《长江经济带成渝城市群环境与经济协调发展评价》,《经济体制改革》2017年第2期。

肖义、黄寰、邓欣昊:《生态文明建设视角下的生态承载力评价——以成渝城市群为例》,《生态经济》2018年第10期。

附：成渝地区双城经济圈大事纪（2020~2021）

2020年1月3日　中央财经委员会第六次会议召开。会议强调，要推动成渝地区双城经济圈建设，在西部形成高质量发展的重要增长极。要加强顶层设计和统筹协调，突出中心城市带动作用，强化要素市场化配置，牢固树立一体化发展理念，做到统一谋划、一体部署、相互协作、共同实施，唱好"双城记"。

2020年1月6日　重庆市委常委会召开扩大会议。传达学习中央财经委员会第六次会议精神，研究重庆市贯彻落实意见。四川省委召开常委会（扩大）会议，专题传达学习中央财经委员会第六次会议精神，研究四川省贯彻落实意见。

2020年1月10日　四川省委书记、省委财经委员会主任彭清华主持召开省委财经委员会第四次会议，强调要深入学习贯彻习近平总书记在中央财经委员会第六次会议上的重要讲话精神，切实把思想和行动统一到党中央决策部署上来，抓住用好重大战略机遇，切实担负起国家赋予的发展使命，高质量谋划推动成渝地区双城经济圈建设。

2020年1月17日　深化川渝合作推动成渝地区双城经济圈建设两省市发展改革委主任2020年第一次调度会在重庆召开。

2020年2月21日　川渝两省市发展改革委在成都联合召开深化川渝合作推动成渝地区双城经济圈建设2020年第二次调度会。会议研究了推动成渝地区双城经济圈建设第一次省市党政联席会议筹备情况，对拟提交联席会议审议的相关文件进行了深入讨论，并就进一步做深做实推动成渝地区双城经济圈建设相关工作达成了共识。

2020年2月28日　四川省委编委批复设立四川省推进成德眉资同城化发展领导小组办公室。

2020年3月12日　推动成渝地区双城经济圈建设四川重庆常务副省市长协调会议第一次会议在成都召开。

2020年3月17日 推动成渝地区双城经济圈建设四川重庆党政联席会议举行第一次会议,深入学习贯彻习近平总书记在中央财经委员会第六次会议上的重要讲话精神,部署共同落实成渝地区双城经济圈建设重点工作。

2020年3月23日 重庆市推动成渝地区双城经济圈建设动员大会召开。

2020年4月7日 重庆市委理论学习中心组(扩大)专题学习会暨推动成渝地区双城经济圈建设市领导集中调研成果交流会召开。市委书记陈敏尔强调,要加快推动双城经济圈建设各项任务落地见效,为全国发展大局做出新贡献。

2020年4月15日 中共重庆市第五届委员会第八次全体会议召开。审议通过《中共重庆市委关于立足"四个优势"发挥"三个作用"加快推动成渝地区双城经济圈建设的决定》。

2020年4月28日 川渝两省市发展改革委在重庆召开深化川渝合作推动成渝地区双城经济圈建设2020年第三次调度会,共同调度推动成渝地区双城经济圈建设川渝党政联席会议第一次会议决策部署落实情况,研究谋划下阶段重点工作。

2020年6月12日 重庆市委编办批复重庆市综合经济研究院增设推动成渝地区双城经济圈建设研究中心。

2020年7月10日 中共四川省第十一届委员会第七次全体会议在成都举行,审议通过《中共四川省委关于深入贯彻习近平总书记重要讲话精神、加快推动成渝地区双城经济圈建设的决定》。

2020年7月13日 四川省推动成渝地区双城经济圈建设暨推进区域协同发展领导小组第一次会议在成都召开。会议审议了《关于贯彻落实推动成渝地区双城经济圈建设重大决策部署工作实施方案》、《川渝两省市2020年共同实施的重大项目清单》和领导小组工作规则及其办公室工作规则。

2020年7月18日 推动成渝地区双城经济圈建设联合办公室2020年第四次主任调度会在成都召开。会上,川渝两省市发展改革委签署了《成渝地区双城经济圈经济运行监测分析战略合作协议》。

2020 年 7 月 27 日　两省市政府办公厅联合印发《川渝毗邻地区合作共建区域发展功能平台推进方案》。

2020 年 7 月 27 日　四川省推进成德眉资同城化发展领导小组办公室在天府新区正式揭牌，同城化发展按下了"快进键"。

2020 年 8 月 29 日　重庆市推动成渝地区双城经济圈建设研究中心启动会在重庆市综合经济研究院召开。会上，重庆市推动成渝地区双城经济圈建设研究中心正式挂牌。

2020 年 9 月 8 日　推动成渝地区双城经济圈建设联合办公室 2020 年第五次主任调度会在重庆召开。

2020 年 9 月，重庆市委全面深化改革委员会、四川省委全面深化改革委员会联合印发《关于推动成渝地区双城经济圈建设的若干重大改革举措》，对两地协同推进的重大改革进行部署，开创了全国省级层面跨区域全面深化改革合作的先河。

2020 年 9 月 15 日　重庆市体育局和成都市体育局签署双城联动共推体育融合发展合作协议。

2020 年 10 月 16 日　中央政治局召开会议，审议《成渝地区双城经济圈建设规划纲要》。

2020 年 10 月 21 日　重庆市政协和四川省政协首次召开"共建西部科学城，加快建设具有全国影响力的科技创新中心"远程联合协商会，为川渝两省市下一步打造成渝地区面向全国的科技创新品牌协商建言。

2020 年 10 月 29 日　2020 成渝地区双城经济圈青年企业家峰会圆桌会议在重庆两江新区举行。

2020 年 10 月 30 日　川渝两省市政府办公厅联合印发《川渝通办事项清单（第一批）》，要求 95 个高频政务服务事项年底前实现线上"全网通办"、线下"异地可办"。

2020 年 11 月 4 日　国家发展改革委批复了成达万高铁可研报告，成达万高铁全线共设天府、天府机场、资阳西、乐至、遂宁、蓬溪南、南充北、营山西、渠县北、达州南、开江南、岳溪、万州北 13 座车站，项目总投资

851亿元，建设工期5年。

2020年11月8日 成渝地区双城经济圈产教融合发展联盟2020年年会暨首届成渝地区双城经济圈产教融合高峰论坛在重庆市召开。

2020年11月14日 成渝地区双城经济圈联合办公室2020年第六次主任调度会在成都召开，会议学习贯彻党的十九届五中全会和10月16日中共中央政治局会议精神，细化落实两省市党委政府安排部署，调度四川重庆党政联席会议第二次会议筹备工作情况，安排下一步重点工作。

2020年12月14日 推动成渝地区双城经济圈建设重庆四川党政联席会议举行第二次会议，审议通过《成渝地区双城经济圈便捷生活行动方案》。

2020年12月31日 川渝两省市合作共建的9个合作功能平台中，高竹新区、遂潼一体化发展先行区率先获批设立。

2021年1月4日 四川省召开推动成渝地区双城经济圈建设暨推进区域协同发展领导小组第三次会议，会议强调着力抓关键攻重点破难点，推动全省区域协同发展迈上更高水平。

2021年1月8日 重庆市经信委和四川省经济和信息化厅发布《关于首批成渝地区双城经济圈产业合作示范园区的公告》，公布重庆荣昌高新技术产业开发区、四川隆昌经济技术开发区等20个首批成渝地区双城经济圈产业合作示范园区名单。

2021年2月24日 《国家综合立体交通网规划纲要》发布，明确将京津冀、长三角、粤港澳大湾区和成渝地区双城经济圈列为国际性综合交通枢纽集群。

2021年3月1日 最高人民法院发布《关于为成渝地区双城经济圈建设提供司法服务和保障的意见》。

2021年3月3日 四川省经济和信息化厅、重庆市经济和信息化委员会制定并印发《2021年成渝地区工业互联网一体化发展示范区建设工作要点》。

2021年3月5日 推动成渝地区双城经济圈建设联合办公室在永川召

开 2021 年第一次主任调度会。

2021 年 3 月 8 日　川渝两省市政府办公厅联合印发《成渝地区双城经济圈"放管服"改革 2021 年重点任务清单》《川渝通办事项清单（第二批）》。

2021 年 4 月 15 日　中国贸促会、四川省、重庆市在成都签署《关于促进成渝地区双城经济圈建设合作协议》。

2021 年 4 月　工业和信息化部发文批复支持重庆市和四川省建设成渝地区工业互联网一体化发展示范区，成渝地区成为继长三角之后，我国第二个跨省级行政区域的国家级工业互联网一体化发展示范区。

2021 年 4 月 25 日　《成渝地区双城经济圈建设 2021 年川渝合作共建重大项目名单》印发。

2021 年 4 月 29 日　推动成渝地区双城经济圈建设联合办公室 2021 年第二次主任调度会在成都召开。

2021 年 5 月 15 日　推动成渝地区双城经济圈建设四川重庆常务副省市长协调会议第三次会议在成都召开。

2021 年 5 月 22 日　四川省委办公厅、省政府办公厅印发《关于建设具有全国影响力的重要经济中心的实施意见》《关于建设具有全国影响力的科技创新中心的实施意见》《关于建设改革开放新高地的实施意见》《关于建设高品质生活宜居地的实施意见》。

2021 年 5 月 27 日　推动成渝地区双城经济圈建设重庆四川党政联席会议第三次会议在重庆市永川区召开，审议《汽车产业高质量协同发展实施方案》《电子信息产业协同发展实施方案》《加强重庆成都双核联动引领带动成渝地区双城经济圈建设行动方案》等文件。

2021 年 5 月 27 日　重庆市、四川省共建具有影响力的科技创新中心 2021 年重大项目举行集中开工仪式。

2021 年 6 月 4 日　成都经开区人力资源和社会保障局、成都经开区经济和信息化局主办的"成渝双城产教融合共兴、校企合作共赢"洽谈会暨专场招聘会在四川城市职业学院召开。学校、企业代表签订了《"成渝双城"产教融合校企合作协议》。

2021年6月7日　国家发展改革委、交通运输部联合印发《成渝地区双城经济圈综合交通运输发展规划》。

2021年6月17日　川渝两省市人民政府联合在上海举办成渝地区双城经济圈全球投资推介会。这是重庆和四川首次联合举办招商推介会。活动以"共建双城经济圈·共享发展新机遇"为主题，面向长三角地区中外知名企业、商协会和机构，推介成渝地区双城经济圈投资新机遇。

2021年6月21日　《成渝地区双城经济圈综合交通运输发展规划》正式印发，目标到2025年，基本建成"轨道上的双城经济圈"。

2021年6月27日　成都天府国际机场正式投入运营。

2021年7月6日　"成渝地区双城经济圈专家服务基地示范活动"在重庆文理学院举行。成渝地区双城经济圈首个乡村振兴国家级专家服务基地正式揭牌，重庆市专家服务团助力重大战略"揭榜挂帅"同时启动。

2021年7月10日　自然资源服务推动成渝地区双城经济圈建设研讨会在遂宁举行。会议聚焦"自然资源服务推动成渝地区双城经济圈建设"主题进行深入交流，为共同推动成渝地区双城经济圈建设加快成势。

2021年7月12日　重庆市生态环境局、四川省生态环境厅在渝召开成渝地区双城经济圈"无废城市"共建座谈会，生态环境部固体司、中国环科院、重庆市生态环境局、四川省生态环境厅有关负责同志参加会议。

2021年7月15日　推动成渝地区双城经济圈建设联合办公室2021年第三次主任调度会在重庆召开。

2021年8月17日　国家发展改革委正式批复成渝中线铁路（含十陵南站）可行性研究报告。

2021年8月18日　人力资源和社会保障部与两省市人民政府签署《推动成渝地区双城经济圈建设深化人力资源社会保障战略合作协议》。

2021年8月23日　四川省召开推动成渝地区双城经济圈建设暨推进区域协同发展领导小组第三次会议。

2021年8月27日　重庆两江新区·四川天府新区会展产业旗舰联盟第一次会议暨授牌仪式在线上举行。乘着成渝地区双城经济圈建设的东风，两地产业合作不断升温，合力打造会展经济产业带。

2021年9月17日 川渝产业园区发展联盟成立暨中欧名企采购大会在成都举行。会上川渝产业园区发展联盟正式成立，这将落实推动成渝地区双城经济圈建设重大战略部署，是聚焦制造业发展、推动两地产业融合的又一重大举措。

2021年9月26日 推动成渝地区双城经济圈建设联合办公室2021年第四次主任调度会在成都召开，成渝中线高铁建设全面启动。这标志着成渝间最顺直、最高效的客运直连通道——设计时速350公里的成渝中线高铁取得重大进展，这也是成渝间直接连接的第四条铁路大通道。

2021年9月27日 四川省人大常委会听取成渝地区双城经济圈建设情况汇报。

2021年10月20日 中共中央、国务院印发《成渝地区双城经济圈建设规划纲要》。

2021年10月22日 成渝地区双城经济圈协同创新发展峰会在重庆两江新区举行。重庆市委常委、两江新区党工委书记段成刚，重庆市人大常委会副主任沈金强，四川天府新区党工委副书记、管委会主任陈历章出席活动。

2021年11月1日 中国环境科学研究院、四川省生态环境厅、重庆市生态环境局在成都召开成渝地区双城经济圈"无废城市"共建座谈会。川渝双方表示要全力推动指导意见印发，建立健全工作机制，推进共建工作落地落实。

2021年11月7日 重庆市教育委员会与四川省教育厅共同研究制定《成渝地区双城经济圈教育协同发展行动计划》，川渝两地将围绕优质教育资源共建共享、教师能力素质提升等10个方面的内容，高起点、高标准、高质量推进成渝地区双城经济圈教育协同发展，共同打造具有全国重要影响力的教育一体化发展试验区、改革创新试验区、协同发展示范区、产教融合先行区。

2021年11月23日 重庆市江北区政府与四川省首家全国性寿险公

司——国宝人寿保险股份有限公司现场签署合作协议，国宝人寿首家省外分公司重庆分公司落户江北嘴金融核心区。至此，成都银行、国金证券、锦泰财险等四川法人金融企业跨区域发展的在渝分支机构悉数落户江北，标志着成渝地区双城金融协同发展迈上新台阶。

2021年12月1日 川渝两地继取消国内手机长途和漫游费、流量漫游费后，正式取消成渝地区双城经济圈之间、四川省内各市州之间、各市州与重庆之间座机通话长途费，实现全国首例跨省级行政区域通信资费一体化。

2021年12月14日 推动成渝地区双城经济圈建设重庆四川党政联席会议第四次会议在四川省宜宾市举行。川渝两地联合印发了《成渝地区双城经济圈碳达峰碳中和联合行动方案》，提出了十项联合行动，以推进区域碳达峰碳中和工作。

2021年12月24日 中国人民银行、国家发展改革委、财政部、中国银行保险监督管理委员会、中国证券监督管理委员会、国家外汇管理局、重庆市人民政府、四川省人民政府发布关于《成渝共建西部金融中心规划》的通知。

2021年12月，中共重庆市委、中共四川省委、重庆市人民政府、四川省人民政府印发了《重庆四川两省市贯彻落实〈成渝地区双城经济圈建设规划纲要〉联合实施方案》，要求两省市各级各部门结合工作实际，认真抓好贯彻落实。

发展理念篇
Development Concept Reports

B.2
成渝地区双城经济圈创新发展报告

韩文艳 熊永兰*

摘　要： 中共中央、国务院印发了《成渝地区双城经济圈建设规划纲要》，提出要把成渝地区双城经济圈建设成为具有全国影响力的科技创新中心，为刻画两地协同创新状况，本报告从专利、论文、奖项、政策数据等角度对其科技创新协同能力进行分析。成渝地区协同创新空间格局呈现显著的"核心-边缘"特征，空间差异较为明显，协同创新更为紧密且协同创新类型多样，初步构成了以成都和重庆为双核的创新大网络和以成都为核心的创新小网络，政策体系逐渐完善。未来，本报告建议要构建"一中心+多科学城+众产业基地（创新园区）+数（个）科创大走廊"的主体架构，以整合成渝地区科技资源，布局次级中心促进区域创新梯次均衡发展，深化协同创新打造区域创新发展共同体，聚焦重点领域重点产业形成特色鲜明、创新驱动力强

---

* 韩文艳，中国科学院成都文献情报中心助理研究员，主要研究方向为科技创新与区域发展；熊永兰，中国科学院成都文献情报中心副研究员，主要研究方向为创新战略与创新政策。

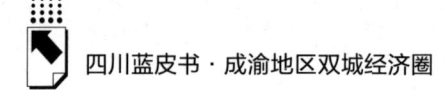

的产业集群,强化企业创新主体地位,激发全社会创新活力,构建创新生态圈,助力成渝建设区域科技创新中心。

关键词: 成渝地区双城经济圈　区域创新　协同创新

城市承担着在有限空间内高密度聚集生产要素的功能,核心城市在这方面的作用随着城市规模扩大、城市间联系紧密而越发显著。当创新成为区域经济不可或缺的驱动力量时,同样在城市载体中显现出高强度、多频次的互动,并最终促进重要枢纽中心发挥"对内聚集—向外溢出"的差异化作用。成都和重庆是成渝地区双城经济圈的核心城市,同时也是国家布局在西南地区的中心城市,在区域创新要素的聚集上更需要强劲动力,也可以实现全国范围乃至全球范围的辐射。2021年10月20日,中共中央、国务院印发了《成渝地区双城经济圈建设规划纲要》(以下简称《规划纲要》),标志着成渝地区双城经济圈建设踏上了加快推动高质量发展的新征程。其中,《规划纲要》提出要把成渝地区双城经济圈建设成为具有全国影响力的科技创新中心,"紧抓新一轮科技革命机遇,发挥科教人才和特色产业优势,推动创新环境优化,加强创新开放合作,促进创新资源集成,激发各类创新主体活力,大力推进科技和经济发展深度融合,打造全国重要的科技创新和协同创新示范区"。

一　成渝地区双城经济圈建设科技创新中心的重大意义

(一)科技创新中心是国家实施创新驱动的重大战略部署

2021年科技部提出将按中央部署着力以科技创新推动区域协调发展、高质量发展,明确提出"除继续支持北京、上海、粤港澳大湾区国际科技创新中心建设外,要支持有条件的地方建设区域科技创新中心",形成区域创新的新增长极。成渝两市地理位置近,属于国内少有的双子星城市群,一方面具备区域创新极化和扩散的可能性,另一方面又可以为彼此提供互补的创新要素,增强双城的整体科技实力,进而成为更高层级的科技创新中心,是形成新区域科技创新中心的潜力地区。

(二)创新驱动发展是成渝地区高质量发展的必然选择

创新驱动在区域经济发展中成为高质量发展的首选路径。"创新驱动战略—创新引领发展—建设科技强国"部署,显示了党中央对区域创新驱动发展的连续性谋划。成渝地区双城经济圈是我国西南地区重要腹地,承载着经济社会与生态协调发展的重要历史使命,唯有走高质量发展道路才能实现上述目标。其中,增强科技创新实力,以创新驱动来应对未来的不确定性和风险社会的复杂性,是摆在成渝地区面前的现实选择。

(三)城市群、都市圈已成为区域创新发展的关键载体

在我国已初步形成京津冀、长三角和粤港澳大湾区三个世界级城市群的基础上,成渝地区双城经济圈具有良好基础、巨大发展潜力,有望成为中国"第四极"的区域。都市圈同时也是高质量紧密型的创新生态圈。区域创新的主要策源地以城市群、都市圈为重。成渝城市群,特别是成都都市圈、重庆都市圈聚集了绝大部分的科技资源,且其 GDP 占全国 GDP 比重也在逐年增加,说明在区域创新方面"大有可为"。

二 成渝地区双城经济圈科技创新中心建设进展

(一)合作共建创新平台

共建具有全国影响力的科技创新中心是成渝地区双城经济圈的重要任务之一,其中合作共建的西部科学城是两地最重要的平台之一,以"一城多

园"模式合作推进建设。"一城"即西部科学城,"多园"即两地的国家高新区等创新资源集聚载体。两地将围绕大健康、人工智能两个重点领域,联合实施重点研发项目,实现联动建设、合作共享。

(二)推进高校院所交流互动

一方面,构建高等学校协同创新体系,建设环成渝高校创新生态圈。推动高校院所在两地互设研究机构和研究型大学,协同开展高水平研究活动;联合搭建校院地协同创新平台,在重大项目联合申报、关键共性技术联合攻关、科研仪器开放共享等方面探索先行先试。另一方面,共同推进国际科技交流合作。搭建国际科技创新合作平台,共建"一带一路"科技创新合作区和国际技术转移中心,推动布局一批国际联合实验室和联合研究中心;建立成渝地区国际科技合作基地联盟;支持两地高校、科研院所联合海外研发机构和科学家申报承担各级科技计划项目,参与并组织国际大科学计划和大科学工程。

(三)实施科技人才招引培养

建立高层次人才跨区域公共服务、社会保障共享机制,鼓励两区域高校院所科研人才交流任用、硕博人才共同培养;强化科技人才协同招引,建立面向高层次人才的柔性流动机制;探索共建海外人才联络机构、海外人才离岸创新基地,联合招引诺贝尔奖科学家团队等"塔尖"人才。以博士后人才为例,川渝两地一齐发力优化政策。重庆市政府连续三年投入2.3亿元用于博士后工作,旨在不断夯实打造科技创新中心的高层次人才基础。四川省则提出"博士后倍增计划",强化对产业发展的高层次科技人才的支撑作用。

(四)共同打造特色优势产业集群

共建产业创新联盟,促进新一代信息技术、人工智能、工业互联网、高新技术服务等新兴产业上下游加快对接;共同制定城市机会清单,相互开放应用场景，打造创新产品的试验场。携手参与成渝科技创新合作计划，加强金凤实验室与天府实验室合作创新，进一步推动重庆大学等成渝地区高校科技资源共享，支持龙头企业、高校、科研院所参与实施国家重大科技任务，围绕集成电路、生物医药等重点领域联合开展科研活动，合力突破"卡脖子"技术。

（五）联合搭建信息交流互动平台

共同建设数字科学城信息化平台；打造在线科技要素交易大市场，实现两区域科技创新要素无缝对接和合理流动；推动国际技术转移中心等建立线上服务平台。面向两区域科研单位、企业开展市场对接、技术交易、信息咨询等综合服务。建立成渝高新区"金凤凰"人才与"金熊猫"人才互认互通标准，共建创业孵化、科技金融、成果转化平台，打造成渝地区一体化技术交易市场，探索与西部（成都）科学城、成都高新区携手参加2022年智博会等活动，联合培养专业化技术经纪人、科技服务团队，共建"一带一路"国际技术转移中心。

三 成渝地区双城经济圈协同创新评价与特点

为了较为清晰地刻画协同创新状况，本报告选用专利、论文、奖项、政策数据，多角度对成渝地区双城经济圈的科技创新协同能力进行分析。

（一）专利视角的协同创新

从合作数量来看，2012年以来成渝地区合作专利数量总体呈上升趋势，由2012年的129件，波动上升至2019年的410件，年均增长率为19.73%。成渝地区合作专利占区域总量的比重较小且呈现波动变化的趋势，占比由2012年的6.20%，波动下降至2019年的5.78%（见图1）。

从合作类型来看，企业间协同创新成效突出。2012~2019年成渝地区双城经济圈城市间专利合作类型有15种，数量超过100件的专利合作类型有

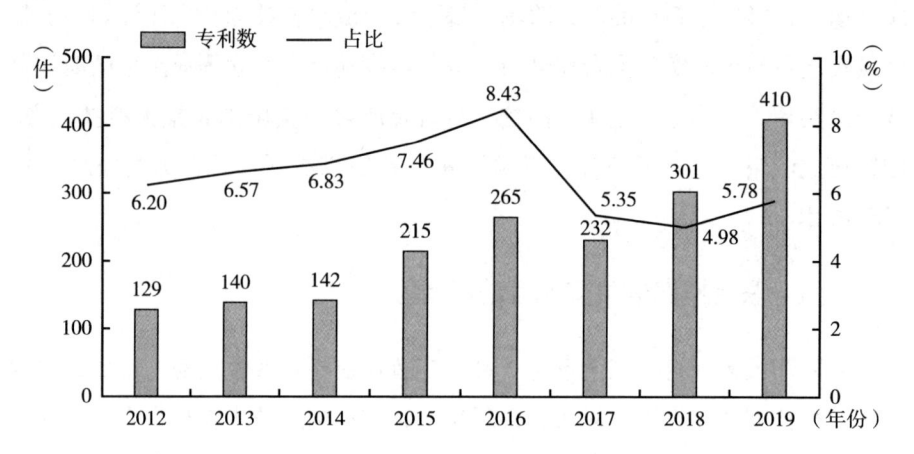

图1　2012~2019年成渝地区双城经济圈专利合作情况

高校和企业、企业间、企业和研究机构、高校和研究机构合作，专利数量分别为607件、440件、240件、229件（见图2）。可见企业主导地位凸显（企业参与的合作专利达1367件，占区域合作专利总量的比重高达74.5%）。

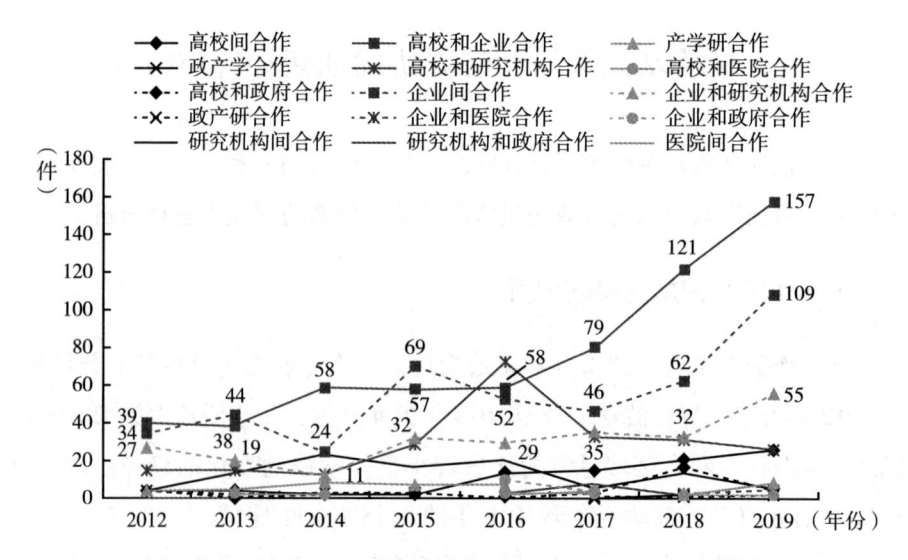

图2　2012~2019年成渝地区双城经济圈创新主体专利合作情况

从合作城市来看，2012~2019年成渝地区双城经济圈城市间专利合作不断加强，其中以成都、重庆为区域合作的重点城市，尤其是成都。一方面成都作为四川省的政治、经济、文化中心，聚集了较多行业龙头企业；另一方面成都科教资源丰富，拥有较多高校及研究机构，吸引了其余城市积极参与合作。城市间专利协同创新不断加强，成渝两城市间的合作也最为紧密，2012~2019年专利合作数量总体呈波动上升趋势，由2012年的21件上升至2019年的79件。

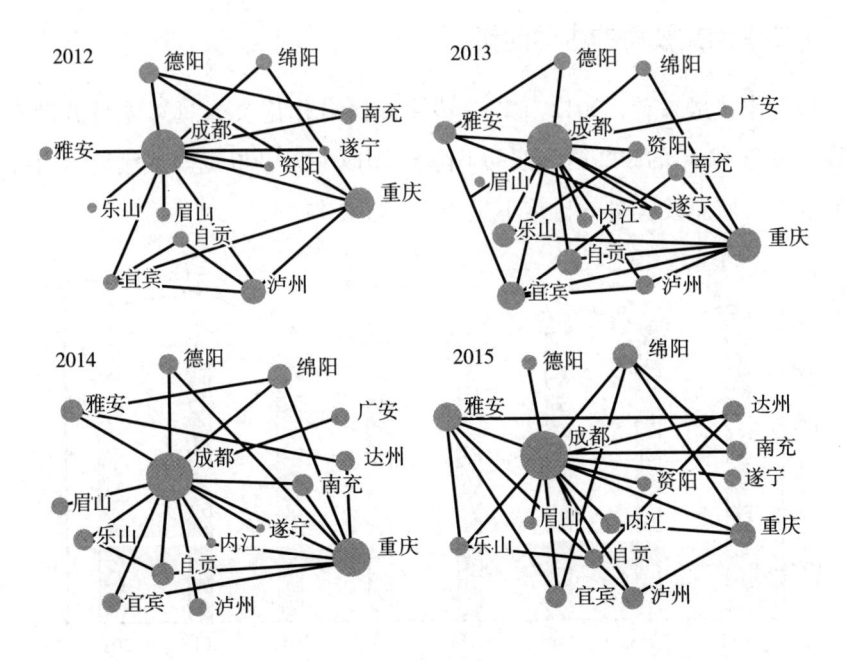

从合作网络来看，2012~2019年成渝地区双城经济圈专利协同创新网络初步显现且日益复杂，形成了以成都为核心、重庆为次级中心的区域协同创新网络。受"地理邻近"效应影响，重庆与川南经济区、川东北经济区的合作不断加强。跨区域专利合作城市数量超过5个的城市由2012年的成都、重庆，演变至2019年的成都、重庆、宜宾、绵阳、乐山、自贡，成渝两市在区域专利合作网络中的极核作用进一步凸显，宜宾、绵阳等城市在网络中的地位逐步提高（见图3）。

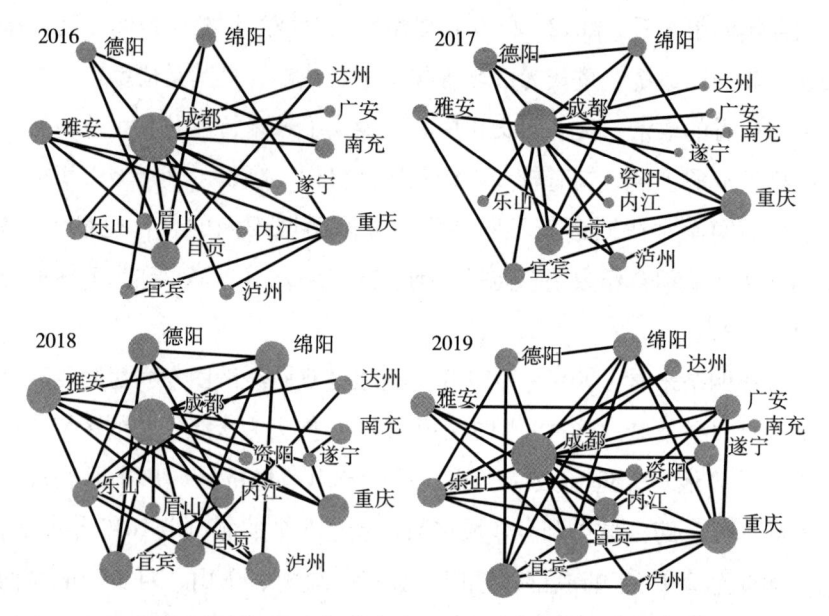

图3 2012~2019年成渝地区双城经济圈专利合作网络

（二）论文视角的协同创新

从合作数量来看，2012年以来成渝地区合作论文数量总体呈波动下降趋势，由2012年的592篇，波动下降至2019年的466篇。成渝地区合作论文数量占区域总发文量的比重不足3%（见图4）。

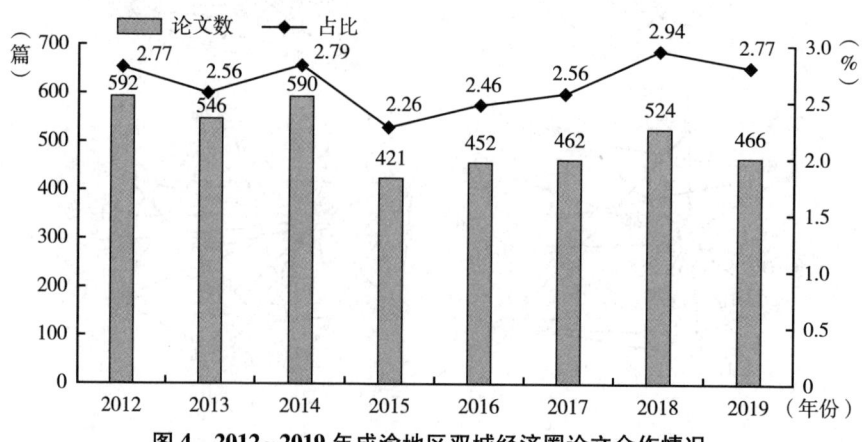

图4 2012~2019年成渝地区双城经济圈论文合作情况

从合作类型来看，高校之间协同创新占绝对主导地位。2012~2019 年成渝地区双城经济圈城市间论文合作类型有 23 种，数量超过 200 篇的类型有高校间、高校和研究机构、高校和企业、医院间、高校和医院合作，论文数量分别为 1078 篇、762 篇、660 篇、608 篇、322 篇（见图 5）。可见高校以绝对优势（合作论文数 3253 篇，占区域合作论文总量的比重高达 80.3%）在成渝地区基础研究协同创新中发挥着主导作用，医院在论文合作中的表现也较为突出。

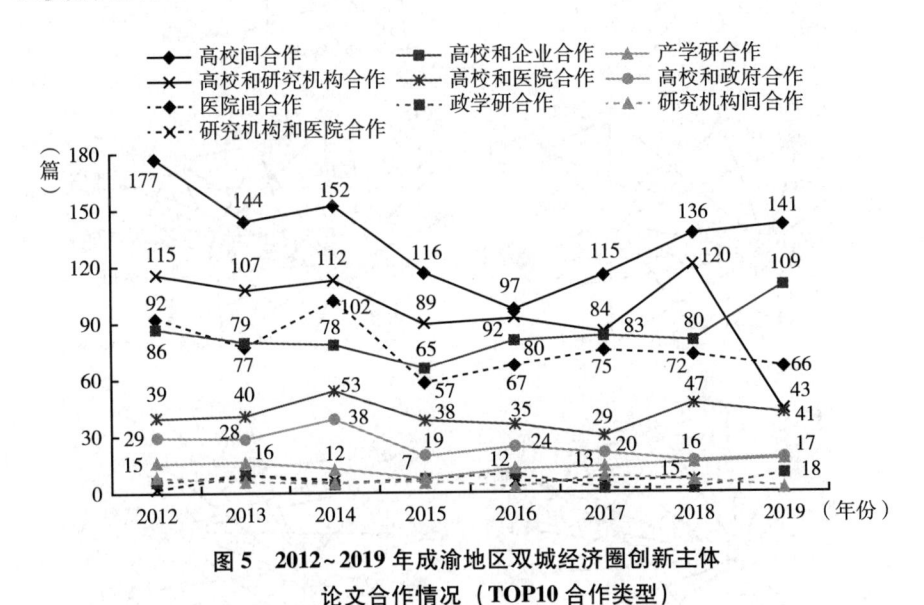

图 5　2012~2019 年成渝地区双城经济圈创新主体论文合作情况（TOP10 合作类型）

从合作城市来看，2012~2019 年成渝地区双城经济圈城市间论文合作不断加强，其中重庆、成都为区域合作的极核城市，主要在于两市集聚了较多高校、研究机构、企业等创新主体。成都、重庆之间的合作最为紧密，两市合作论文数占区域合作论文总数的一半以上，占比由 2012 年的 58.6%，上升至 2019 年的 81.8%。

从合作网络来看，2012~2019 年城市间论文合作网络初步显现且日益复杂，形成了以重庆、成都为双核的基础研究协同创新网络，并且网络中心的"极核-边缘"空间特征越来越显著。2013~2019 年跨区域论文合作城市数量超过5个，且一直保持的为成都、重庆，值得注意的是绵阳、南充、泸州与其余城市间的合作较多，发展潜力巨大（见图6）。

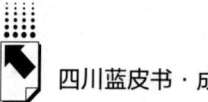

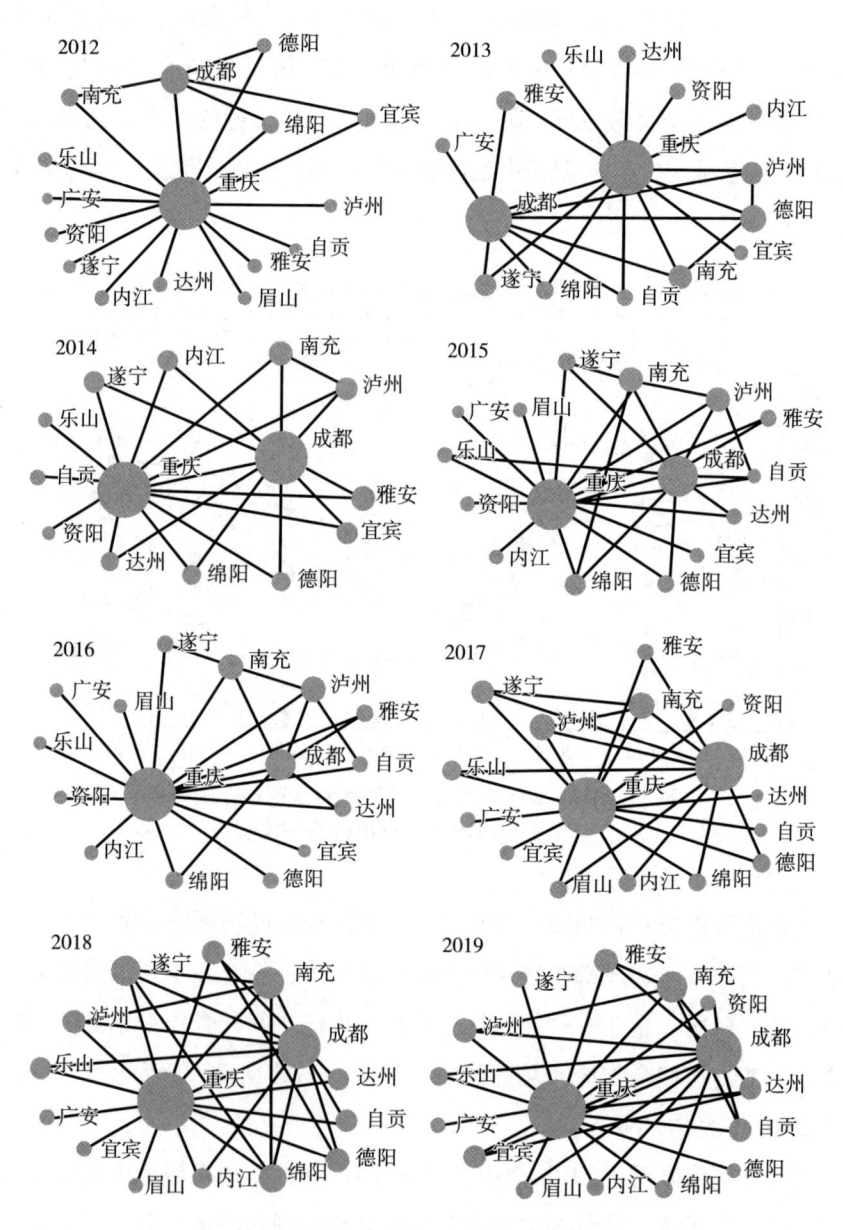

图6 2012~2019年成渝地区双城经济圈论文合作网络

(三)奖项视角的协同创新

从合作数量来看,2012年以来成渝地区合作获得的科学技术奖项数量总体呈上升趋势,由2012年的55项,波动上升至2019年的68项;合作获奖数量占两省市科学技术奖总数量的比重,由2012年的12.88%,上升至2019年17.66%(见图7),区域城市间科学技术奖的合作逐步加强,协同创新更为紧密。

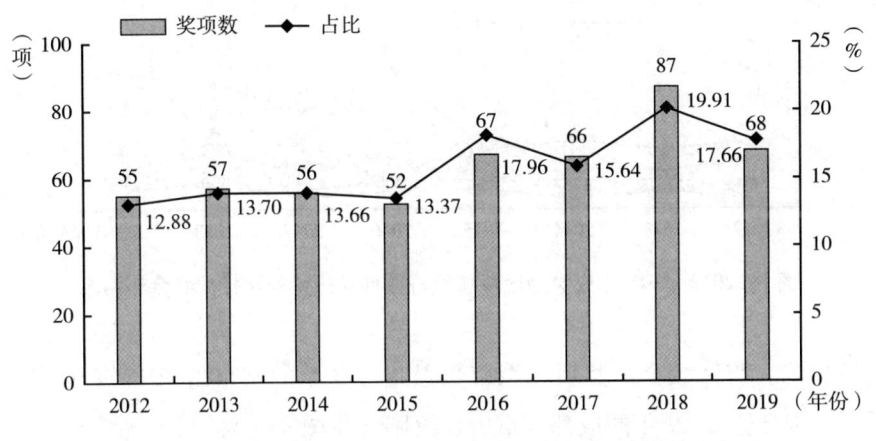

图7 2012~2019年成渝地区双城经济圈科学技术奖项合作情况

从合作类型来看,2012~2019年成渝地区双城经济圈城市间奖项合作类型有21种,数量超过50项的类型有高校和企业、产学研、企业间合作,奖项数量分别为160项、64项、52项(见图8)。可见科技奖合作类型以高校和企业、产学研、企业间合作为主,且高校和企业、产学研合作呈波动上升趋势,并且逐步形成了由企业、高校双轮驱动的、较为稳定的科技协同创新路径。

从合作城市来看,2012~2019年成渝地区城市间合作不断加强,一方面四川省内城市间合作更为紧密,成都、绵阳、宜宾等城市与其余城市间合作总体增多;另一方面重庆与成都协同创新关系紧密,成渝两地合作的科学技术奖数量由2012年的10项上升至2018年的37项、2019年的22项。

从合作网络来看,2012~2019年城市间协同创新网络逐步加密,并且创新网络不断演变,由成都单中心,演变为以成都为主、以重庆为次级中心的

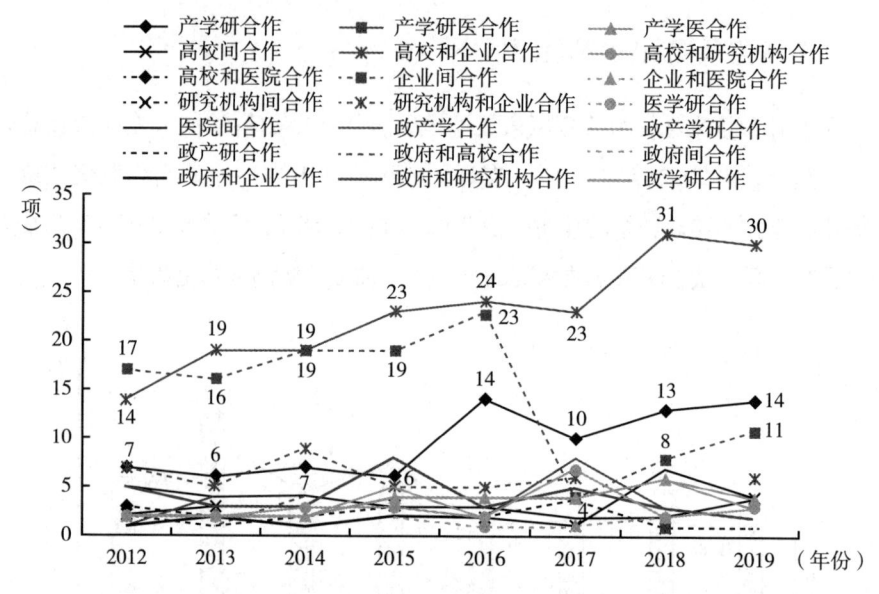

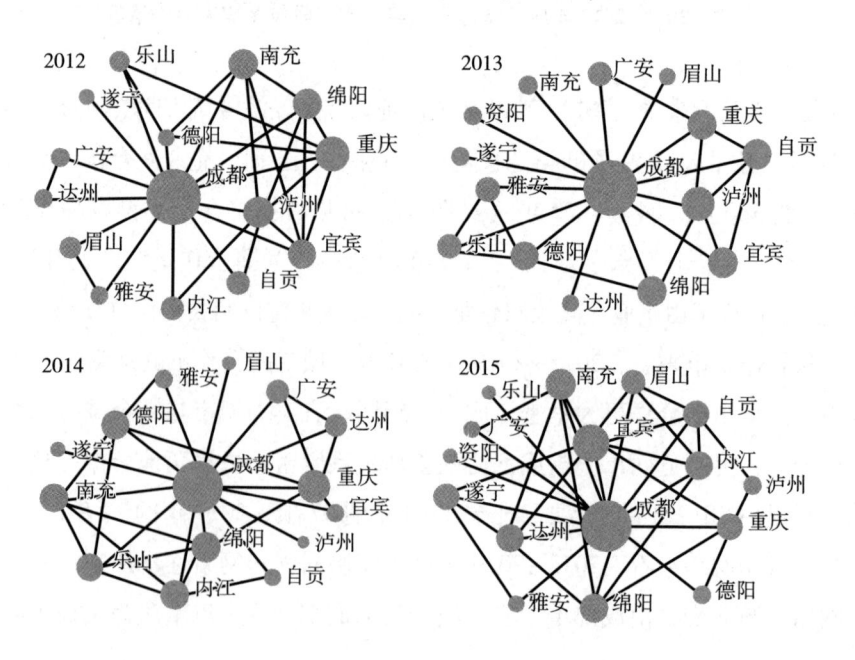

图8 2012~2019年成渝地区双城经济圈创新主体科学技术奖合作情况

网络格局。跨区域合作奖项的城市数量超过5个的城市由2012年的成都、重庆，演变为2019年的成都、重庆、绵阳（见图9）。

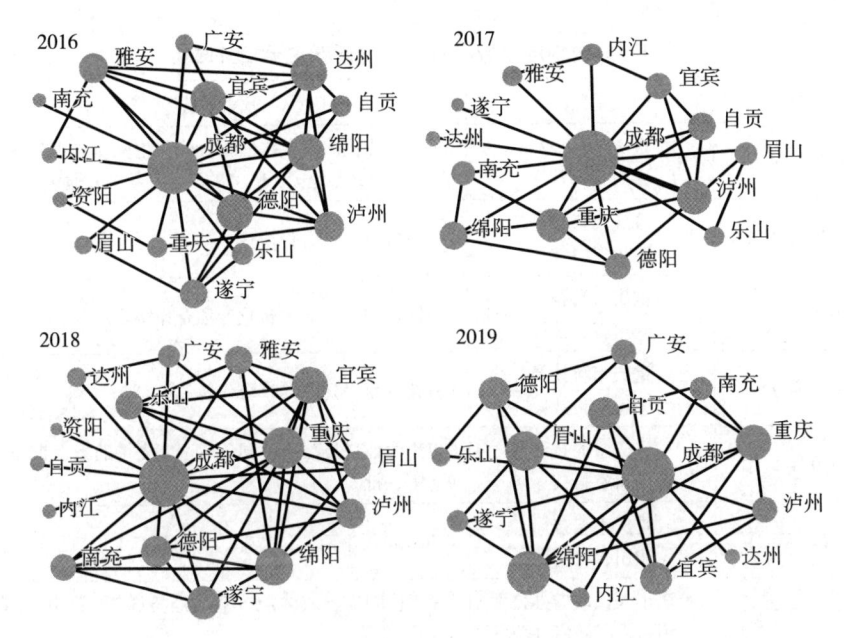

图9 2012~2019年成渝地区双城经济圈奖项合作网络

（四）政策视角的协同创新

强化顶层设计与组织领导。2020年1月以来，川渝两地科技主管部门联合组建协同创新专项工作组，建立联席会议制度，通过省市常委会、党政联席会、专家座谈会，签署科技合作、科技资源共享、科技成果转化等方面的协议，出台协同创新、"放管服"改革等方面的政策，加快推动成渝地区双城经济圈建设。

联合设立创新基金推进资源共享。如川渝两省市科技厅（局）分别出资1000万元，聚焦人工智能、大健康两个重点领域，联合实施重点研发项目；联合成立总规模50亿元的成渝地区双城经济圈科创母基金，首期10亿元重点投资生物医药、人工智能、集成电路、智能制造等领域科创企业。川渝两省市科技专家库交换共享第一批8000余名专家信息。川渝23个市区县、28所高校、11个高新区（园区）及7家企业，联合发起成立"成渝地区双城经济圈创新创业联盟"。

表1 成渝地区双城经济圈协同创新主要相关政策

时间	部门	政策名称
2020年4月	重庆市科技局 四川省科技厅	《进一步深化川渝科技创新合作 增强协同创新发展能力 共建具有全国影响力的科技创新中心框架协议》
2020年4月	重庆市科技局 四川省科技厅	《科技资源共享合作协议》
2020年4月	重庆市科技局 四川省科技厅	《协同推进科技成果转化专项合作协议》
2020年4月	重庆市科技局 四川省科技厅	《科技专家库开放共享合作协议》
2020年5月	重庆市科技局 四川省科技厅	《川渝两地科技部门共同争取国家支持的重大事项清单（第一批）》
2020年5月	重庆市科技局 四川省科技厅	《2020年川渝两地科技部门协同创新工作清单》
2021年1月	重庆市人民政府办公厅 四川省人民政府办公厅	《关于协同推进成渝地区双城经济圈"放管服"改革的指导意见》

（五）成渝地区双城经济圈协同创新特点

1. 创新空间差异显著

成渝地区协同创新的空间格局呈现显著的"核心-边缘"特征，空间差异较为明显。从专利、论文、奖项视角来看，成渝两个极核城市的特征更加显著，极化效应伴随着虹吸效应，而次级网络中心尚未形成。主要原因在于成渝两个极核城市吸引集聚了较多创新主体，并对区域内人才等创新要素产生了较强的虹吸效应，使得成渝地区双城经济圈内创新基础、创新能力发展不均衡，区域协同创新发展缺乏梯度。

2. 协同创新更为紧密

从专利、论文、奖项合作视角来看，2012年以来，成渝地区双城经济圈协同创新不断加强，抱团创新发展的联系更为紧密。从数量上看，成渝地区双城经济圈城市间的专利、奖项合作数量总体都在增多，尤其是成都和重庆两个中心城市间的合作，而论文合作数量则在波动变化。2019年成渝两市合作专利占区域专利总量的比重为5.78%，论文占比为2.77%，奖项占比为17.66%。可见成渝地区双城经济圈协同创新尽管取得了数量增长，但协同创新的深度、广度还需要不断拓展。

3. 协同创新类型多样

区域协同创新主体日益多元化，政产学研用等创新主体间的多边合作不断加强。其中成渝地区专利协同创新主要由企业主导，论文协同创新由高校主导，奖项协同创新则由企业、高校双轮驱动。专利、论文、奖项协同创新的类型数量依次为15种、23种、21种。协同创新类型日益多元化，有利于充分调动区域内各种创新资源促进科技创新，但企业的创新主体地位还有待进一步强化与稳固，尤其是在基础研究领域，如企业参与发表的论文仅占区域合作比重的20.11%。

4. 协同创新网络初显

成渝地区双城经济圈初步形成了以成都和重庆为双核的创新大网络及以成都为核心的创新小网络。2012~2019年成渝地区双城经济圈协同创新网络化特征越来越明显，城市间多边合作日益加强。数据分析显示，成都长期保持区域协同创新网络中心的地位，而重庆加快发展，促使形成双核心城市驱动的协同创新格局。由于协同创新中缺乏创新节点城市，创新网络还不够紧密，仍需要加大力度培育次级网络中心，如川南经济区的宜宾、川东北经济区的南充尚未具备创新节点城市的功能。

5. 政策体系逐级构建

川渝两地强化顶层设计与组织保障，共同建设具有全国影响力的科技创新中心。如川渝两地科技主管部门联合组建协同创新专项工作组，建立联席会议制度，共同研究部署建设具有全国影响力的科技创新中心的相关举措，加强成渝地区科技合作与交流。区域创新联盟逐步成立，推进创新融合发展。如成渝地区双城经济圈创新创业联盟、农业科技创新联盟、科技创新联盟、医药行业协同创新战略联盟、智能制造协同创新联盟等。值得关注的还有川渝毗邻地区加快协同创新。如遂宁市与合川区达成科技创新战略合作协议，加强科技交流合作，促进创新资源共享、产业优势互补，为成渝地区双城经济圈发展提供科技支撑。但整体上讲，政策体系还有待完善，科技创新的行政壁垒依然存在，体制机制还需创新，尤其是利益共享机制。

四 成渝地区双城经济圈协同创新发展的对策建议

（一）构建主体构架，加快共建成渝地区科创中心

通过构建"一中心+多科学城+众产业基地（创新园区）+数科创大走廊"的主体架构，整合成渝地区科技资源，助推科创中心建设，打造"双循环"新发展格局下的创新发展动力源。"一中心"为成渝综合性国家科学中心，"多科学城"包括西部（成都）科学城、西部（重庆）科学城、中国（绵阳）科技城等，"众产业基地（创新园区）"即新科技产业的一系列产业基地、产业园区、创新发展试验区等，"数科创大走廊"为"以点串线""以线扩廊"逐步形成的成渝相向发展、相互连接的产业创新发展轴带。川渝两省市以西部科学城建设为抓手，在同频共振中发挥"1+1>2"的协同效应。强化顶层设计，制定西部科学城发展的长远规划，依托成渝地区双城经济圈建设工作领导小组、川渝协同创新专项工作组落实科创中心建设的组织保障。

（二）布局次级中心，促进区域创新梯次均衡发展

在积极推动双核驱动成渝地区双城经济圈协同创新发展的同时，要推动错位发展，促进区域创新梯次发展，布局次级创新网络中心，辐射带动区域发展，弥合成渝地区双城经济圈科技创新的"贫富差距"，优化协同创新网络，构筑创新共同体，促进经济均衡发展。一是立足创新本底和创新资源禀赋，在各个区域建立1~2个创新中心，充分发挥其对区域创新发展的引领辐射带动作用，如川南的宜宾、泸州，川东北的南充、达州，成都平原的德阳等。二是依托次级创新中心建设，以创新中心为连接点，加强区域城市间以及毗邻地区间的创新合作，进而优化成渝地区双城经济圈协同创新的

"小核心、大网络"。三是要把培育壮大次级创新中心作为推动成渝地区科创中心建设的战略性工程，深化与成渝双核的协同创新，放大极核效应，辐射带动区域发展，同时提升次级创新中心要素集聚能力、创新资源要素梯度转移的承接能力，逐步构建成渝地区双城经济圈"集中—分散"的协同创新空间模式。

（三）深化协同创新，打造区域创新发展共同体

抢抓成渝地区科创中心建设契机，加强政产学研用多边合作，逐步优化区域协同创新网络，拓展协同创新的广度与深度。一是强化顶层设计，共同编制《成渝地区双城经济圈科技创新共同体建设发展规划》，持续有序推进成渝地区科技创新共同体建设。二是充分发挥成都、重庆两个中心城市的辐射带动作用，打造成渝地区双城经济圈双核驱动的协同创新格局，强化成都、重庆两个极核与其他城市间的科技合作。三是发挥好协同创新联盟的资源整合与创新联动作用，定期举行学术论坛、专题讲座、项目路演、技术推介等活动，带动区域关键产业技术升级和成果转化，助力区域创新发展。四是推进科技创新资源开放共享，联合搭建大型科学仪器设备共享服务平台，促进成渝地区双城经济圈现有创新平台的双向开放。五是强化创新主体间的多边合作，构建政产学研用协同创新的基础研究合作网络、技术创新合作网络，联合申报项目、争取高能级创新平台。

（四）聚焦重点领域，打通产业链条，打造一批优势特色显著的产业集群

针对"一城两地"的产业布局问题，提出如下建议。第一，分类整理现有产业分散凌乱、布局趋同的问题，在两地西部科学城和各园区的规划建设中，深度挖掘两地的比较优势与产业特色，充分发挥共建共享的制度优势和利用建设机遇，把竞争思维转化为合作思维，实现优势特色产业的强强联合、互补支撑，集中力量打造产业集群。第二，基于产业部门的科技关联，完善优势产业的上游、中游和下游等全过程的科技创新支撑，打通价值链、

企业链、供需链和空间链等，并通过多条产业链的相互交叉融合，形成新产业集群、大产业集群。第三，在重点打造新一代信息技术、网络安全、智能制造、航空航天、医药健康等完备的产业集群和产业链的基础上，衍生发展为这些产业领域提供支撑的有力配套，巩固和加强这些产业集群和产业链的优势。

（五）强化创新主体，提升区域企业技术创新能力

在成渝地区双城经济圈协同创新网络中，要持续强化企业创新主体地位。一是发挥财政资金"汲水效应"，提升民营企业创新地位。鼓励企业加大研发投入、提升研发机构能级，支持企业组建创新联合体并承担国家级、省级重大科技项目，同时建立健全激励企业创新的机制，包括税收奖补、研发补贴、股权及分红激励等，激发企业创新活力，解决产业发展中的"卡脖子"技术问题。二是着力培育现代产业龙头，通过龙头带动产业链与创新链同频共振。支持龙头企业在重大产业先导、科技专项中发挥作用，政府给予土地、经费、人才等各方面支持。

（六）完善创新政策，激发全社会创新活力

持续完善政策体系，联合签署全方位合作协议。在推进产业科技协同创新、高端人才集聚、营商环境、协同创新基金等领域，签署相应的合作框架协议，促使区域内创新要素自由流动。创新协同创新模式，建立利益共享机制。建立协同创新的新型组织模式，政产学研用合作，设立服务成渝地区双城经济圈科技协同创新的常设性、功能性组织机构或研究机构，专门承载区域协同创新促进者的功能。建立成渝地区双城经济圈利益共享机制，明确合作共建和产业转移园区、毗邻合作示范区GDP与地方税收分解核算比例。健全政绩考核机制，出台跨区域协同发展的政绩考核办法，核减输出地政府经济考核目标要求，对技术输出和产业转移方面的贡献给予奖励。

（七）注重软硬兼备，优化创新环境，构建支持科技创新的良好产业生态

除需要构建产业群的硬环境外，更应下大力气营造有利于科技创新和成果转化的软环境，形成有利于创新创业的良好产业生态和氛围。系统加强服务能力建设。要提升一站式政务平台、工商注册、知识产权、税务、法律咨询等政务服务水平。要加快布局金融机构，为企业提供银行、风投、投融资担保等金融服务。要引入专业机构，提供专利、商标、软件著作权等知识产权的代理服务和物资代购等市场服务。要培育专业化培训、信息、研究开发、标准制定、科技情报等服务组织。

参考文献

曹薇、薛秋霞、苗建军：《空间结构视角下长三角城市群创新极演化分析》，《中国科技论坛》2019年第11期。

陈京晶、周立新、李大鹏、刘益岑：《成渝地区双城经济圈区域创新极化与区域创新联系》，《统计与信息论坛》2021年第11期。

黄兴国、彭伟辉、何寻：《成渝地区双城经济圈技术创新网络演化与影响机制研究》，《经济体制改革》2020年第4期。

李婧、谭清美、白俊红：《中国区域创新生产的空间计量分析——基于静态与动态空间面板模型的实证研究》，《管理世界》2010年第7期。

B.3
成渝地区双城经济圈协调发展报告

王丽程*

摘　要： 推进成渝地区双城经济圈协调发展是贯彻新发展理念、建设现代化经济体系的内在要求，是主动服务和融入新发展格局的重要支撑，是破解区域发展不平衡不充分问题的重要途径。本报告以习近平总书记关于区域协调发展的相关论述为基本遵循，深入分析成渝地区双城经济圈协调发展状况。地区比较优势发挥更加充分，基本公共服务更加优质均等，基础设施通达程度更加均衡，区域协调发展机制更加健全，是成渝地区双城经济圈协调发展取得的主要成效。川渝高竹新区建设、成德眉资同城化建设和成渝电子信息产业协同发展是成渝地区双城经济圈协调发展的典型案例。但是，成渝地区双城经济圈协调发展还面临城市规模结构不合理、产业分工协调度不高、城乡发展差距仍较大等主要问题。未来，本报告建议要优化城市空间结构体系、推进现代产业优势互补、推进基础设施互联互通、促进公共服务共建共享和完善区域协调发展机制，推动成渝地区双城经济圈协调发展迈上新台阶。

关键词： 成渝地区双城经济圈　协调发展　新发展理念

实施区域协调发展战略是新时代国家重大战略之一。促进区域协调发展是"创新、协调、绿色、开放、共享"新发展理念的重要组成部分，也是

---

* 王丽程，经济学博士，四川省社会科学院区域经济研究所助理研究员，主要研究方向为区域经济。

推进实现共同富裕的内在要求和重要途径。协调既是发展手段又是发展目标，同时也是评价发展的标准和尺度。关于区域协调发展的基本内涵，2017年12月，习近平总书记在中央经济工作会议上提出了新时代区域协调发展的三大目标："要实现基本公共服务均等化，基础设施通达程度比较均衡，人民生活水平大体相当"。次年11月，中共中央、国务院印发的《关于建立更加有效的区域协调发展新机制的意见》指出："加快形成统筹有力、竞争有序、绿色协调、共享共赢的区域协调发展新机制，促进区域协调发展"。2019年5月，习近平总书记在《求是》杂志上发表文章《深入理解新发展理念》，进一步指出，从当前我国发展中不平衡、不协调、不可持续的突出问题出发，我们要着力推动区域协调发展、城乡协调发展、物质文明和精神文明协调发展，推动经济建设和国防建设融合发展。

一 成渝地区双城经济圈协调发展的历史与形势

（一）成渝地区双城经济圈协调发展演进历史

从历史进程看，成渝地区协调发展不仅受到了地方政府的重视，也是国家战略谋划的重点。1997年，重庆直辖前，四川出台了多个促进成渝协调发展的战略。改革开放之初，四川将成都、重庆作为两个发展重心，实施"两点式"发展战略，通过加快两个城市的经济体制改革，促进两市率先发展，带动四川整体经济的全面发展。20世纪90年代中期，四川省委五届十二次全体会议对20世纪80年代中后期提出的"一线、两翼"① 区域发展战略做进一步调整和拓展，提出了"依托两市、发展两线、开发两翼、带动全省"的区域协调发展战略，即依托成都、重庆两市的辐射功能和带动作用，发展"江油—成都—峨眉山"、"成都—内江—重庆"两条沿线廊道经

---

① "一线"即江油—成都—峨眉山；"两翼"即立足当地特有资源，加快对攀西、川南的开发和建设。

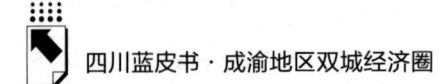

济，进而带动全省协调发展。

1997年，重庆直辖后，推进成渝协调发展上升到国家战略层面。2003年开始，成渝经济区上升成为国家战略，2004年川渝两省市分别成立了成渝经济区区域合作领导小组。2007年，国家发展和改革委员会下发的《国家发展改革委关于批准重庆市和成都市设立全国统筹城乡综合配套改革试验区的通知》（发改经体〔2007〕1248号）明确：国务院同意批准设立成都市全国统筹城乡综合配套改革试验区。2011年《成渝经济区区域规划》出台，确定了"双核五带"空间格局。2016年，国家发改委等联合印发《成渝城市群发展规划》。2020年1月3日，中央财经委员会第六次会议做出了推动成渝地区双城经济圈建设、打造高质量发展重要增长极的重大决策部署。可见，从成渝经济区到成渝城市群再到成渝地区双城经济圈，不仅深刻体现了党中央对成渝地区发展的高度重视，也体现了党中央从全国区域协调发展的大局出发，推动成渝地区缩小与长三角、珠三角、京津冀等区域的发展差距，更体现了国家注重推动成渝地区内部协调发展、一体发展，缩小区域内部发展差距。

从成渝内部看，重庆直辖后，四川省历届省委都十分重视区域协调发展，通过制定区域协调发展战略，缩小区域发展差距，有力推动区域协调发展。1997年9月，省委、省政府印发了《四川省国民经济跨世纪发展战略》，在调整既有区域发展战略的基础上，提出了"依托一点，构建一圈，开发两片，扶持三区"①的区域发展战略思路。进入新世纪，2006年，四川省"十一五"规划在总结四川区域发展战略演变历史经验的基础上，提出了"五区、四群"②的区域发展战略。党的十八大以后，四川因势提出"多

---

① 即依托成都，加快成都平原经济圈建设，推动全省经济快速增长；加快攀西、川南资源开发，使其成为四川重要的农产品生产基地和工业基地，增强全省发展后劲；扶持、加快丘陵地区、盆周山区和民族地区经济发展。
② 即通过发展经济和人口转移，加快城镇化进程，逐步形成特色突出、优势互补的成都、川南、攀西、川东北、川西北五大经济区，重点发展成都平原、川南、攀西、川东北四城市群的区域发展战略。

点多极支撑"① 发展战略。2018 年 6 月，结合新的省情实际，四川省委十一届三次全会提出了实施"一干多支、五区协同"② 区域发展战略。

（二）成渝地区双城经济圈协调发展面临新形势

从现实形势看，推进成渝地区双城经济圈协调发展已经十分迫切。一方面，从全国层面来看，区域经济发展"南强北弱"的特征越发突出，我国南方的一些城市群，如长三角、珠三角地区经济发展质量不断提高，初步走上了高质量的发展路子。同时，我国北方的一些省份，如东三省等的经济增速却出现放缓态势。有研究显示，2013~2020 年，北方③ GDP 占全国的比重由42.57%下降为 35.22%，而南方 GDP 占全国的比重则由 57.42%上升至64.78%，南北差距（GDP 占全国比重）由 2013 年的 14.85 个百分点扩大到2020 年的 29.56 个百分点，创历史新高④。同长三角、粤港澳大湾区等地区发展相比，成渝地区双城经济圈的整体实力和竞争力水平还存在较大差距，尤其是成渝地区在基础设施、城镇规模结构布局、产业链现代化水平和分工协作程度、经济发展的科技创新支撑力度、城乡区域发展差距、生态环保以及社会民生保障等方面还存在极大提升空间。另一方面，成渝地区内部也面临着次级城市发育不足、基础设施互联互通程度不高、地区比较优势发挥不充分、城乡发展差距较大等挑战。

---

① 多点，就是做强市（州）经济梯队，形成强有力的经济支撑点；多极，就是做大区域经济板块，培育新的经济增长极。
② "一干"就是支持成都加快建设践行新发展理念的公园城市示范区，充分发挥成都引领辐射带动作用；"多支"就是打造各具特色的区域经济板块，推动环成都经济圈、川南经济区、川东北经济区、攀西经济区竞相发展，形成四川区域发展多个支点支撑的局面；"五区协同"就是强化统筹，推动成都平原经济区（含成都和环成都经济圈）、川南经济区、川东北经济区、攀西经济区、川西北生态示范区协同发展，推动成都与环成都经济圈协同发展，推动"三州"与其他市协同发展，推动区域内各市（州）协同发展。
③ 以秦岭—淮河为南北分界进行划分。北方包括北京、天津、河北、山东、河南、山西、内蒙古、黑龙江、吉林、辽宁、陕西、甘肃、青海、宁夏、新疆 15 个省区市；南方包括上海、江苏、浙江、安徽、福建、江西、湖北、湖南、广东、广西、海南、重庆、四川、贵州、云南、西藏 16 个省市和港澳台地区。
④ 安虎森、周江涛：《影响我国南北经济差距的主要因素分析》，《经济纵横》2021 年第 7 期。

二 成渝地区双城经济圈协调发展成效及问题

（一）成渝地区双城经济圈协调发展成效

自2020年1月3日中央财经委员会第六次会议做出推动成渝地区双城经济圈建设的重大决策部署以来，成渝地区双城经济圈区域合作的深度和广度进一步拓展，地区比较优势发挥更加充分，人民生活水平地区差距逐步缩小，区域基本公共服务均等化取得长足进步，基础设施通达程度日趋均衡，区域发展的协调性明显增强。

1. 地区比较优势发挥更加充分

成渝地区双城经济圈建设始终注重发挥地区比较优势，推动形成优势互补的区域协调发展空间格局、产业格局和生态格局。在国土空间方面，成渝地区双城经济圈建设充分发挥毗邻地区比较优势，通过规划建设成德眉资同城化综合试验区、遂潼川渝毗邻地区一体化发展先行区、城宣万革命老区振兴发展示范区、川渝高竹新区、川南渝西融合发展试验区、内荣现代农业高新技术产业示范区、泸永江融合发展示范区等，优化国土空间布局，促进区域协调发展。

在产业协调发展方面，成渝通过上线川渝中小企业服务一体化云平台，共推成渝现代高效特色农业带建设、西部金融中心建设、巴蜀文化旅游走廊建设等举措，实施川渝科技创新合作发展计划，成立成渝地区技术转移联盟，组建川渝科技资源共享平台，推动现代产业体系共建。目前，两地汽车、电子信息产业全域配套率提高至80%以上。

在绿色低碳协调发展方面，成渝两地协同开展环境立法，建立全国首个跨省市联合河长制办公室，对长江、嘉陵江等跨界河流及重要支流进行联合监管；针对川渝跨界河流的污水、废水偷排、乱排等问题设立专项行动小组，进行专项联合整治，有力推动实现水环境污染的治理。共同开展火电、钢铁等行业超低排放改造和工业炉窑行业深度治理，率先在全国层面建立危废物跨省市转移"白名单"制度，协调开展对危险废物的跨省联合治理，启动重污染天气预警统一标准。

2. 基本公共服务更加优质均等

紧紧围绕人民群众最关心最现实的问题，如户口跨省转移、就业社保、医疗卫生、交通等多个领域，协调开展便捷生活服务行动，推进成渝地区双城经济圈基本公共服务优质化、均等化发展取得积极成效。截至目前，川渝两省市共同推出两批共210项"川渝通办"事项，推动跨省通办事项线上"全网通办"或线下"异地可办"。川渝两省市所有市（区、县）实现户口迁移迁入地"一站式"办理，实现养老保险关系转移APP零跑路办理或就近异地一次性办理。推进跨省异地就医直接结算，推动医院检查检验结果互认，开通住院费用跨省直接结算的定点医疗机构达3416家，开通普通门诊费用跨省直接结算的医药机构达2.48万家。推动住房公积金实现"互认互贷"，成渝双城主城区域实现公交"一卡通"，实现通信资费一体化。

3. 基础设施通达程度更加均衡

2020年10月19日，交通运输部下发的《关于四川省开展成渝地区双城经济圈交通一体化发展等交通强国建设试点工作的意见》（交规划函〔2020〕714号）中指出，推进成渝地区双城经济圈交通一体化发展。通过打造成渝主轴三条高铁+"双六双八"高速公路通道集群，使成渝地区双城经济圈的基础设施通达程度更加均衡。截至目前，川渝间高速公路出口通道已达16个，成都至重庆最快用时由一个半小时缩短至62分钟，成渝两地加速迈入"一小时交通圈"，双城经济圈实现"3个1小时"高效便捷出行。

四川不仅构建陆海互济、东西畅达、南北贯通的"四向八廊"战略性综合运输通道，还通过完善城际铁路网和全域畅达的公路网络，实现市（州）高铁全覆盖、县域轨道交通基本覆盖、县县通高速、乡乡通干线、组组通公路。重庆主城都市区交通互联互通建设也取得重大突破，相邻区之间30分钟内可通达，中心城区及周边"一小时公路通勤圈"基本形成。全长427公里的重庆三环高速全线贯通，主城都市区正式进入"三环时代"。

4. 区域协调发展机制更加健全

成渝地区双城经济圈建设不断深化改革，区域协调发展的体制机制更加健全。一方面，成渝地区之间协同建立健全促进区域协调发展的体制机制。例如，川渝两地建立了包括党政联席会议、常务副省市长协调会议、省市发展改革委主任调度会议等协调制度，成立了推动成渝地区双城经济圈建设联合办公室、川渝河长制联合办公室等协调组织，形成了决策层、协调层、执行层三级运行机制。此外，川渝之间还联合制定推动成渝地区双城经济圈建设的若干重大改革举措，如共同探索经济区与行政区适度分离，在全国建立首个跨行政区域外商投资企业投诉处理协作机制等。另一方面，成渝地区双城经济圈内部各地也加快构建促进区域协调发展的体制机制。如2019年10月，中共四川省委、四川省人民政府印发了《四川省建立更加有效的区域协调发展新机制实施方案》。2019年5月，重庆市委五届六次全会提出，加快推动城乡区域协调发展，编制出台了《建立"一区两群"区县对口协同发展机制工作方案》等政策文件。

（二）成渝地区双城经济圈协调发展问题

尽管成渝地区双城经济圈协调发展已经取得了积极成效，还是存在一些阻碍协调发展的问题。

1. 城市规模结构不合理

区域协调发展在空间层面的表现即为形成大中小等不同能级和规模的城市协调发展的格局。成渝地区除了重庆和成都两个超大城市外，次级城市发育不足，出现了"两头大、中间小"的"哑铃式"城市体系结构，城市结构体系不协调。区域内缺少常住人口为700万~1000万人的大城市和特大城市。此外，在城市功能价值发挥方面，区域内地级城市发展相对缓慢，人口经济集聚能力不强，对核心城市职能分担不够，对中小城市和小城镇带动辐射不足，部分区位条件好、资源环境承载能力强的城市发展潜力亟待挖掘。

2. 产业分工协调度不高

成渝地区双城经济圈产业同质化现象严重，产业分工的协调度不高。由于资源禀赋、区位条件大致相当，加之历史原因，川渝地区均形成了以电子信息、装备制造为主导的工业体系，两地优势产业大类重叠度高。例如，有研究发现,川渝两地在全国具有比较优势的产业分别为19个和12个,其中有9个产业重叠。[①]以制造业为例,在集成电路等细分业务领域存在同质化竞争,差异化、互补性、协调联动的产业发展模式尚未形成,从成渝两市内部来看,产业结构相似度也较高。如四川省除"三州"外,18个市主导产业相似度接近80%,很多城市将产值、利税高的钢铁、汽车、煤电、化工等列为产业发展的重点。

3. 城乡发展差距仍较大

成渝地区既有成都、重庆这样的特大城市,也有偏远农村,城乡收入、消费、教育、医疗等发展不均衡现象较为突出。例如,以城乡人均可支配收入为例,2020年,四川和重庆的城乡居民人均可支配收入倍差分别达到2.40、2.45(见表1)。从外部看,成渝地区的城乡差距也要明显大于长三角地区。例如,有资料显示,长三角地区的浙江、江苏和安徽三省地级城市之间人均GDP最大差距分别只有2.2倍、3.1倍和4.5倍。

表1 2020年四川和重庆居民人均可支配收入差距

地区	城镇居民人均可支配收入(元)	农村居民人均可支配收入(元)	收入倍差
四川	38253	15929	2.40
重庆	40006	16361	2.45

资料来源:根据四川省和重庆市2020年国民经济和社会发展统计公报数据整理。

三 成渝地区双城经济圈协调发展典型案例

成渝地区双城经济圈在推进区域协调发展过程中形成了不少典型经验,本节从区域空间层面和产业发展层面出发,以川渝毗邻地区的川渝高竹新区

---

① 《辩证对待成渝地区产业同质化竞争》,《四川日报》(数字版)2020年7月30日。

建设①、四川省内推进成德眉资同城化建设和成渝推进电子信息产业协同发展为案例，对成渝地区双城经济圈协调发展情况进行介绍。

（一）建设川渝高竹新区

川渝高竹新区面积262平方公里，其地理范围涉及重庆市渝北区（面积124平方公里）和四川省广安市邻水县（面积138平方公里）的部分区域。川渝高竹新区是川渝两省市共同批准设立的第一个新区、全国唯一的跨省域共建新区。2020年12月29日，重庆市人民政府和四川省人民政府发布的《关于同意设立川渝高竹新区的批复》指出，川渝高竹新区要"在一体规划、设施互联、产业共兴、园区共建、生态共治、城乡融合、服务便利、政策协调、利益共享等方面率先突破，打造区域协作样板。"

川渝高竹新区自设立以来，深化经济区与行政区适度分离改革，不断探索协调发展新路径。一是深度推进同城一体化发展。从发展规划、开发建设、基础设施、公共服务、运行管理五个方面促进一体化发展，通过创新构建"领导小组+管委会+国有公司"等管理模式，推进南北大道三期、包茂高竹互通、重庆路一期、广安市前锋区—华蓥市—高竹新区—南北大道的快速通道等项目建设，深入推进高竹新区同城融圈、同城共赢、同城共建、同城共享和同城共管。

二是深入推进产业协同发展。高竹新区围绕川渝两地国家级功能平台主导产业，强化分工协作、优势互补，积极承接重庆主城都市区和我国东部沿海地区产业转移。通过建设联合实验室、研究中心、科技企业孵化器、企业技术中心等科研平台，协同补齐产业链、建强创新链、提升价值链，共建高能级产业体系。据统计，截至2021年底，新区累计入驻企业167户，投产66户，实现工业总产值100亿元，同比增长46.4%。

三是创新合作开发模式。川渝高竹新区坚持"政府引导、市场运作，

---

① 一般来讲，两个行政区中间的毗邻地区往往是发展的薄弱环节，也是最需要推进协调发展的区域。

整体规划、一体实施,成本共摊、利益共享"的基本原则,通过构建"领导小组+管理机构+市场化运营公司"运行体系,建立互利共赢的利益分享机制,按照存量收益由原行政辖区各自分享、增量收益五五分成的原则,建立互利共赢的新区利益分配方案,一体化协调推进新区建设发展各项任务。

四是强化区域协调发展体制机制保障。川渝高竹新区设立以来,十分重视体制机制创新,先后探索出了包括互利共赢的市场化经营机制、互通互认的人才一体化发展机制、同城同价的要素保障机制、跨省协同的法务联动机制等在内的创新性机制,有力保障了高竹新区协调发展取得实效。

(二)成德眉资同城化发展

成德眉资区域位于"一带一路"倡议和长江经济带战略的重要交汇点,属于成都平原经济区"内圈",是"天府之国"的中心,区域涵盖四川省省会成都和德阳、眉山、资阳3个地级市,包含35个县市区,总面积3.31万平方公里。2020年成德眉资同城化发展推进会召开以来,四川省大力推进成德眉资同城化发展,将其作为成渝地区双城经济圈建设的"先手棋"和实施"一干多支"发展战略的牵引性工程,区域内协调发展取得积极成效。

一是建立全域规划体系。成德眉资已建立起统一制定、联合报批、共同实施的都市圈规划协同机制,初步构建起了发展规划统领、国土空间规划和系列专项规划支撑的"1+1+N"都市圈规划体系。

二是推进基础设施同城同网。成德眉资充分发挥交通同城的先导支撑作用,加速推进"四网融合"。持续优化动车公交化运营,成都至德眉资动车用时缩短至23分钟,都市圈日开行动车104对,日均客流量2.4万人次,分别为动车公交化运营前的2.9倍、2.2倍。交通服务同城化发展持续深化,实现"天府通"一卡通刷、一码通乘、优惠共享。

三是构建产业协作体系。强化产业政策引导,印发产业协同发展实施方案和"三区三带"建设方案;搭建产业协作平台,组建15个产业生态圈联盟。截至2021年7月,成都512户企业为德阳东汽、东电、国机重装提供产业配套,眉山阿格瑞、资阳百威啤酒等167户企业与成都京东方等企业建立产业协作关系。

四是推进公共服务便利共享。聚焦群众急难愁盼问题，发布"成德眉资同城便捷生活十大行动"。推动教育同城、医疗健康同城、社保医保同城，原创实施住房公积金同城贷款异地使用，推动文体事业同城。实现婚姻登记跨省通办、养老机构等级互认、图书通借通还。

五是建立健全协调发展体制机制。探索建立同城化利益协调机制，启动创建成德眉资同城化综合试验区；推进要素市场一体化，建立成德眉资数据资源共享专区；协同打造一流营商环境，联合发布成都都市圈稳定公平可及营商环境宣言，实现100项高频事项同城化无差别办理。

（三）共建世界级电子信息产业集群

电子信息产业是川渝地区的优势支柱产业。2020年，四川省电子信息产业经济总量达12684.8亿元，其中成都市电子信息产业规模占比为79.4%，达到10065.7亿元。同时，重庆围绕电子信息产业进行补链建链强链，加快构建"芯屏器核网"产业生态圈。2020年，全市电子信息产业增加值比上年增长13.9%，增速位居全市工业第一位。

但是，川渝电子信息产业也存在与广东、江苏等东部地区差距较大、内部产业结构趋同、同质化竞争、规模集聚效应不充分、产业链供应链缺链等短板。对此，川渝两地抢抓成渝地区双城经济圈建设等发展机遇，结合各自政策、产业、资源等优势条件，通过出台《成渝地区双城经济圈电子信息产业协同发展实施方案》等政策，协同共建世界级电子信息产业集群，促进电子信息产业协调发展。

一是共同提升产业协作配套能力。成渝基于各自在电子信息产业领域的优势资源禀赋和技术能力，从产业链相互融合、协作分工出发，优化整合各自电子信息产业发展路径，细化电子信息产业协作"路线图"。发挥川渝两地全国最大的AMOLED面板生产基地优势，加强新型显示产业链合作，打通产业、人才需求供给渠道。围绕核心元器件、关键基础材料等产业链薄弱环节协同引进和培育中高端企业，大力提升川渝新型显示产业本地配套率和配套水平。

二是共同推动产业差异化特色化发展。加强川渝两地软件信息产业链全方位合作，打造川渝上万亿级软件产业集群。围绕架构—芯片—软件，开展信息技术应用创新协同。差异化发展信息安全产业，联合提升人才供给能力，两地高校差异化设置优质软件学科，共同营造让软件人才放心来川、安心留渝、全心发展的良好产业生态。

三是共同构建多层次产业协同发展体系。构建川渝电子信息产业重点产品产业链供需对接平台，促进两地电子信息领域企业互采互供。加强两地高校、企业、科研机构、行业协会等交流合作。编制川渝电子信息产业链全景图，集中力量强链补链延链。鼓励川渝两地联盟协会围绕产业互补、行业互联、企业互通、协会互助等方面，加强产业互动合作，加快形成跨区域电子信息产业联动协同发展模式。

四 深化成渝地区双城经济圈协调发展的对策

（一）优化城市空间结构体系

以成都、重庆两大中心城市都市圈建设为抓手，推动成渝地区形成合理的城市体系。一方面，优化国土空间布局，以基础设施一体化、公共服务均等化和城市治理为着力点，推动成都和重庆两个中心城市各自的都市圈建设，进一步提升成都市、重庆市双核的带动作用，高水平打造核心都市圈。统一规划建设成都都市圈和重庆都市圈内部基础设施，加快推进都市圈内部城际铁路网建设，加强成都、重庆与其他城市的各类交通基础设施的对接，构建同城化的通勤网络。另一方面，积极培育新的次级中心城市，扩大成都和重庆教育、医疗、文化等公共服务辐射半径，实现都市圈内公共资源普及共享。提高成都和重庆对周边中小城市的辐射带动作用。同时，以高铁建设为契机，以渝昆高铁促进宜宾、泸州、江津加快发展，以成南万高铁加快南充、达州发展，以成渝中线高铁加快资阳、大足、璧山发展，发育壮大节点城市，提高次级城市竞争力，合理布局，促进不同类型城市协调发展。

（二）推进现代产业优势互补

以全球新一轮科技革命和产业链重塑为契机，加快构建高效协同、错位发展、有序竞争的现代产业体系。一是优化重大生产力布局。结合成渝地区双城经济圈实际，解决产业同构化问题。以成都和重庆中心城市、成都都市圈、重庆都市圈以及成渝毗邻地区等区域为重点，加快形成研发—制造有机协同的区域产业分工体系。培育具有国际竞争力的先进制造业集群。大力承接东部沿海地区及境外产业转移，实现产业链补链、延链、强链。创新"一区多园""飞地经济"等合作方式，整合优化重大产业发展平台。二是大力发展数字经济。布局完善新一代信息基础设施，聚焦"云联数算用"要素集群和"芯屏器核网"全产业链，合力打造数字产业新高地。积极拓展数字化应用。全面提升数字安全水平。三是培育发展现代服务业。推动成渝地区双城经济圈先进制造业和服务业融合发展。提升商贸物流发展水平。共建西部金融中心。四是共同建设现代高效特色农业带。推动农业高质量发展，打造成渝都市现代高效特色农业示范区。强化农业科技支撑，合力拓展农产品市场。

（三）推进基础设施互联互通

加快完善传统和新型基础设施，构建内联外通的现代基础设施网络，提升成渝地区双城经济圈基础设施互联互通水平。一是加快构建成渝间、相邻城市间"1小时交通圈"及成渝与周边城市"1小时通勤圈"。加快推进成资、成德、成眉等通勤铁路建设，构建成德眉资"半小时通勤圈"。二是提升道路网络覆盖水平和通达能力。重点打通快速通道，推动城际高速公路加密成网，强化川渝互联互通。加快改造国省干道，加强城际通道、过境路段、互通通道建设，打通"断头路"、畅通"瓶颈路"。三是加快区域能源输配网络建设。统筹规划川渝电网布局与建设，加快建设"西电东送"战略通道，优化川渝地区天然气管网布局，加快补齐以攀西地区为主的管道建设短板。四是加强重大水利基础设施建设。统筹实施骨干水源及输配水网工程，加快推进在建水源和备用水源安全保障工程建设，完善水源地建设布局，实施江河湖库水系连通工程，共同构建多元互补、调控自如的川渝水资源输配网络。

（四）促进公共服务共建共享

全面践行以人民为中心的发展思想和发展理念，持续扩大基本民生保障服务覆盖面，不断提升成渝地区双城经济圈基本公共服务共建共享质量和水平。一是大力推进基本公共服务标准化、便利化。动态调整基本公共服务标准，形成基本公共服务全覆盖的良性机制。推进医疗卫生服务，尤其是基本的门诊急诊医疗服务跨省异地直接结算，促进工伤认定、保险待遇等成渝政策一致，推进实现成渝地区双城经济圈住房公积金转移接续和异地贷款信息服务共享、政策协同。二是共建共享教育文化体育资源。推动教育合作发展。强化职业技术教育共建，联手打造"巴蜀工匠"职业技能大赛品牌，推动成渝地区双城经济圈产教融合发展。组建双城经济圈高校联盟，建设城乡义务教育一体化发展试验区。建立非物质文化遗产保护协调机制。三是推动跨区域治理体系建设。促进社会治理共建共享。建立覆盖全体居民的公共法律服务体系。推动公共事务协同治理。强化食品药品监管能力建设，推进城市间检验检测资源共用共享和检测结果互认。

（五）完善区域协调发展机制

深化成渝地区双城经济圈协调发展体制机制改革，不断提升区域现代化治理能力。一是建立健全全面融入国家重大区域战略机制，深化开放合作。主动融入"一带一路"建设和长江经济带发展，主动对接京津冀协同发展、粤港澳大湾区建设和长三角一体化发展。大力推进西部陆海新通道建设，广泛开展国际区域合作，拓展省际区域合作，促进流域上下游合作。二是健全市场一体化发展机制，创新区域利益平衡机制。营造公平开放的市场环境，消除区域市场壁垒，畅通各类生产要素自由流动渠道，实现生产要素的高效集聚、优化配置。探索区域合作利益分享机制，完善多元化生态补偿机制。三是创新区域政策调控机制，促进基本公共服务均等化。健全财政转移支付制度，加大转移支付调节力度并提高精准性，增加公共财政中社会保障部分的支出，促进公共服务共建共享，推动城乡区域间基本公共服务衔接。完善交通网络，促进交通发展与产业、人口分布相适应。

参考文献

安虎森、周江涛：《影响我国南北经济差距的主要因素分析》，《经济纵横》2021年第7期。

《辩证对待成渝地区产业同质化竞争》，《四川日报》（数字版）2020年7月30日。

《重庆市人民政府四川省人民政府关于同意设立川渝高竹新区的批复》，重庆档案信息网，2021年1月4日。

重庆市经济和信息化委员会：《成渝地区双城经济圈电子信息产业协同发展实施方案》（征求意见稿），重庆市经济和信息化委员会网站，2021年5月18日。

何建武：《成渝地区一体化的突出问题和政策建议》，搜狐网，2021年5月17日。

康钰、何丹：《分与合：历史视角下的成渝地区发展演变》，《现代城市研究》2015年第7期。

《央视新闻联播再次关注川渝高竹新区"四个提升"推动新区建设成势见效》，《广安日报》2022年2月11日。

B.4 成渝地区双城经济圈绿色发展报告

王倩 陈诗薇 冯豫东*

摘　要： 中共中央、国务院印发的《成渝地区双城经济圈建设规划纲要》正式提出"探索绿色转型发展新路径"，这标志着成渝双城经济圈绿色发展迈入新阶段。本报告首先回顾了21世纪以来成渝地区双城经济圈绿色发展战略的历史演进脉络，将其划分为生态环境保护、绿色转向与全面绿色转型三个阶段；其次，系统总结成渝地区绿色发展成效，提出绿色城市、绿色生产、绿色生活与绿色交易四种典型模式；最后，针对成渝地区绿色发展存在的投入、创新、方式与体制问题，深入分析了其背后理念、动力与治理的深层次问题，针对性地提出了成渝地区双城经济圈绿色发展的对策和建议。未来，本报告建议成渝地区要转变思想，做好全方位转型绿色发展的战略部署；全方位完善绿色发展创新体系，为产业升级注入动力；推进绿色发展模式创新，将经验做法上升为制度；着手区域治理权责，设立绿色政绩考核体系。

关键词： 绿色发展　成渝地区　低碳经济

当前，绿色发展已经成为经济高质量发展的普遍形态，也是成渝地区双

---

* 王倩，博士，四川省社会科学院区域经济研究所副研究员，主要研究方向为区域经济和生态文明；陈诗薇、冯豫东，四川省社会科学院区域经济学硕士研究生。

城经济圈建设的基本要求。经过"十三五"时期的努力，成渝地区在探索绿色转型发展上迈出重要步伐，生态环境质量总体向好，并形成多样化的绿色发展模式，对西部地区绿色发展起到了重要推动作用。

一 成渝地区双城经济圈绿色发展历史回顾、形势与因素分析

西部大开发以来，成渝地区绿色发展从以生态建设和环境保护为主逐步迈向全面绿色转型。成渝地区的生态环境本底良好，具有绿色发展的独特优势。但传统产业转型升级任务艰巨，在绿色发展方面也面临着不同于其他地区的难题和挑战。

（一）绿色发展战略的历史演进

成渝地区双城经济圈的绿色发展战略经历了由表及里、不断深入的探索过程，根据不同的发展目标和发展特征，可以将其划分为以下三个阶段。

1. 生态环境保护阶段（2000~2006年）

2000年10月，党的十五届五中全会通过的《中共中央关于制定国民经济和社会发展第十个五年计划的建议》，把实施西部大开发作为一项国家战略任务。2002年，国家计委、国务院西部开发办正式印发《"十五"西部开发总体规划》，明确提出要加强西部地区的生态建设和环境保护，同时提出了"长江上游地区及三峡库区，黄河上中游地区，黑河、塔里木河流域的生态建设与环境治理全面展开，重点治理地区生态环境恶化的趋势初步得到遏制，污染防治有明显进展"的战略目标。

该阶段成渝地区绿色发展战略的重点是生态建设、环境保护与污染治理，以天然林保护工程、长江防护林体系建设为主。

2. 绿色转向阶段（2007~2015年）

2007年，国务院通过了《西部大开发"十一五"规划》，提出要加快建设长江上游生态屏障，巩固发展生态保护和建设成果；加大环境保护力度，强化资源节约和综合利用，推进形成主体功能区；同时提出将重庆市（三峡库

区）设立为循环经济试点市，将四川西部化工城等地设立为循环经济试点园区。2011年，国务院通过了《成渝经济区区域规划》，提出成渝经济区要构建区域生态网络，加大环境治理和保护力度，提高资源集约节约利用水平，建设资源节约型、环境友好型社会，并新增循环经济试点，建设长寿、成都、泸州循环经济示范园区。2012年，国务院通过的《西部大开发"十二五"规划》中提出，要建立生态补偿机制，实施重点生态工程，加大节能减排力度，并进一步扩大了循环经济和低碳经济试点，要求建立城市和园区循环经济发展的基本模式。

该阶段成渝地区绿色发展战略在原有生态建设和环境保护的基础上，反思了经济发展过于粗放导致的资源浪费问题，提出了资源节约和综合利用的战略规划，并划分了主体功能区以便于更好地进行生态建设。最主要的是，成渝地区设立了具有明显绿色发展转型特征的循环经济和低碳经济试点，并不断加大试点的建设力度。可以说该阶段的成渝地区正处于向绿色发展转型（绿色转向）的过渡阶段。

3. 全面绿色转型阶段（2016年至今）

2016年，国务院通过了《成渝城市群发展规划》，正式提出要建设"绿色城市"，其核心为推进城市建设绿色化，推进产业园区循环化和生态化，倡导生活方式低碳化。这代表着成渝地区绿色发展战略正式确认了经济发展模式开始向绿色转型。2017年，国务院通过了《西部大开发"十三五"规划》，提出要"培育绿色发展引领区"，不仅要完善生态保护的机制，加大生态保护的力度，而且提出了要健全绿色发展机制，即通过市场化机制来促进环保市场的发展，吸引社会资本投入。2021年，中共中央、国务院印发了《成渝地区双城经济圈建设规划纲要》，正式提出"探索绿色转型发展新路径"，即构建绿色产业体系，倡导绿色生活方式以及开展绿色发展试验示范等。

该阶段为成渝地区绿色发展战略在综合前两个阶段绿色发展成果的基础上，明确提出了全面绿色转型概念，不仅要使经济模式向绿色转型，还要推动城市向绿色方向转变。

表 1　成渝地区绿色发展战略的演进

政策文件	《"十五"西部开发总体规划》	《西部大开发"十一五"规划》	《成渝经济区区域规划》	《西部大开发"十二五"规划》	《成渝城市群发展规划》	《西部大开发"十三五"规划》	《成渝地区双城经济圈建设规划纲要》
年份	2002年	2007年	2011年	2012年	2016年	2017年	2021年
阶段	生态环境保护阶段	绿色转向阶段			全面绿色转型阶段		
政策目标	加强生态建设和环境保护	巩固发展生态保护和建设成果,加大环境保护力度,强化资源节约和综合利用,推进形成主体功能区	加强生态建设,加快建设污染防治体系,强化资源节约与管理	建立生态补偿机制,实施重点生态工程,加大节能减排力度	共守生态安全格局,实施环境共治,建设绿色城市,加强环境影响评价	培育绿色发展引领区,实施重大生态工程,完善生态保护补偿机制,加大生态环境保护力度,促进资源节约集约循环利用,健全绿色发展机制	推动生态共建共保,加强污染跨界协同治理,探索绿色转型发展新路径

（二）绿色发展面临的形势分析

绿色转型已成为国家和地区发展的基本共识和战略行动,成渝地区双城经济圈绿色发展也面临着新的发展形势和道路选择。只有全面把握当前绿色发展的新形势,抓住机遇,克服挑战,才能坚定不移地走好绿色发展道路。

1. 绿色转型已成为全球共识与行动

诺贝尔化学奖得主保罗·克鲁岑与密歇根大学的尤金·斯托尔默提出了"人类世"这一新的理念[1],指出整个地球发展已经到了一个新的阶段,即

---

[1] Paul, J. Crutzen and Eugene, F. Stoermer, "The 'Anthropocene'", *Global Change Newsletter*, 2000, 41, 5, pp. 17-18.

人类的活动会显著改变和影响地球未来的生态环境。近些年来，全球各类环境问题复杂且相互交织，包括全球气候变暖、物种灭绝速度加快和极端自然灾害频发等。解决环境问题已经到了刻不容缓的地步，探求人类发展的绿色转型也已经成为基本共识。

2. 中国经济步入高质量发展新阶段

党的十九大报告对中国社会主要矛盾的转变做出了精准判断，即人民日益增长的美好生活需要和不平衡不充分的发展之间的矛盾。一方面，当前中高端产品和服务的有效供给不足，粗放型经济生产出来的"大批量、同质性"的产品，并不能满足高质量发展阶段人民的高端需求。另一方面，高投入、高消耗、高污染的传统发展方式难以为继，中国的资源环境承载力也已经逼近极限。粗放式经济发展模式不但使我国各种资源利用率低下以及消耗严重，而且造成了大范围的雾霾、水体污染和土壤重金属超标等突出的环境问题。因此，经济向高质量发展转变是解决中国社会主要矛盾的必然要求，绿色发展成为经济高质量发展的基本要求与普遍形态。

3. 降碳成为生态文明重点战略方向

绿色低碳发展是当今时代科技革命和产业变革的鲜明特征，是推动经济社会高质量发展的内在要求。2021年4月30日，习近平总书记在中共中央政治局第二十九次集体学习时明确指出，"'十四五'时期，我国生态文明建设进入了以降碳为重点战略方向的新阶段"。这意味着我国生态文明建设从过去以末端治理为主，转向"源头管控、过程优化、末端治理、废物循环"协同推进，"产业结构、能源结构、交通运输结构、用地结构"协同调整。这一新目标要求我国以转变经济发展方式为方向，加快建立健全绿色发展经济体系，促进经济社会发展全面绿色转型，全面建设人与自然和谐共生的现代化社会。

（三）绿色发展的优势、劣势、机遇与挑战

从自身因素来看，成渝地区绿色发展有诸多优势因素，也存在需要克服的劣势因素。而从外部环境来看，成渝地区的绿色发展需要把握住新科技革

命与产业变革的转型机会窗口以及成渝地区双城经济圈建设的政策机遇，也要充分应对全球疫情肆虐、贸易保护主义抬头等多种挑战。

1. 绿色发展的优势

（1）自然禀赋优良，绿色发展潜力较大。在资源和环境方面，成渝地区双城经济圈的自然禀赋优良，资源优势突出，绿色发展的潜力较大。主要体现为成渝地区的森林覆盖率较高，野生动植物种类丰富，环境承载力较强，地热、天然气、水力、页岩气等能源开发潜力较大，清洁能源丰富，非金属矿种较为齐全，部分矿种储量位居全国前列，具有可持续发展的自然禀赋优势，有利于支撑成渝地区双城经济圈的绿色发展。

（2）区位优势显著，绿色发展空间广阔。在地理区位方面，成渝地区位于中国西南地区内陆，地处长江上游，东连湘鄂、西邻青藏、南接云贵、北通陕甘，具有承东启西、串联南北的区位优势。在地形方面，成渝地区地理地貌差异显著，位于中国大陆地势三大阶梯中的过渡地带，具有多样性的优势。在土地类型方面，成渝地区的地势呈现西高东低的特点，土地类型较为丰富。因此，成渝地区具备独特的地理地貌和区位优势，有助于成渝地区双城经济圈区域内部实现高效协同发展，同时促进区域整体的绿色协同发展。

（3）政策优势显著，绿色发展支撑强劲。在政策方面，成渝地区双城经济圈拥有强劲的政府政策支撑。2021年，中共中央、国务院印发了《成渝地区双城经济圈建设规划纲要》，该纲要指出，"要促进成渝地区双城经济圈在长江经济带绿色发展中发挥示范作用"，要求"全面践行生态文明理念，强化长江上游生态大保护，严守生态保护红线、永久基本农田、城镇开发边界三条控制线，优化国土空间开发格局，提高用地、用水、用能效率，构建绿色低碳的生产生活方式和建设运营模式，实现可持续发展"。在《成渝地区双城经济圈建设规划纲要》的推动下，成渝地区的未来发展必然要走上一条绿色协调、可持续发展的道路。

2. 绿色发展的劣势

（1）自然灾害频发，绿色发展速度受阻。成渝地区近年来频频发生自然灾害，短期内自然修复压力较大，绿色发展速度受阻。据四川省应急管理厅发布的数据，2021年四川省共计1012.7万人次受灾，农作物受灾面积达26.6万公顷，受灾经济损失达到了248.6亿元，这既给成渝地区的自然修复带来了很大的压力，也对成渝地区的经济社会发展、生态绿色发展影响巨大。因此，自然灾害频发会阻碍成渝地区绿色发展的速度，影响成渝地区绿色发展的进程。

（2）产业升级缓慢，绿色发展严重受制。在产业结构方面，成渝地区产业升级缓慢，使得绿色发展严重受阻。根据《2020年四川省国民经济和社会发展统计公报》和《2020年重庆市国民经济和社会发展统计公报》可知，四川省第二产业对经济增长的贡献率为43.4%，重庆市第二产业增加值占全市GDP的比重为40%，第二产业仍是成渝地区经济发展的主力产业。然而，高耗能产业主要集中在第二产业，会消耗大量不可再生能源，排放污染物，破坏生态环境和绿色发展。因此，成渝地区的主力产业转型升级缓慢，会阻碍成渝地区绿色发展的转型进程，亟须加快产业升级，促进绿色发展。

（3）技术创新不足，绿色发展动能不强。在绿色创新技术方面，成渝地区的创新强度较弱，绿色发展动能不强。这主要体现在成渝地区的R&D经费占GDP的比重较低，创新技术水平不足。2020年，四川省和重庆市投入研究与试验发展（R&D）经费分别达到1055.3亿元和526.79亿元，R&D经费占GDP的比重分别为2.17%和2.11%。这与北京（6.3%）和上海（4%）等发达地区差距显著，也低于全国平均水平（2.4%）。因此，成渝地区双城经济圈的创新能力横向对比国内的长三角城市群、粤港澳大湾区等城市群，仍有较大的差距，亟待在加强动能转换中激发绿色发展潜力。

3. 绿色发展的机遇

（1）新科技革命与产业变革为成渝地区创造了转型机会窗口。当今世界正经历百年未有之大变局，新一轮科技革命和产业变革深入发展，国际分工体系面临系统性调整。我国已转向高质量发展阶段，共建"一带一路"、长江经济带发展、西部大开发等重大战略深入实施。同时，供给侧结构性改革稳步推进，扩大内需战略也稳步推进，为成渝地区新一轮发展赋予了全新优势，创造了重大机遇。因此，把握窗口机遇，抢占发展先机，这是成渝地区双城经济圈高质量发展必由之路。

（2）成渝地区双城经济圈上升为国家战略，迎来重大政策机遇。2020年1月3日，习近平总书记主持召开中央财经委员会第六次会议，做出"推动成渝地区双城经济圈建设、打造高质量发展重要增长极"的重大决策部署，这成为未来一段时期成渝地区发展的根本遵循和重要指引。2021年10月20日，中共中央、国务院印发了《成渝地区双城经济圈建设规划纲要》，明确指出要"尊重客观规律，发挥比较优势，把成渝地区双城经济圈建设成为具有全国影响力的重要经济中心、科技创新中心、改革开放新高地、高品质生活宜居地"。党中央、国务院高度重视成渝地区的发展，各类规划和战略部署为成渝地区双城经济圈的绿色发展创造了有利的外部条件。

4. 绿色发展的挑战

（1）全球疫情肆虐，经济前景不明。世界范围内新冠肺炎疫情控制状况仍不容乐观，截至2021年12月31日，全球新冠肺炎累计确诊人数接近3亿人，并且每日新增确诊人数仍不断增长。疫情在影响企业投资信心的同时，也使得消费者不断降低消费信心，国内外需求萎缩，世界经济增长进一步放缓。同时，国内疫情仍有反复，对各地经济增长均造成了较大压力，这也是当前成渝地区双城经济圈的经济绿色发展转型所要面临的重大挑战之一。

（2）贸易保护主义和反全球化崛起。以美国为首的西方国家为了扭转贸易逆差、促进产业与经济发展、保持在全球贸易格局中的优势地位，在最近几年纷纷实施贸易保护主义政策，集中体现在实施方式、政策数量和扩散程度等方面。贸易保护主义新态势给全球经济发展和国际关系造成的冲击是广泛的，使得各国贸易发展受到影响。而成渝地区地处"一带一路"和长江经济带的联结点，外贸在其经济中占据重要地位。贸易保护主义的崛起和反全球化浪潮的兴起均对成渝地区双城经济圈未来的发展构成了巨大挑战。

（3）美国"霸权主义"威胁国际秩序。近年来，美国在国际社会中肆意鼓吹"中国威胁论"。从最初发动对中国的"贸易战"，到之后的恶意诬陷中国，再到拉拢其他国家共同遏制中国发展，其手段可谓无所不用其极。

尤其是疫情发生之后，随着美国国内社会矛盾不断加剧，其对中国的恶意也越发明显，并不断制裁中国高科技企业，意图阻止中国的产业升级，维护其美元霸权。而成渝地区双城经济圈中，光伏等代表未来新能源方向的高科技企业随时都有被美国制裁的风险，这对双城经济圈的绿色发展来说是一个值得担忧的风险。

二 成渝地区双城经济圈绿色发展成效、问题与深层原因

（一）绿色发展的成效

《成渝城市群发展规划》实施以来，成渝地区的绿色发展在生态环境、产业转型、资源效率和绿色城市发展方面取得了诸多的成效。

1. 生态环境日益好转

"十三五"期间，成渝地区的生态环境日益好转，森林覆盖率、水资源承载力、空气质量指数等各项环境指标都显著提升。

（1）森林覆盖率显著提升。成渝地区的森林覆盖率、森林面积、森林储蓄量等各项指标都显著提升。四川省统计局数据表明，2020年四川省森林面积达到了1945.84万公顷，相比2016年增加了153.09万公顷，年均增长率达到了2.07%；活立木总蓄积量为20.4亿立方米，相比2016年增加了1.92亿立方米，年均增长率达到了2.5%。森林蓄积量为19.16亿立方米，相比2016年增加了1.63亿立方米，年均增长率达到了2.25%。此外，四川省和重庆市的森林覆盖率在2020年分别达到了40.03%和52.5%，相比2016年分别提高了3.15个百分点和7.1个百分点，森林覆盖率显著提升。

（2）水资源承载力不断提升。成渝地区在水资源方面的供给更加充裕。在水资源总量方面，2020年，四川省地表水资源量达到了3236.12亿立方米，地下水资源量达到了649.11亿立方米，地下水资源与地表水资源不重复量为1.14亿立方米，水资源总量为3237.26亿立方米，比往年平均增加

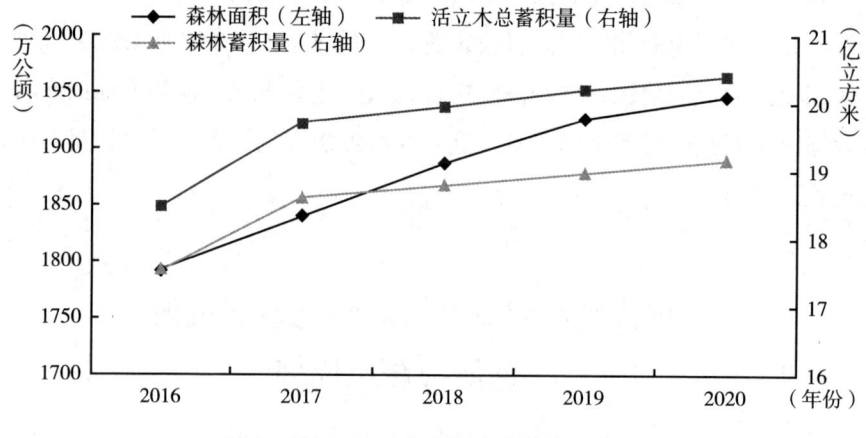

图 1　2016~2020 年四川省森林资源情况

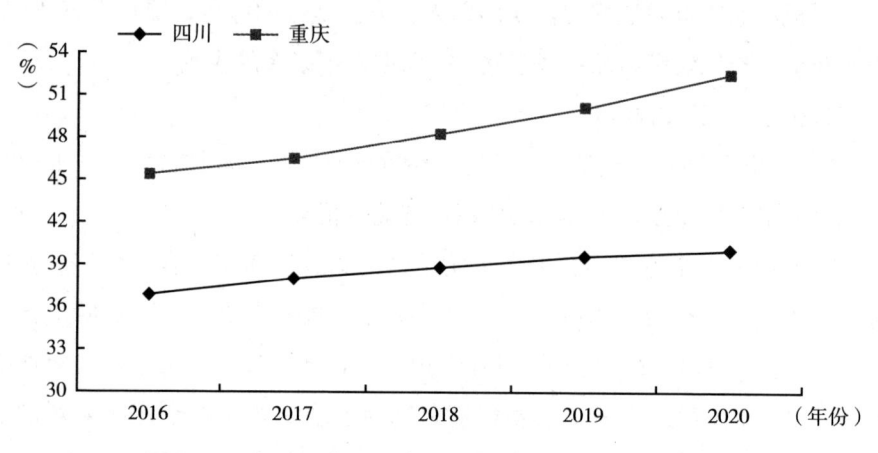

图 2　2016~2020 年四川省和重庆市森林覆盖率变动情况

了23.8%。重庆市水力资源蕴藏量达到了2342万千瓦,其中技术可开发量达到了1235万千瓦(见表2)。在供水方面,2020年,四川省的供水综合生产能力达到了1660.47万立方米/日,相比2016年提升了603.83万立方米/日,年均增长率达到了11.96%;重庆市的年末供水综合生产能力达到了788万立方米/日,年均增长率达到了6.28%(见表3、表4)。此外,四川省和重庆市的供水管道长度和供水量都逐年提升,供水能力实现飞跃式提升。由此可见,"十三五"以来,成渝地区的供水综合能力大幅度提升,水资源发展速度和承载力高于全国平均水平。

表2 2016~2020年重庆市水资源情况

指标	2016年	2017年	2018年	2019年	2020年
地表径流量(亿立方米)	604.87	656.15	524.24	498.09	766.86
地下水量(亿立方米)	112.26	116.14	103.95	98.46	128.69
水力资源蕴藏量(万千瓦)	2342	2342	2342	2342	2342
技术可开发量(万千瓦)	1235	1235	1235	1235	1235

表3 2016~2020年四川省供水能力及用水情况

指标	2016年	2017年	2018年	2019年	2020年
供水综合生产能力(万立方米/日)	1056.64	1213.03	1101.81	1390.62	1660.47
供水管道长度(公里)	37829.68	40197.06	42658.76	48423.45	52350.77
供水总量(万立方米)	246980.7	255921.4	258676.09	272783.6	289165.3

表4 2016~2020年重庆市供水能力及用水情况

年份	2016	2017	2018	2019	2020
供水综合生产能力(万立方米/日)	617.62	656.07	687.89	702	788
供水管道长度(公里)	18735	19626	21101	22266	28839
供水总量(万立方米)	139456	149888	162207	171289	180134

(3)空气质量稳中有升。近年来,成渝地区的环境空气质量的优良率显著提升。2020年,四川省优良天数率连续第五年呈正增长,达到了90.8%,同比上升了1.7个百分点。在全国168个重点城市空气质量排名中,四川省有10个市进入前20名,创下了历史新高。2020年,重庆市空

气质量优良天数率首次突破90%，空气质量优良天数达333天，连续三年未出现重污染天气。此外，重庆市空气质量优良天数在直辖市中排名第一，在168个重点城市中排第39位，在长江经济带11个城市中排名第五。成渝地区的空气质量稳中有升，优于全国平均水平，空气质量改善效果显著。

2. 产业转型逐步加快

（1）供给侧结构性调整显著。"十三五"期间，成渝地区大力推进供给侧结构性调整，鼓励高新技术产业进一步发展，促进产业结构升级调整（见图3）。2020年四川省和重庆市的地区生产总值合计达到了73601.59亿元，其中第一产业增加值、第二产业增加值和第三产业增加值分别占10.0%、37.45%和52.55%。相比于2016年，成渝地区的第二产业增加值占比降低了5.7个百分点，第三产业增加值占比增加了6.1个百分点，第三产业增加值的增幅在"十三五"期间显著提升，产业转型的步伐正在加快。

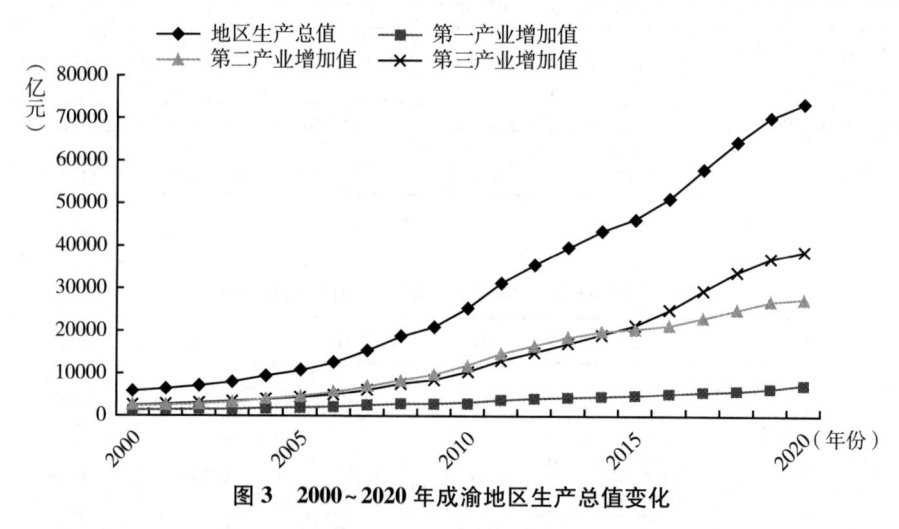

图3 2000~2020年成渝地区生产总值变化

（2）高技术制造业升级调整。2020年成渝地区产业升级逐步加快，高技术产业升级调整。其中，四川省规模以上工业41个行业大类中有25个行业增加值增长，增长行业占比达到了60.98%。计算机、通信和其他电子设备制造业增加值比上年增长17.9%，高技术制造业增加值同比增长11.7%。重庆市的新产业、新业态、新模式实现逆势成长。全年规模以上工业战略性新兴制造业增加值比上年增长13.5%,高技术制造业增加值增长13.3%,占规模以上工业增加值的比重分别为28.0%和19.1%。全年高技术产业投资比上年增长26.6%,占固定资产投资的比重为8.3%。由此可见,"十三五"期间,成渝地区在产业升级方面转换速率逐渐提升,产业结构呈现第三产业加快发展的趋势。

3. 资源效率日渐提升

(1)稳步推进节水、节能。近年来,成渝地区节水节能成效显著(见表5、表6)。在用水量方面,成渝地区节水、节能工作稳步推进。四川居民家庭用水从2016年132687.8万立方米增长到2020年的151526.8万立方米,年均增长3.37%,相比于供水能力的大幅度提升,用水方面的涨幅相对较小。此外,四川省的人均日生活用水量从2016年的214.64升降低到2020年的196.66升,这说明四川省"十三五"以来稳步推进节水、节能,在居民家庭用水方面初见成效。在循环用水方面,成渝地区注重提高水重复利用率,2020年四川省的水重复利用率高达52.1%,重庆市的水重复利用率达到34.8%,两地的重复用水率较高。

表5 2016~2020年四川省供水能力及用水情况

指标	2016年	2017年	2018年	2019年	2020年
供水总量(万立方米)	246980.7	255921.4	258676.09	272783.6	289165.3
居民家庭用水(万立方米)	132687.8	136905.6	141911.9	148632.4	151526.8
用水人口(万人)	2125.8	2349.84	2483.78	2514.05	2728.15
人均日生活用水量(升)	214.64	202.05	181.36	208.24	196.66

表6 2016~2020年重庆市供水能力及用水情况

指标	2016年	2017年	2018年	2019年	2020年
供水总量(万立方米)	139456	149888	162207	171289	180134
居民家庭用水(万立方米)	68388	70198	77081	78607	83451
用水户数(户)	5404986	6046201	6475667	7398401	8217342
用水人口(万人)	1600.72	1667.8	1680.87	1711.74	1733.14

（2）大力发展清洁能源。"十三五"以来，成渝地区大力发展清洁能源。在能源结构方面，成渝地区的清洁能源占比逐年提升，化石能源增幅得到有效控制。以四川为例，煤品燃料、油品燃料占比不断下降，天然气、以水电为主的一次电力及其他能源占比不断提高。成渝地区陆续新增了风力发电、太阳能发电、垃圾焚烧发电、生物质发电、页岩气、煤层气、生物柴油等7种新能源。"十三五"以来，成渝地区能源供给体系不断完善，清洁能源快速发展，能源消费品种结构持续优化。

4. 绿色城市发展迅速

城市绿色转型为成渝地区绿色发展提供强有力的支撑。以重庆市为例，重庆市大力发展低碳经济，贯彻节能减排政策，强化产业结构调整，转变经济发展方式，在推动低碳城市建设方面取得了诸多成效。2020年，重庆市地区生产总值达25002.79亿元，比上年增长3.9%。在经济增长的同时，绿色发展也紧随其后，重庆市绿化覆盖面积达75552公顷、绿地面积达67694公顷、公园绿地面积达25589公顷。重庆市全年规模以上工业综合能源消费量比上年下降1.6%。在空气质量方面，2020年重庆市空气质量优良天数达333天，其中优135天、良198天，空气质量优良率首次超过90%。可见重庆市的节能减排效果显著，建设绿色城市大大推动了绿色发展进程。

（二）绿色发展的问题

"十三五"以来，成渝地区双城经济圈绿色发展成效显著。然而，也存在一些问题阻碍成渝地区的绿色发展，主要体现在生态修复、绿色创新能力、生产生活方式转型和体制机制建设四个方面。

1. 生态系统修复压力大

成渝地区双城经济圈生态系统的修复压力为存量和增量问题交织，短期内，成渝地区较难实现自我全面修复。首先，自然灾害频生，受灾影响广泛。2019年，成渝地区共发生地质灾害842处，占全国总数的13.62%；

2020年，成渝地区洪涝、地质灾害和台风受灾面积达487千公顷。其次，土壤污染的历史遗留问题突出，工矿污染土地和污染耕地分布广、存量大。仅四川省2019年公布的四川省建设用地土壤污染风险管控和修复名录（第一批）中，污染地块面积就达到了约272万平方米，其中重金属污染面积占45.9%。再次，各类水环境的基础还不稳固，部分断面水质并不稳定。如2020年12月四川省有Ⅳ类水质断面1个，占1.1%；无Ⅴ类、劣Ⅴ类水质断面；2021年6月Ⅳ类水质断面则又上升到了37个。2020年12月重庆Ⅳ类水质断面1个，2021年6月Ⅳ类水质断面则又上升到了4个。最后，成渝地区的空气质量好转，但整体空气质量达标率仍不高，部分地区压力依然较大，并且存在空气质量问题反复的情况。受制于气候因素，成渝地区废气排放与自然平衡点还存在较大差距。因此，成渝地区存在土壤污染遗留问题突出、水环境基础不稳固、空气质量反复等问题，在生态修复上压力较大。

2. 绿色创新能力有待提高

绿色创新能力与地区创新能力息息相关。地区产业的绿色转型、各类绿色技术的诞生都需要强大的地区创新能力作为支撑。但成渝地区双城经济圈创新强度、水平还有待提高，具体体现为成渝地区R&D经费占GDP比重较低，并且创新强度在地理空间上的分布也不均衡。2020年，四川省共投入研究与试验发展（R&D）经费1055.3亿元，R&D经费占GDP的比重仅达2.17%；重庆市共投入研究与试验发展（R&D）经费526.79亿元，R&D经费占GDP的比重仅达到了2.11%，这与北京（6.3%）、上海（4%）等发达地区差距显著。此外，从创新成果来看，成渝地区双城经济圈专利授权量、技术市场成交额占全国比重较低，且呈下降趋势。2020年成渝地区合计R&D经费支出在全国占比为6.49%，但专利授权量在全国占比仅为4.50%，二者明显存在差距。这都表明了成渝地区双城经济圈的创新能力还有待提高。

3. 生产生活方式绿色转型难度大

在相关产业政策的推动下，成渝地区产业空间集聚程度有所提升，企业入驻工业园区比例明显提高。尽管成渝地区在整体规划中将园区循环经济体系作为建设的重点，但集聚的生态效应仍未得到充分发挥，园区循环经济体系仍需要进一步完善。此外，成渝地区企业绿色化改造动力相对不足，绿色技术创新和应用投入偏少，相当数量的企业在生态环保方面仍然以应付检查为主，而短期整改之后重回污染老路的行为不时出现。养殖业等农业作为成渝地区的重要产业，存在面源污染量大等问题，农业废弃物处理水平有待提高。城乡生态环保设施不完善，污水、垃圾收集和处理能力需要提升，服务的便利性仍是短板。总的来讲，成渝地区的生产生活方式在绿色转型方面难度较大，亟须转变。

4. 体制机制建设有待加强

绿色发展长效机制尚未形成，目前行政壁垒仍未打破，市场机制的作用难以充分发挥，企业生态环境保护的内在动力不足，生态环保基础设施建设社会参与度不高。同时生态环境治理水平有待提高，数字技术在生态环境治理中还未得到广泛应用；生态补偿机制处于探索阶段，区域间协同治理机制未取得实质性进展。虽然成渝地区已开始尝试建立区域合作机制，但在生态保护、环境治理、产业链布局、产业转型、能源消费、基础设施建设等方面的跨区域协同进展仍相对缓慢。

（三）绿色发展的深层原因

成渝地区双城经济圈绿色发展问题背后有着复杂的深层原因，涉及理念、现实和历史等多种因素的作用和影响。

1. 绿色发展理念尚未牢固树立

在以 GDP 增长为主的考核指标下，重工业往往对地区经济具有极强的拉动作用，地方政府有充分的动力来推进地区重工业的发展。伴随着重工业的发展而来的是工业废料对自然环境的破坏。而对引进投资的急迫心理使得各地政府陷入零和博弈，选择对部分企业污染环境的短视行为从轻处罚。党的十八大以来，虽然新发展理念将绿色发展理念摆在了突出位置，各地政府均加大了对污染环境行为的处罚力度，但从整体来讲，过往经济粗放式发展对环境造成的破坏具有长期性、复杂性的特点,难以在短期内彻底转变,这也是成渝地区双城经济圈生态系统修复仍面临较大压力的重要原因。

2. 产业绿色发展转型后劲不足

成渝地区双城经济圈的产业发展正处于转型阶段,由原来的资源密集型、劳动密集型产业转向技术密集型、创新型产业。尽管成渝地区双城经济圈拥有众多高等院校,每年均培养出大量专业特色突出、技能水平较高的人才,但留在成渝地区工作的比例不高,有相当一部分流向了北京、上海、广州、深圳、杭州、天津等城市。究其原因,仍是双城经济圈本地企业培育不够,能够提供的合适工作岗位较为有限。人才始终是创新的第一要素,而地区绿色创新能力要想提高,首先就要留住高层次人才。但成渝地区双城经济圈当前仍处于产业转型期,无法提供高层次就业岗位,继而导致人才的流失,而人才流失又进一步导致产业转型受阻,这就要求地方政府充分发挥主观能动性来打破当前的不良循环。

3. 传统发展路径低端锁定难以突破

路径依赖是指人类社会中的技术演进或制度变迁均有类似于物理学中的惯性,即一旦进入某一路径就可能对这种路径产生依赖。可以说路径依赖一定程度上导致了目前成渝地区双城经济圈生产、生活方式绿色转型难度大。改革开放初期,粗放式经济发展在使得各个地方政府大力追求地区重工业发展的同时,导致了不同地区产业同质化现象严重。同时,由于重工业往往解决了大量的就业,是地方经济中的重要一环,产业变革的阵痛往往使得部分地方政府和企业都难以做出壮士断腕的决心。一方面,生产方式的转变需要付出较为高昂的成本。成渝地区双城经济圈的环境监测结果常有反复,这和部分企业的污染排放依赖相关。短期内靠行政手段虽然可以减排,但是想要彻底解决企业的污染排放问题,根本上还是需要加大研发投入,实现生产的绿色转型,这也意味着企业成本的提升,因此企业生产向绿色转型的动力往往不足。另一方面,生活方式的绿色转型则经常会要求居民牺牲部分生活的便捷性。如"限塑令"颁布至今,尽管可降解塑料袋符合绿色生活方式的要求，但因为其价格高昂且承重较差，多数居民仍会选择使用普通塑料袋。如果政策需要以牺牲部分便捷性来提倡生活方式的绿色转型时，其效果也往往难以达到预期。

4. 绿色治理能力尚难适应发展需求

当前成渝地区的绿色治理能力尚不能很好适应绿色发展的需求。首先，成渝地区双城经济圈属于跨行政区划的经济圈，环境问题的外部性、经济区的集聚性以及行政管理的边界性，给绿色治理带来较大难题。其次，区域治理权责不清、联动机制尚待完善，生态保护、环境治理、产业链布局、产业转型、能源消费、基础设施建设的跨区域协同有待深化。成渝地区亟须完善区域治理的联动机制，实现跨区域协同的绿色治理。

三 成渝地区双城经济圈绿色发展典型模式

成渝地区双城经济圈在绿色转型中形成了多样化的模式，本部分从绿色城市、绿色生产、绿色生活、绿色交易四个方面选取典型案例，展现成渝地区绿色发展的创新性进展。

（一）绿色城市模式：绿色城市筑生态之城

成渝地区绿色城市模式，典型的有公园城市、低碳城市、海绵城市等多种。本报告选取成都市天府新区公园城市模式为绿色城市建设典型案例。

1. 案例背景

2014年10月，四川天府新区正式获批，成为中国第11个国家级新区，规划总面积为1578平方公里。2018年2月11日，习近平总书记赴四川省视察，并在四川天府新区首次提出"公园城市"这一全新的城市发展范式，指出要在天府新区的规划中考虑生态价值，突出公园城市的特点，努力打造出新的增长极，天府新区成为公园城市的首提地。2018年以来，四川天府新区始终践行"山水林田湖城"生命共同体营城理念，不断引领着公园城市理念、规划和建设方面的创新。

2. 具体做法

一是建立健全公园城市建设体系与政策体系。成立美丽宜居公园城市建设领导小组、成都市公园城市管理局和天府公园城市研究院，相继出台《中共成都市委关于深入贯彻落实习近平总书记来川视察重要指示精神加快建设美丽宜居公园城市的决定》、《成都市美丽宜居公园城市规划》和《成都市公园城市规划建设导则》，基本形成公园城市的建设体系，奠定了制度基础。2022年2月10日，国务院批复成都为建设践行新发展理念的公园城市示范区。

二是加快实施镇村规划全覆盖，统筹天府新区大美乡村规划建设。天府新区联合相关部门和专家学者，开展了镇村体系规划研究，加快推进7个特色镇、54个幸福美丽新村规划编制，调动街道积极能动性，因地制宜编制公园城市相关规划，从乡镇到城市全面涵盖，推进天府新区公园城市的整体建设。

三是启动全域国际化社区建设，努力完善国际化社区建设指标体系，形成可复制可推广的国际化社区建设经验。天府新区创新提出"全地域覆盖、全领域提升、全行业推进、全人群共享"的总体工作思路，研究制定了全域国际化社区建设制度体系。在全域国际化社区建设方面，天府新区出台实施意见，明确总体目标，编制布局规划，在"一心三城"功能区、"中优"区域、乡村区域规划建设不同类型的国际化社区。

3. 主要成效

一是"人城境业"充分融合，经济发展带动力强。2018年以来，天府新区的经济、社会、环境等方面都发生了很大的变化。天府新区公园城市建设一直秉持着构建"1+5+1"公园城市高质量发展指标体系，促进居住、产业、商业等交相融合，以产业动能集聚为支撑，聚焦都市工业和生产性服务业，形成优势企业带动、小微企业互补的发展局面，从而带动天府新区整体的经济增长。截至2020年，四川天府新区实现地区生产总值3561亿元，增速为6.7%，居国家级新区第五位。

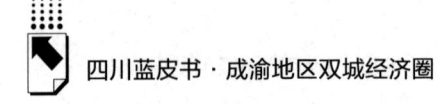

二是生态环境更加宜居,空间形态日趋完善。在污水处理方面,天府新区建造了成都首座地埋式污水处理厂,日处理量达4万吨。在空气质量方面,天府新区近三年的 $PM_{2.5}$、PM_{10} 浓度分别下降 16.38%、21.81%,空气质量优良天数增加63天,达到290天。在生态空间多样化方面,天府新区新增生态绿地1.83万亩和动植物20余种,森林面积达143.8平方公里。

4. 经验启示

公园城市建设是重大民生工程,具有普惠性,可以提高全民的生活品质,是人民幸福感的来源。公园城市建设具有系统性,需要规划、建设、管理统筹推进,将绿色生态引入城市体系之中。公园城市建设让天府新区成为适宜居住、适宜工作、适宜商业的理想之地。

(二)绿色生产模式:绿色生产呵护绿水青山

成渝地区从生产端入手,建立绿色生产模式,积极实践绿色生产理念,以更绿色的方式去进行工业、农业等生产活动,形成了生态农业、生态工业、循环经济、清洁生产等多种模式,从根本上扼制了资源浪费和生态环境污染。本报告选取四川省自贡市荣县推进生态循环农业绿色可持续发展的生产模式作为典型案例。

1. 案例背景

四川省自贡市荣县,地处四川盆地南部,是全国农产品加工示范基地县,是首批国家农业绿色发展先行区、中国花茶之乡、全省茶业十强县,同时也是中国西部地区县域经济百强县。2017年10月19日,荣县入选第一批国家农业可持续发展试验示范区。荣县以乡村振兴战略为契机,积极推广生态循环农业,扎实推进试验示范区建设,大力推动荣县绿色发展。

2. 具体做法

一是制定一系列绿色激励扶持政策,支持荣县农业可持续发展生产模式。2017年以来,荣县政府陆续实施了《荣县水环境生态补偿办法(试行）》《关于荣县农业水价成本监审报告》《关于印发荣县信用保证保险贷款管理办法的通知》《关于进一步规范农业保险承保理赔有关工作的通知》等一系列与农业绿色发展相关的扶持政策，加大了荣县农业在农业用水和金融保险等方面的资金支持，全面推进荣县农业可持续发展试验示范区的建设。

二是制定资源保护制度和环境整治政策，坚守生态保护底线。2017年以来，荣县政府推出了《关于全面建立保护发展森林目标责任制的通知》和《荣县建立粮食生产功能区和重要农产品生产保护区的实施方案》，加强了荣县森林资源和农业空间资源的保护和管理。2018年，荣县政府陆续编制了《荣县2018年农村环境综合整治实施方案》《荣县2018年农药减量控害零增长工作方案》《荣县秸秆资源综合利用实施方案》等一系列政策，为荣县农业发展划定了生态红线，有利于整治荣县的农业环境。

三是完善绿色发展的组织机制和实施机制。设立国家农业可持续发展试验示范区建设工作领导小组，全面组织和协调试验示范区的建设工作。根据荣县农业试验示范区的发展目标、特色产业、重点项目、配套制度，形成了相关部门和乡镇的责任清单。在此基础上，荣县政府邀请了四川省农业方面的专家、学者，亲临荣县指导绿色可持续发展农业的建设，协调了农、林、水、国土等相关部门，统筹规划示范区工作，实现多规合一，最终汇集了54个项目方案，总投资额达到了204亿元。

3. 主要成效

一是荣县的农业经济增长显著，农业对荣县的经济发展贡献度高。截至2022年，建成高标准农田13万亩，粮食产量常年保持在40万吨以上，形成50亿元畜禽产业集群，农业增加值占全市1/3，年均增长3.8%。农业发展获得了国家农业可持续发展试验示范区等10余项省级以上荣誉。

二是荣县的生产方式发生转变，优势特色产业不断壮大。在农业生产目标方面，荣县完成了55万亩的粮食生产功能区目标和重要农产品生产保护区划定任务。在优势产业方面，荣县建立了5个国家级的畜禽标准化示范场，农业标准化率超过45%。

三是荣县的产地环境保护进一步夯实，有助于农业绿色可持续发展。这主要体现为荣县粪污资源利用率达到了80%，病死畜禽无害化处理率高达100%，秸秆利用率达到了90%，全县的产地环境保护情况优良。

四是荣县农产品安全更有保障，农产品合格率连续三年抽检合格。自成为第一批国家农业可持续发展试验示范区以来，荣县连续三年通过省级农产品质量安全监管示范县的复审考核，全年抽检农产品的合格率达到了100%，农产品生产更加合规，农产品安全更有保障。

4. 经验启示

荣县推进生态循环农业绿色可持续发展的生产模式，证明绿色可持续发展的农业可以兼顾农业产量和农业环境，实现经济收益和绿色发展的双赢。荣县以"生态循环农业，幸福美丽新村"为主导，进一步将绿水青山向金山银山转化，初步探索出了一条保护生态、兴旺产业、普惠居民的可持续发展道路，打造了农业可持续发展试验示范区的成渝特色样本。

（三）绿色生活模式：绿色生活铸就文明社会

成渝地区从消费端入手，鼓励绿色生活模式，积极推广绿色生活理念，积极把绿色低碳理念融入人民的日常生活之中，减少过程损耗，在发展过程中为生态环境减负。本报告以四川省绵阳市推进文明健康绿色环保生活方式为典型案例。

1. 案例背景

绵阳市是成渝地区双城经济圈的中心城市之一，是全国文明城市、国家卫生城市、国家森林城市、国家园林城市、国家环保模范城市、全国科技进步先进市、国家知识产权示范城市、全国创业先进城市。2021年2月，中央文明办印发《关于持续深化精神文明教育大力倡导文明健康绿色环保生活方式的通知》，四川省绵阳市及时部署，按照中央文明办的通知，积极推动各地各部门大力倡导文明健康绿色环保生活方式，让绿色生活方式融入绵阳市民生活。

2.具体做法

一是大力推广绿色环保理念，倡导绿色低碳、自然环保的生活方式。首先，绵阳市各部门积极推广环保理念，致力于将绵阳市民的生活理念绿色化，从而引导全市人民增强健康理念。在环保理念宣传方面，绵阳市各小区为了让居民逐渐适应垃圾分类投放模式，推出了"垃圾分类积分制度"，绵阳市民可以通过垃圾分类换取积分进而换取相应物资。这在很大程度上提高了居民参与小区垃圾分类工作的积极性，有利于强化公民的环境保护意识。其次，绵阳市在《绵阳日报》上持续发布污染防治攻坚战战报、环境质量状况及污染防治月报，召开生态环境新闻发布会、通气会，制作生态环境警示片。在此基础上，绵阳市相关宣传部门持续刊发生态环境类信息，在微信公众号、微博上发布各类文明健康生活相关信息。先后举办全市2019年世界环境日主题活动、"守护绵阳蓝·我们在行动"活动、首届"十佳环保企业""十佳环保卫士""十佳环保人物"评选等活动。通过多项举措，大力推动绵阳市民形成绿色生活方式。

二是大力促进消费行为绿色化，倡导文明消费、绿色消费。在餐桌消费方面，绵阳市通过开展文明餐桌倡导行动，倡导公筷公勺、深化光盘行动、反对奢侈浪费和不合理消费。在交通出行方面，绵阳市积极开展"低碳生活、绿色出行"文明倡导活动，在城区范围内推出"一票制、电动化、移动支付"的绿色公交出行模式，实现移动支付方式全覆盖，让市民绿色出行更安全更便捷，鼓励市民使用公共交通等绿色出行方式。通过一系列的绿色消费理念推广，将可持续的消费意识融入居民消费行为之中。

3.主要成效

一是绵阳市生态文明建设成果显著。绵阳市继续巩固生态创建成果，加强宣传推广和示范带动，扩大生态文明示范创建影响力。在推进生活污水和垃圾处理设施建设，发展生态产业，推广资源无害化处置和循环利用、制度创新、机制完善等重要环节持续加大工作力度。此外，绵阳市进一步推动生态创建提标升级，完成国家生态文明建设示范县基本情况摸底工作。并进一步促进北川羌族自治县创建成为国家生态文明建设示范县，游仙区、平武县、盐亭县完成生态文明建设规划编制并组织实施。

二是绵阳市空气质量稳中向好。在空气质量方面，2019年绵阳市城区环境空气质量综合指数达3.85，改善程度居全国168个重点城市第19位。在空气质量优良天数方面，绵阳市空气优良天数达到了325天，优良天数率为89.04%，同比增加5.4个百分点，居全省第10位，同比上升了5位，改善程度居全省第二位，优良天数率自"十三五"以来首次超额完成目标任务。在$PM_{2.5}$的浓度方面，绵阳市$PM_{2.5}$的平均浓度为37.6微克/米^3，同比下降6.5%，居全省第13位，同比上升2个位次，改善程度居全省第五位①。整体来看，2019年绵阳市城区环境的空气质量相比于2018年，已经得到了初步的改善，空气质量整体优良。

三是绵阳市城区环境、道路交通环境整体向好。在声环境质量方面，2019年，绵阳市城区声环境质量监测结果显示，除4a类交通干线两侧夜间声环境质量超标以外，其他住宅行政办公区、商业混杂区、工业集中区、主要交通干线两侧等各类功能区的昼间、夜间声环境质量均能达到相应标准要求。在区域环境噪声方面，2019年绵阳市城区区域噪声监测点位数据显示，全年昼间平均等效声级为56.6分贝，质量状况等级为三级（一般），与2018年相比，下降0.3分贝，质量状况等级保持不变。在道路交通噪音方面，2019年，绵阳市城区道路交通噪声监测点数据显示，全年道路交通噪声昼间平均等效声级为69.7分贝，质量状况等级为二级（较好），与2018年相比，下降0.6分贝，质量状况等级上升一级。②由此可见，绵阳市城区环境和道路交通环境都得到了一定程度的改善。

4. 经验启示

绵阳市围绕文明健康绿色环保生活方式，做了两方面的工作。一方面，推动各地各部门大力倡导文明健康绿色环保生活方式，让绿色生活方式融入绵阳市民生活；另一方面，抓好中央和省生态环保督察及"回头看"反馈问题整改

---

① 《绵阳年鉴2020》，http://www.my.gov.cn。
② 《绵阳年鉴2020》，http：//www.my.gov.cn。

落实，整治各类生态环境突出问题。双管齐下，在居民生活中融入绿色理念，在生态环境整治中切实解决问题，共同推进文明健康绿色环保生活模式。

（四）绿色交易模式：指标交易转化生态价值

为了推动城乡融合，强化生态产品价值，筑牢长江上游重要生态屏障，成渝地区摸索绿色交易模式，尝试推进地票交易、林票交易等绿色生态交易模式，加强要素流动，优化资源配置，提高生态产品附加值。本报告以重庆市森林覆盖率指标交易模式为典型案例。

1. 案例背景

2018年，重庆市推出了《国土绿化提升行动实施方案（2018~2020年）》，提出要在2022年将全市的森林覆盖率从45%提高到55%左右，完成造林1700万亩。为了促进重庆市各区县完成森林覆盖率指标，重庆市将该约束性指标进行分解，对各个区县统一考核。同时，重庆市印发了《重庆市实施横向生态补偿，提高森林覆盖率工作方案（试行）》，该方案允许完成森林覆盖率目标困难的地区，向超额完成目标的区县购买森林面积指标，从而形成了重庆市生态保护与经济发展之间的协调发展。

2. 具体做法

一是明确各区县森林覆盖率指标任务。首先，重庆市为促进各地区协调完成森林覆盖率的约束性指标，制定了统一考核机制，明确个区县政府的主体责任。其次，重庆市考虑到各个区县在自然条件、生态环境、发展定位等方面的差异性，根据到2022年底的森林覆盖率目标将全市38个区县划分为产粮大县或菜油主产区、既是产粮大县又是菜油生产区以及其余区县等三大类，分别对其要求达成50%、45%和55%的森林覆盖率目标。通过森林覆盖率指标任务的分解，重庆市明确了各区县的主体责任。

二是构建了各区县森林覆盖率指标交易平台，以自愿交易为基础，通过横向生态补偿机制进行区县间森林覆盖率的指标调节。具体来讲，该方案允许超额完成森林覆盖率目标任务的区县用自身超额部分与完成目标任务困难的区县进行交易，从而超额完成森林覆盖率目标任务的区县可以获得经济补偿，完成森林覆盖率目标任务有困难的区县则可以通过购买指标完成该任务。

三是重庆市政府总体统筹、定期监测，强化各区县森林覆盖率指标的考核。市林业局牵头建立追踪检测、年度考核、检验查收等制度规范，用于督促交易区县双方履行森林覆盖率指标购买的协议，并对森林覆盖率未达标的区县追责。

3. 主要成效

一是建成生态产品的直接交易机制。重庆市政府设置了森林覆盖率约束性指标，并通过构建各区县森林覆盖率指标交易平台，将森林覆盖率目标任务超额完成区县和森林覆盖率目标任务完成困难区县的交易需求对接起来，建立了完整的森林覆盖率交易市场，明晰了交易双方的权责边界。在此基础上，重庆市林业局为交易过程提供技术支持、指导考核和检测监督，确保森林覆盖率直接交易平台的顺利运行，促进了生态产品保护和经济发展的双向循环。

二是推进了生态产品价值实现的进程。各区县基于森林覆盖率交易平台进行森林覆盖率指标交易。仅2019年，就有3个以上的区县通过该平台实现森林覆盖率交易，完成了超过10万亩的森林面积指标交易，交易金额超过2.5亿元。并且，森林覆盖率的交易金额中有一定比例被专项用于森林资源保护发展工作。后续也有多个区县开启了森林面积指标购买的协商环节，大力促进了生态保护成本共担、生态保护效益共享的绿色发展局面。

4. 经验启示

重庆市森林覆盖率指标交易模式可以有效促进重庆市内各个区县进行森林覆盖率任务的自主调节。该模式构建了重庆市生态保护的长效机制，打通了绿水青山向金山银山的转化通道，实现了生态保护成本共担、生态保护效益共享的新局面。因此，森林覆盖率指标交易即可以让保护生态的地区得到经济补偿，又可以探索出各区县协调实现生态产品价格的绿色机制，推动了重庆市内生态环境保护与经济社会发展的良性循环，构建出生态优先、绿色发展的新格局、新局面、新机制。

四 成渝地区双城经济圈绿色发展对策研究

成渝地区双城经济圈未来需要在转变思想的基础上，有针对性地"练好内功"，增强自身发展能力，从而推进成渝地区双城经济圈绿色发展。

（一）转变思想，做好全方位转型绿色发展的战略部署

成渝地区双城经济圈各地方政府应全方位转变发展思想，深刻理解绿色发展是构建高质量现代化经济体系的必然要求、解决环境污染的根本之策和保证社会可持续发展的必由之路。

首先，要加强地方政府对绿色发展理念的学习，深刻认识地方政府在贯彻绿色发展理念中的主导定位。应厘清绿色发展理念下地方政府职责的基本内涵，坚持人与自然和谐共生，在充分考虑生态环境容量和资源承载力的基础上，扮演好"有为政府"的角色，积极承担相应的职责和义务，使经济发展和环境保护相协调。按照职责法定、权责统一、政府主导、多元参与的原则，深刻理解地方政府在绿色发展责任体系构成中，在产业绿色发展、生态保护修复、环境综合治理、生活方式绿色转型等方面的责任。

（二）全方位完善绿色创新体系，为产业升级注入动力

首先，加大高端人才落户的政策优惠力度，积极吸纳海内外高端人才落户成渝地区双城经济圈；通过解决高学历毕业生和高技能人才落户、住房补贴、子女教育等问题促进人才集聚，破解双城经济圈绿色发展人才失衡问题。

其次，加强双城经济圈内企业与高等学校的合作。产学研高效协同绿色创新体系的构建与完善是产业向绿色发展转型的重要动力。完善创新科研人才培养机制，搭建高等学校与企业的合作平台，强化高校理论应用能力，同时拓宽企业吸纳高水平优秀应届生的路径，确保企业在绿色发展转型中保持活力。

最后，鼓励双城经济圈内企业与研究所、科研实验室建立长效合作机制。政府扮演好"中间人"角色，通过构建技术合作开发平台，促进企业与研究所、实验室合作效率提升，使企业在绿色发展转型中具有科技支撑，同时也可以使研究机构的创新能力得到更好发展。

（三）推进绿色发展模式创新，将经验做法上升为制度

1.加强顶层设计，做好绿色城市定位

绿色城市定位作为"全过程绿色发展"模式的火车头，在成渝地区双城经济圈绿色发展转型中处于首要地位。四川天府新区公园城市建设将绿色生态引入城市体系之中，为成渝地区双城经济圈探索绿色发展转型做出了重要贡献。下一步成渝地区双城经济圈应科学规划、因地制宜，从公园城市建设中吸取各种经验启示，将绿色城市定位推广至整个成渝地区双城经济圈，根据各地自然资源特点和要素禀赋优势，做好顶层设计，科学合理地进行城市定位，制定差异化发展规划，推动全过程绿色发展。

2.增大支持力度，推动绿色生产转型

政府应把生态责任意识的强弱和生态责任履行的好坏，作为衡量企业经营优劣的一项重要标准；要汇集不同类型企业绿色转型的经验，总结不同类型企业参与绿色生产转型的实施方案和路径，并将其制度化，引导企业通过技术进步等措施把节能减排工作落到实处。绿色发展是一项系统工程，需要政府、企业、社会组织等协同合作；也需要相关部门进一步制定和完善支持企业参与绿色生产转型的各种政策、法规，并给予企业适度补贴，以提高企业参与生态文明建设的积极性、主动性；还需要政府依照法律法规评估并监督企业绿色转型成效，真正做到执法必严、违法必究。

3.增强宣传实效，引导绿色生活转变

首先要提倡绿色消费，即用节俭型消费取代奢侈型消费，用低碳消费取代一次性的污染消费，反对西方所倡导的"消费主义""享乐主义"。在绿

色发展逐渐成为时代潮流的背景下，人们的消费应该把质放在首位，同时守住生态平衡这个底线。倡导绿色消费是一个系统工程，不仅需要政府积极地构建起绿色消费的机制，同时也需要社会各个组织与个人的积极参与，加大宣传力度，不断提倡居民生活方式向以适度为原则、以克己为前提的绿色生活转变。

其次要提倡和丰富人们的精神文化生活，以精神文化的力量引导和推动绿色生活方式的形成。精神文化生活要从崇高的精神境界和道德素质中汲取营养，并成为构建绿色生活方式的重要保障，甚至是根本保障。因此，政府需要将丰富居民的精神文化生活作为一项重要着力点，制定相关措施来推动绿色生活方式的转变。

4. 加大资金投入，完善绿色交易制度

绿色交易制度是打通绿水青山向金山银山转换之路的重要保障，在已有成就的基础上，成渝地区双城经济圈应继续加大资金投入，将绿色交易模式试点进一步扩大化，一方面打通绿色交易制度与绿色发展其他环节的连接通道，促使绿色交易模式与"全过程绿色发展"中其他模式相互协调；另一方面适度放权，鼓励各地区发挥各自首创优势，根据实际情况摸索差异化绿色交易模式，促使绿色交易模式标准化、制度化，从而推动成渝地区双城经济圈实现生态环境保护与经济社会发展的良性循环，构建出生态优先、绿色发展的新格局、新局面、新机制。

（四）着手区域治理权责问题，设立绿色政绩考核体系

1. 明晰区域治理权责，推动跨地区产业协作

成渝地区双城经济圈应通过进一步明晰区域治理权责，完善区域经济联动发展的机制来推动跨区域产业协作。首先，有必要建立跨行政区域的合作机构与高效的城际沟通协调机制，实现跨区域的管理协调和产业协作。同时以常态化的省级党政联席会议机制为抓手，协调推进双城经济圈产业发展领域的重点任务、重大改革及重大项目等落到实处。其次，应建立健全双城经济圈内不同城市之间的合作共建机制，界定合作共建机制下的地区权责，完善跨地域交通、环境、资源、公共服务等合作建设机制，破除条块分割，形成互通有无的全方位产业合作格局。再次，应充分利用市场力量促进产业协作共赢，在做好政府引导与政策支持工作的基础上，逐步形成市场主导模式，达到资源的最优化配置。最后，要积极消除制约要素自由流动的各种因素，构建要素自由流动的统一市场，为产业协作共赢发展提供有力的要素支撑。着力消除产品市场的行政壁垒，制度化放开本地市场，促进商品在成渝地区充分竞争，以此来倒逼微观主体转型升级。

2. 设立科学合理的绿色政绩考核体系

2013年9月，习近平总书记在参加河北省委常委班子专题民主生活会时曾指出，"要给你们去掉紧箍咒，生产总值即便滑到第七、第八位了，但在绿色发展方面搞上去了，在治理大气污染、解决雾霾方面做出贡献了，那就可以挂红花、当英雄"。成渝地区双城经济圈高层应当加强磋商，合作建立科学合理的绿色政绩考核体系，保障绿色发展和协同发展在政绩考核体系中占有相当大的比重，把推动双城经济圈绿色发展理念的责任落实情况作为干部政绩考核评价的重要内容，也作为干部提拔任免的重要依据，形成正反馈机制，以此来提升地方政府的绿色责任意识。

参考文献

杜立钊、徐强：《绿色发展与西部地区产业转型研究》，四川大学出版社，2019年第7期。

何娟：《社会主义生态文明视域下的绿色生活方式》，《哈尔滨工业大学学报》（社会科学版）2019年第4期。

李标、李溪铭、张航：《成渝地区双城经济圈产业发展特征、困境与提质路径》，《中国西部》2021年第5期。

《四川绿色发展报告》编委会：《四川绿色发展报告（2018年）》，西南财经大学出版社，2019年第11期。

四川天府新区党工委管委会：《天府新区公园城市规划建设白皮书》，2021年2月。

阎喜凤：《绿色发展理念下地方政府的生态责任》,《行政论坛》2020年第5期。

杨继瑞：《成渝经济区全域绿色发展模式研究及政策设计》,经济科学出版社,2015。

张三元：《绿色发展与绿色生活方式的构建》,《山东社会科学》2018年第3期。

B.5 成渝地区双城经济圈开放发展报告

冉 敏*

摘 要： 在《成渝地区双城经济圈规划纲要中》，中央和国务院明确指出成渝地区双城经济圈要联手打造内陆改革开放高地。围绕这一历史任务，本报告首先对新格局下开放能力进行了概念界定，认为新格局下的开放能力指的是一个区域以国内大循环为主体，通过吸纳全球优质资源，推动国内国际双循环相互促进，发展开放经济参与国际竞争的能力。接着本报告建构了新格局下的区域开放发展评价指标体系，并运用此指标体系，对双城经济圈极核城市（即成都和重庆）与国内其他8个城市进行了对比分析。最后，本报告对双城经济圈开放发展现状进行了剖析，并提出了进一步提升开放发展水平的建议，即统筹构建开放通道，夯实内陆地区开放优势；高质量推进开放平台建设，发展高质量开放经济；提升国际交往合作能力，拓展开放发展新领域；提升区域协同开放能力，厚植内循环战略腹地。

关键词： 新格局 开放发展 成渝地区双城经济圈

---

* 冉敏，博士，四川省社会科学院区域经济所助理研究员，主要研究方向为产业经济学。

一 新格局下开放经济发展内涵

1. 开放经济的内涵

开放经济是相对于封闭经济而言的,指的是一国经济与国外经济之间有着密切的关系。其通常有三个层次:①产品市场开放,即允许货物或服务的进出口;②资本市场开放,即允许国际资本在境内的自由流动;③要素市场开放,通常重点指劳动力自由跨境流动。

2. 新发展格局的内涵

面对百年未有之大变局,党中央和国务院确定了我国经济发展的新格局,即通过畅通国内的生产、分配、需求以及它们之间的循环,将国内需求作为建构国际产业链、技术链和资金链的手段,让"世界市场"与"世界工厂"之间相互促进,推动我国高质量发展、高水平开放。构建新发展格局的关键因素包括:①以科技自立自强作为衔接国内国际循环的关键;②扩大内需,推动国内大循环,建构世界市场,融入全球产业链;③打通堵点,畅通经济大循环。

3. 新格局下开放经济发展内涵

2020年5月,党中央提出"逐步形成以国内大循环为主体、国内国际双循环相互促进的新发展格局,培育新形势下我国参与国际合作和竞争新优势"。这意味着,我国开放经济进入新格局,开放内涵进一步扩展,即"通过发挥内需潜力,使国内市场和国际市场更好联通,更好利用国内国际两个市场、两种资源,实现更加强劲可持续的发展"和"坚持深化改革,扩大开放,加强科技领域开放合作,推动建设开放型世界经济,推动构建人类命运共同体"。

因此,新格局下的开放经济指的是一个城市以国内大循环为主体,通过吸纳全球优质资源,推动国内国际双循环相互促进,发展开放经济参与国际竞争的经济形态。

二 成渝地区双城经济圈开放经济发展概述

近年来,成渝地区双城经济圈①抓住经济全球化趋势,全面融入"一带一路"、长江经济带等国家开放战略,通过推进开放通道建设、完善开放体系、培育市场主体、优化营商环境,夯实了建设内陆开放高地的基础,带动西部开放的能力日益增强,为我国高水平开放和高质量发展做出了应有的贡献。

1. 开放经济向好发展

面对中美贸易冲突和新冠肺炎疫情的肆虐,全球化进程遭遇障碍。但成渝地区双城经济圈的开放经济逆势上扬,外贸规模日益扩大,外贸结构更加优化,跨境电商综合试验区、服务贸易创新发展区、进出口示范基地等一批试验区落地,外贸高质量发展态势日益明显。2021年,成渝地区双城经济圈利用外资规模位居中西部前列,其中,世界500强企业中落地成渝两市均达到了312家。2020年,双城经济圈开放型经济提质增量,货物进出口总额达到14530亿元,创历史新高;外资吸引力也稳中向好,实际利用外资198.84亿美元。据《中国海关》杂志对全国297座城市的外贸竞争力分析,双城经济圈有3座城市进入了外贸百强城市榜单(见表1)。

表1 成渝地区双城经济圈城市在2020年全国外贸百强城市中的排名

单位:分

排名	城市	综合得分
12	重庆	73.80
14	成都	73.37
86	资阳	69.61

2. 开放通道体系基本形成

近年来,双城经济圈将开放通道建设作为重中之重,南拓北展,东西联

---

① 为了行文方便和数据的可获得性,本文将"成渝地区双城经济圈"简称为双城经济圈,且市州数据采用行政区总数据。

动,基本形成了立体化的开放通道体系。国际航空枢纽优势明显增强,国际航空线网密度增加。2020年,成都开通的国际及地区航线达到130条,重庆达到101条,均位居全国前列。成都国际铁路港打造泛欧泛亚开放枢纽,将双城经济圈变成了开放前沿,成渝两市双双成为中欧班列全国5个集结中心之一,中欧班列(成渝)号总运输41.86万箱①,开行数量占到了全国开行总量的40%以上,成为行业"领头羊"。从信息通道来看,重庆首先建成了针对单一国家、点对点的国际互联网数据专用通道。2021年6月28日,从成都天府新区出发,目的地为匈牙利首都布达佩斯的集装箱卡车正式启动,标志着双城经济圈跨境公路货物运输模式正式启动。而重庆跨境公路班车从2016年开始,累积发车7400余车次,成为重要的外贸出口新通道。总的来说,双城经济圈统筹东西南北四个方向,初步形成了"铁公水空"综合运输大网络。

3. 开放平台体系日益完善

高能级开放平台日益增多。截至2020年,双城经济圈拥有2个一类口岸、12个综合保税区、6个保税物流中心(B型)、19个国家级新区(园区)。综合保税区发展质效显著,2019年和2020年,成都高新综合保税区在全国121个参加评估的综合保税区中绩效排名连续两年位列第一;在全国134个参加评估的海关特殊监管区中排名第二,仅次于上海外高桥保税区。会展平台也日益成为开放发展的重要推动力之一,根据《中国展览指数报告2020》,2020年成都、重庆均位列中国城市展览10强名单。双城经济圈开放平台发展机制日益健全,平台能级不断提升,布局日益合理,成为内陆开放主战场。

4. 开放环境全面优化

随着"放管服"改革的深化、营商环境日益优化,双城经济圈贸易投资自由化便利化水平不断提升,整体营商环境位于中西部前列。《2020年中

---

① 重庆市统计局:《2021年重庆市国民经济和社会发展统计公报》,http://district.ce.cn/newarea/roll/202203/18/t20220318_ 37415704.shtml。

国大中城市营商环境评价报告》显示,重庆、成都均位列前十。这表明双城经济圈营商环境的改善,激发了市场活力和社会创造力,为高质量发展夯实了基础,推动了市场的法治化、国际化和便利化。

5.国际交流合作全面深化

双城经济圈对外交往的"朋友圈"不断扩大,国际友好城市和友好合作关系城市数量不断增长,截至2021年底,国际友好城市和友好合作关系城市达到400余个,驻蓉领事馆达21个,驻渝领事馆达12个。欧洲成都中心、欧洲重庆中心相继运行,成为双城经济圈对欧开放的新窗口。成都国际可持续发展论坛、中欧绿色智慧城市峰会等一大批国际性重大会议活动在双城经济圈成功召开并永久落户。随着重庆国际马拉松、成都大运会等赛事活动的举办,以及科技、人文、教育、医疗等多领域国际交流合作活动的全面推进,双城经济圈的国际影响力和交往合作能力不断增强,奠定了在中西部乃至全国的国际交往中心地位。

三 极核城市开放发展评估[①]

成都和重庆两市作为双城经济圈的极核城市,其开放发展水平决定着双城经济圈的开放发展高度和潜力,因而客观评价成都、重庆这两极核城市的开放发展水平,并在此基础上发现开放发展过程中存在的问题和不足,并根据问题和不足进行改进,对双城经济圈整体的开放发展具有至关重要的作用。

(一)新格局下开放发展评价的指标结构与体系

为深入剖析双城经济圈全面开放的现状以及存在的问题,以便为后续的开放发展政策提供参考和建议,本研究拟构建新格局下开放发展指标体系并进行评估分析。

在新格局下,双城经济圈极核城市的对外开放意味着既需要进行全球资

---

① 鉴于数据的完整性、科学性和可获得性,本部分的定量研究仅采用成都市和重庆市的数据。

源配置，参与国际竞争与合作，融入全球运营体系；又需要对内拓展市场，畅通内循环体系，引领和带动区域协同发展。成都和重庆作为多重战略叠加的内陆城市，拥有独特的城市竞争优势：从全球尺度来看，成都和重庆是世界城市体系中的重要节点，都是所在区域经济与世界经济体系之间的门户枢纽；从国家尺度来看，成都和重庆是国家中心城市，是"一带一路"和长江经济带沿线的重要节点城市；从区域尺度来看，成都和重庆是成渝地区双城经济圈的双核，承担着建设内陆开放经济高地的重任；从本地尺度来看，成都和重庆均在打造都市圈。因此，在新格局下，对于极核城市开放发展的测量与评价，必须坚持多尺度综合性分析。

1. 指标结构

本研究认为新格局下的开放发展必须与党和国家赋予成都、重庆作为双城经济圈极核城市的历史任务相结合，即联手打造内陆改革开放高地。这一历史任务意味着成都、重庆一方面要提升自身开放发展水平，另一方面要协同带动区域内其他城市的开放发展。城市空间理论认为，一个城市的竞争能力一方面体现为其空间生产能力，另一方面体现为其空间分配能力。因此，衡量城市的开放发展一方面体现了其自身开放空间生产水平，另一方面则体现其开放空间分配水平。由此，本报告构建了新格局下城市开放发展的指标体系模型（见图1），其涵盖了开放经济发展、门户枢纽建构、资源集聚运筹、国际交往合作、区域协同影响、开放创新策源六个维度。

2. 指标体系

根据对新格局下开放发展内涵的界定，遵循全面性、科学性、数据可获得性和实践性的原则，本报告构建了6大维度32个指标的城市开放发展指数评价体系（见表3）。

（1）开放经济发展。开放经济发展维度衡量了一个城市融入全球供应链体系、参与国际竞争的能力，是开放发展最为关键的能力，其涵盖了发展进出口贸易、引进外资、吸引国际游客和参与国际工程投资等方面的能力。在这一维度下，设有外贸竞争力、外资竞争力、国际旅游竞争力和"走出去"能力等4个二级指标和8个三级指标。

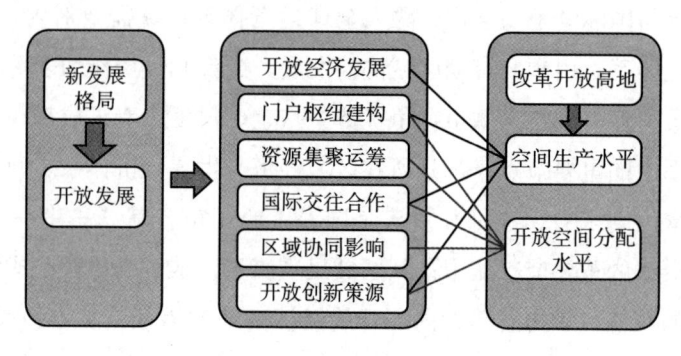

图1　新格局下城市开放发展评价的指标模型

（2）门户枢纽建构。门户枢纽建构维度衡量了一个城市在构建国际开放通道、开放平台和链接世界城市体系中其他城市的能力。在这一维度下，设有开放通道建构力、开放平台建构力和世界城市体系能级3个二级指标和6个三级指标。

（3）资源集聚运筹。资源集聚运筹维度衡量了一个城市集聚全球优质资源和优化配置资源的能力。其涵盖了人才集聚力、企业主体集聚力和金融集聚力3个二级指标和6个三级指标。

（4）国际交往合作。国际交往合作维度衡量了一个城市与世界其他城市之间进行交往合作的能力，其体现了城市的外交能力和国际影响能力，是城市软实力的重要体现。这一维度涵盖了国际影响力、外事能力和国际展会举办力3个二级指标和5个三级指标。

（5）区域协同影响。区域协同影响维度衡量了一个城市在辐射和引领区域内其他城市发展开放经济，参与国际市场竞争的能力。其涵盖了产业链建构力、区域影响力和都市圈发展力3个二级指标和3个三级指标。

（6）开放创新策源。开放创新策源维度衡量了一个城市开放发展潜力，其包括了制度策源力和技术策源力。制度策源力体现了城市在国际经贸规则和行业标准建构方面的能力，而技术策源力则体现了一个城市在国际创新链中的源头创新和引领创新扩散的能力。其涵盖了制度创新力和技术策源力2个二级指标和4个三级指标。

表 2　新发展格局下城市开放发展评价指标体系

一级指标	二级指标	指标衡量
开放经济发展	外贸竞争力	外贸进出口总额
		外贸竞争指数
	外资竞争力	实际利用外资总额
		外资利用效率
	国际旅游竞争力	旅游外汇收入
		入境旅游人数
	"走出去"能力	中方协议投资额
		对外承包工程合同额
门户枢纽建构	开放通道建构力	数据通道能力
		航空通道能力(含机场旅客吞吐量、货物吞吐量和国际航线数)
		开行国际班列数量
	开放平台建构力	海关特殊监管区数量(含综保区、保税港、出口加工区等)
		国家级园区数量(含自贸区、高新技术开发区、国家级开发区等)
	世界城市体系能级	采用拉夫堡大学 GAWC 发布的《世界城市排行榜》(2020 年)
资源集聚运筹	人才集聚力	人才吸引力(结合中国城市活力研究报告数据和七普常住人口数据)
		全球人才竞争力指数
	企业主体集聚力	世界 500 强企业落户数
		本土培育的世界或中国 500 强企业数
	金融集聚力	全球金融中心综合竞争力
		金融发展深度
国际交往合作	国际影响力	城市海外影响力
		城市海外传播影响力
	外事能力	领事机构数量
		友好城市数量
	国际展会举办力	会展发展指数
区域协同影响	产业链建构力	基于城市流强度的经济辐射力
	区域影响力	基于百度指数的城市影响力
	都市圈发展力	中国中心城市 & 都市圈发展潜力指数

续表

一级指标	二级指标	指标衡量
开放创新策源	制度创新力	营商环境指数
		自贸区制度创新指数
	技术策源力	万人发明专利授权数
		输出技术成交额

（二）双城经济圈极核城市开放发展评价

本报告以国内开放经济相对发达的 10 个城市为评价对象①，通过前文构建的开放发展评价指数展现成都、重庆与国内其他 8 市开放发展的总体态势与变化特征。并在此基础上，进一步比较分析开放发展评价指数的 6 个主要维度的得分情况，即开放经济发展、门户枢纽建构、资源集聚运筹、开放创新策源、国际交往合作和区域协同影响六个方面，从而找出双城经济圈极核城市与其他 8 市在开放发展方面存在的差距与优势。

开放发展指数衡量了一个城市在全球配置资源、融入全球运营体系、发展开放型经济和与世界其他城市交往的能力。如图 2 所示，成都的开放发展指数得分为 76.76，排在第四位；重庆的开放发展指数得分为 68.21，排在了第九位，其分别与排名第一的上海市相差了 18.49 分和 27.04 分。这表明，成都和重庆近年来在开放发展方面取得了进步，但与以上海为代表的一线开放发达城市之间还存在差距。

1. 开放经济发展指数得分与特征

开放经济发展指数衡量了一个城市在国际贸易、吸引国际资本、吸引国际旅客以及对外合作与投资方面的能力。开放经济发展指数既是一个城市可持续开放发展的基础，也是一个城市参与国际竞争和融入全球体系的关键与

---

① 10 个城市即上海、深圳、广州、杭州、天津、武汉、郑州、重庆、西安和成都。数据来源于政府公开数据和相关研究机构公开报告。本报告力求采用可获得的最新数据，主要采用 2020 年度数据，部分采用 2019 年度和 2018 年度数据，所有城市数据统计口径是一致的。

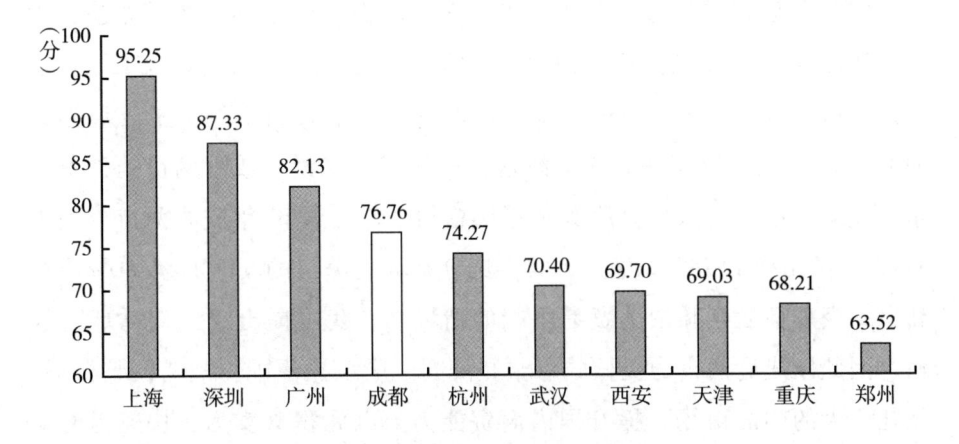

图 2　10 城市开放发展指数得分比较

上海 95.25　深圳 87.33　广州 82.13　成都 76.76　杭州 74.27　武汉 70.40　西安 69.70　天津 69.03　重庆 68.21　郑州 63.52

核心。开放经济发展指标由外贸竞争力、外资竞争力、国际旅游竞争力和"走出去"能力四个要素构成。

如图 3 所示，成都市的开放经济发展指数得分为 73.15，排在了 10 强城市的第三位；重庆开放经济发展指数得分为 72.27，排在了 10 强城市的第五位，分别与排名第一的上海市相差了 19.49 分和 20.37 分。这表明成渝近年来在建设西部开放经济高地方面，取得了较为显著的成绩。

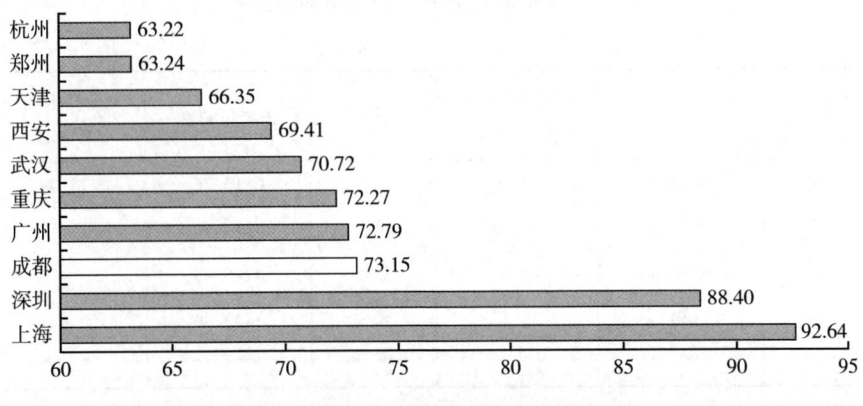

杭州 63.22
郑州 63.24
天津 66.35
西安 69.41
武汉 70.72
重庆 72.27
广州 72.79
成都 73.15
深圳 88.40
上海 92.64

图 3　10 城市开放经济发展指数得分比较

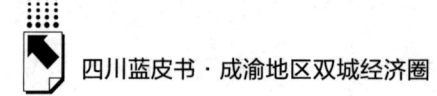

(1) 外贸优势显著，以此为依托进一步提高内循环优势。如表3所示，2020年成都市的进出口总额为7154.20亿元，重庆则为6513.36亿元，其占比分别约为上海的20.54%和18.70%，而排名第一的上海则为34828.47亿元。这表明相对上海这类一线城市来说，成渝两市的外贸竞争力较弱。但是，从社会消费品零售总额来看，2020年成渝两市分别为8118.5亿元和11787.2亿元，其占比分别为上海市的55.4%和80%。在新冠肺炎疫情后期和中美贸易争端的情境下，我国提出了"双循环"战略，因此以成渝两市为极核的双城经济圈，应该抓住国内战略调整机遇，依托广大的国内市场，提升国内商贸能力，以此积蓄实力，快速提升对外贸易能力。

(2) 投资吸引力疲弱，优化投资结构成为重点。近年来，随着成渝两市营商环境的日益优化，双城经济圈日益成为跨国公司投资的热土。但是，相对于上海等城市而言，成渝引进外资的能力还比较弱（见表4），因此需要进一步优化投资结构，尤其是需要弥补产业链的薄弱环节和对进一步吸引优质资金进入双城经济圈具有显著优势的环节，"补链"和"强链"战略同步进行。

表3 2020年10城市外贸竞争指标比较

单位：亿元，%

城市	进出口总额	高新技术产品出口占比	城市	进出口总额	高新技术产品出口占比
上海	34828.47	42.10	重庆	6513.36	75.09
深圳	30502.53	49.68	杭州	5934.40	17.57
广州	9530.06	14.37	郑州	4946.40	—
天津	7340.66	28.4	西安	3473.80	—
成都	7154.20	82.4	武汉	2704.30	54.32

资料来源：各市相关年份国民经济和社会发展统计公报。如无特殊说明，本文资料来源都如此，不再赘述。

表4 2020年10城市实际利用外资额对比

单位：亿美元

序号	城市	实际利用外资	序号	城市	实际利用外资
1	上海	202.33	6	广州	71.43
2	武汉	123.09	7	西安	70.57
3	重庆	103.1	8	杭州	69.4
4	深圳	78.09	9	天津	46.2
5	成都	77.95	10	郑州	44.1

（3）"走出去"步伐加快，但尚未形成具有优势的竞争力。近年来成渝两市"走出去"步伐加快，如表5所示，2019年成都市对外承包工程营业额为61.43亿美元，仅次于深圳和上海。但成都在对外直接投资方面的进展则较为缓慢，2019年，对外投资金额中的中方协议投资额仅为2.99亿美元，不到上海和深圳两市的零头。重庆对外承包工程实力相对更为弱小。这表明成渝两市具有国际竞争力的大型企业主体较少，本土企业全球配置资源的意识和能力还较弱。

表5 2019年6市"走出去"竞争力比较

单位：亿美元

城市	"走出去"竞争力	
	对外承包工程营业额	中方协议投资额
上海	125.44	139.94
广州	18.20	4.51
深圳	141.12	94.40
武汉	43.93	4.90
重庆	6.69	11.10
成都	61.43	2.99

注：因为数据可获得性关系，本报告只采用了2019年6市的数据进行比较。

2.门户枢纽建构指数得分与特征

门户枢纽建构指数衡量了一个城市构建国际开放通道、开放平台和链接世界城市体系中其他城市的能力。其包括了开放通道建构力、开放平台建构力和世界城市体系能级3个维度。

如图4所示，成渝两市的门户枢纽建构指数得分分别为80.45分和71.65分，与排名第一的上海市分别相差了16.1分和24.9分。相对而言，成都门户枢纽建构指数得分较高，其在10城市中排在了第三位，超越了深圳、杭州等东部先进城市，这表明近年来成都积极推进国际门户枢纽建设获得了较大的成果。

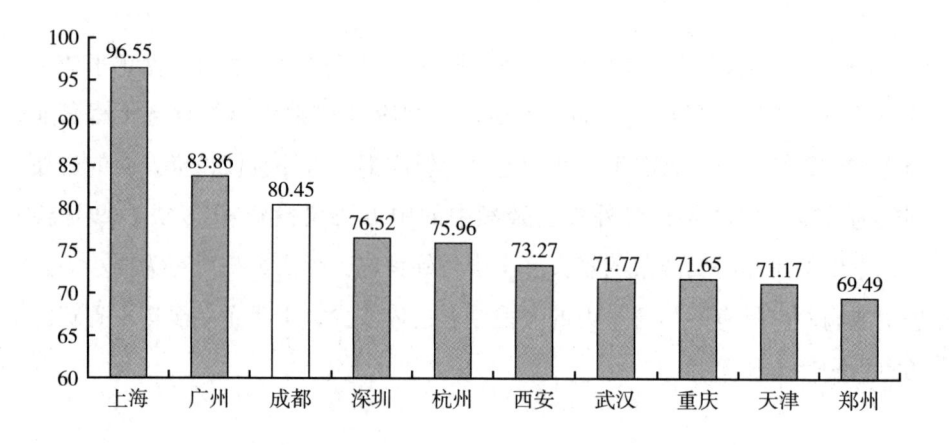

图4 10城市门户枢纽建构指数得分比较

（1）通道优势明显，以此为支撑进一步推动货运能力提升

如表6所示，成都在开放通道建构方面具有非常显著的优势，尤其是2020年新冠肺炎疫情发生以来，国际航空产业遭遇了重大冲击，但成都逆势上扬，双流机场2020年客货运能力排名国内第二，仅次于广州白云机场。随着"一带一路"建设的推进，成都国际班列开行数量也排在了全国第一，城市轨道交通里程排名全国第三，国际数据通道能力也进一步提升。成都应在此基础上，进一步强化枢纽链接能力，尤其是提升航空货运能力和客货中转转运能力，提高国际班列载重率，夯实国际门户枢纽地位。

表6　2020年10城市开放通道建构力比较

序号	城市	通道建构能力	序号	城市	通道建构能力
1	上海	89.65	6	重庆	75.02
2	成都	82.72	7	郑州	74.59
3	广州	77.87	8	天津	73.51
4	深圳	76.98	9	杭州	71.13
5	西安	76.16	10	武汉	70.99

（2）开放平台建构力尚需提升

如表7所示，成渝两市在开放平台建构方面相对欠缺，得分分别为75分和67.50分，分别排在了10个城市中的第六位和第八位，远远落在了东部先进城市之后，甚至与西安相比也具有一定差距。这表明，成渝极核尚未进一步提升高能级平台的搭建、优化和完善能力，尤其是以海关特殊监管区为代表的口岸平台能力，以及各类平台之间的整合能力。

表7　10城市开放平台建构力比较

单位：分

序号	城市	平台建构力	序号	城市	平台建构力
1	上海	100.00	6	成都	75.00
2	广州	82.50	7	武汉	72.50
3	杭州	82.50	8	重庆	67.50
4	西安	80.00	9	郑州	67.50
5	天津	80.00	10	深圳	65.00

3. 资源集聚运筹指数得分与特征

资源集聚运筹指数衡量了一个城市集聚全球优质资源和优化配置资源的能力。如图5所示，成渝两市在资源集聚运筹指数方面的得分分别为76.67分和64.92分，排在了10个城市中第五位和第九位，与排名第一的上海分别相差了23.00分和34.75分。这表明与东部沿海城市相比，作为西部内陆城市代表的成渝两市在引进国际顶级人才、主体和机构方面还有待进一步努力。

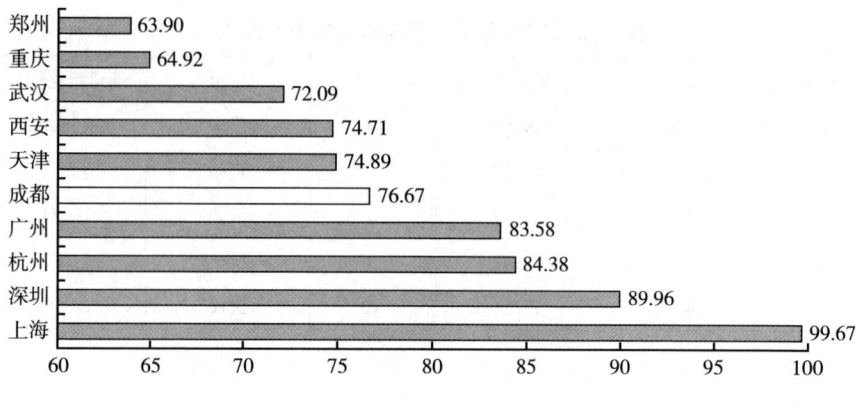

```
郑州    63.90
重庆    64.92
武汉        72.09
西安         74.71
天津         74.89
成都          76.67
广州              83.58
杭州              84.38
深圳                 89.96
上海                     99.67
    60   65   70   75   80   85   90   95   100
```

图5　10城市资源集聚运筹指数比较分析

（1）外籍人才吸引力不足

成渝两市的人才聚集力与东部先进城市之间的差距还比较显著。尽管近年来，成都常住人口增长非常迅速，尤其是对大学生具有非常大的吸引力，成为应届大学生首选就业地的热门城市之一，但成都对外籍人才吸引力还需要加强。根据《2020中国人才指数》，成都外籍人才数量仅为上海市外籍人才数量的5.5%、深圳的23%、广州的29%，外籍人才总量有待提升[1]。来蓉工作的外国人中，外国高端人才（A类）仅占总数的16.7%，与上海（17.7%）、苏州（37.4%）相比尚有差距，这表明重点产业对国外人才的吸引力较弱。

（2）本土优势龙头企业主体数量不够

近年来，成渝两市通过改善营商环境，吸引了一大批世界500强企业入驻，给双城经济圈经济融入世界产业链提供了强大支撑。但是成渝本土龙头企业培育能力不足，只有新希望集团一家进入世界500强；有16家企业进入中国500强企业排行榜，与东部的上海、广州、深圳等城市的差距较为显著。这表明尚需要引进和培育总部扎根双城经济圈的龙头企业，一方面畅通内循环通道，另一方面链接国际产业链。

---

[1] 《2020中国人才指数》，转引自成都市发展和改革委员会、成都市经济发展研究院编《成都融入"一带一路"发展报告2020》，2021。

表8 10城市企业主体集聚力比较分析

单位：家

城市	世界500强企业进驻数量	世界500强本土企业数量	中国500强企业总部数量
上海	491	9	63
广州	305	5	19
深圳	290	8	34
成都	305	1	7
武汉	303	1	6
重庆	296	0	9
天津	249	0	12
西安	239	2	5
郑州	181	0	4
杭州	126	7	40

资料来源：2021年《财富》世界500强排行榜、2021年中国企业500强排行榜。

4. 国际交往合作指数得分与特征

国际交往合作指数衡量了一个城市与世界其他城市之间进行交往合作的能力，其体现了城市的外交能力和国际影响能力，是城市软实力的重要体现。从10个城市国际交往合作指数得分来看（见图6），成渝两市得分分别为79.32分和68.36分，分别排在了10个城市的第三名和第七名。这表明近年来双城经济圈在扩大国际影响、拓展国际朋友圈和举办国际会展业方面具有较大的进步。

5. 区域协同影响指数得分与特征

区域协同影响指数衡量了一个城市辐射和影响其他城市的能力。在我国当前双循环的新格局下，协同其他城市构建产业链，影响其他城市经济增长和带动区域发展都是城市区域协同能力的体现。其包括了产业链建构力、区域影响力和都市圈发展力3个维度。

从10城市区域协同影响指数得分比较来看（见图7），成渝两市得分分别为77.37分和63.85分，分别排在了10个城市的第四名和第七名。成都与排名第5的杭州相差了4.33分，遥遥领先于中西部其他市，这表明成都

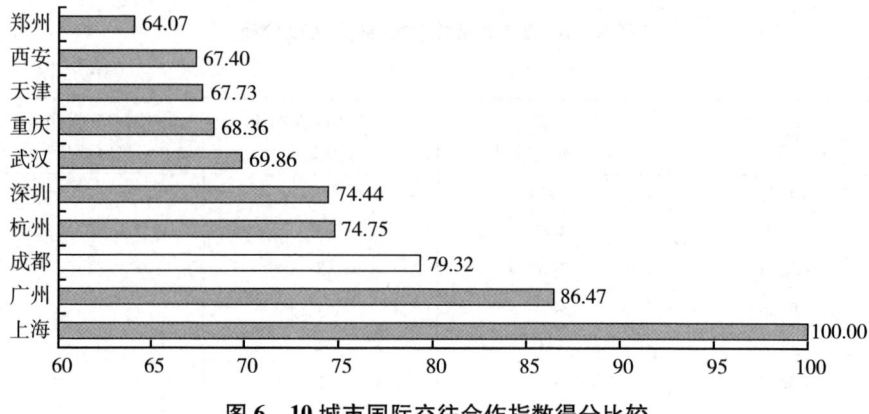

图6 10城市国际交往合作指数得分比较

城市数据（图6）：
- 郑州 64.07
- 西安 67.40
- 天津 67.73
- 重庆 68.36
- 武汉 69.86
- 深圳 74.44
- 杭州 74.75
- 成都 79.32
- 广州 86.47
- 上海 100.00

在区域协同力方面具有非常强的优势。近年来成渝地区各项国家战略叠加，如成渝地区双城经济圈、西部陆海大通道等，进一步提升了成都对周边城市乃至全国其他区域的辐射力和协同力。

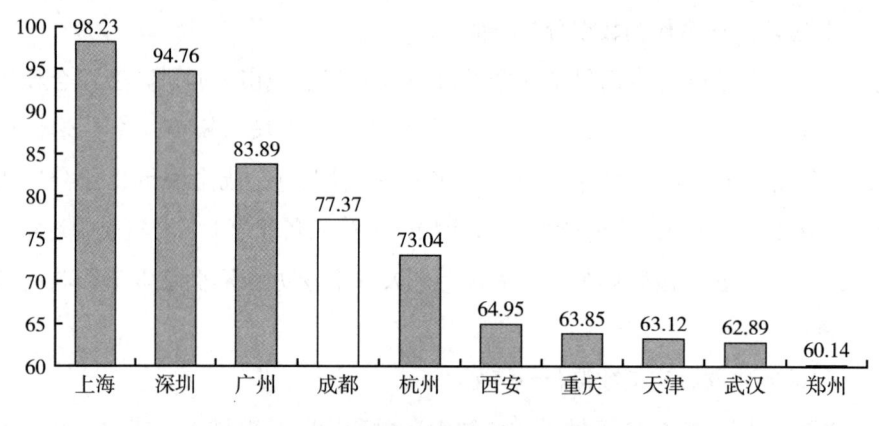

图7 10城市区域协同影响指数得分比较

城市数据（图7）：
- 上海 98.23
- 深圳 94.76
- 广州 83.89
- 成都 77.37
- 杭州 73.04
- 西安 64.95
- 重庆 63.85
- 天津 63.12
- 武汉 62.89
- 郑州 60.14

6. 开放创新策源指数得分与特征

开放创新策源指数衡量了一个城市开放发展的潜力，其包括了制度创新力和技术策源力。制度创新力体现了城市在国际经贸规则和行业标准建构方面的能力，而技术策源力则体现了一个城市在国际创新链中源头创新和引领创新扩散的能力。

从 10 个城市的开放创新策源指数得分来看（见图 8），上海和深圳两城市具有较强的创新策源力，上海通过自贸试验区进行大量的制度创新，从而奠定了其在我国开放经济发展中的引领地位；深圳则通过大量的原始性技术创新成为我国技术创新的领先之城，其国际专利（PCT）授权量约占我国的 1/3。成渝两市的开放创新策源指数得分分别为 73.58 分和 68.23 分，分别居 10 个城市第六位和第九位。这表明双城经济圈需要进一步强化对前沿技术和"卡脖子"工程的投入与激励，同时需要更进一步探索开放制度方面的创新与改革。

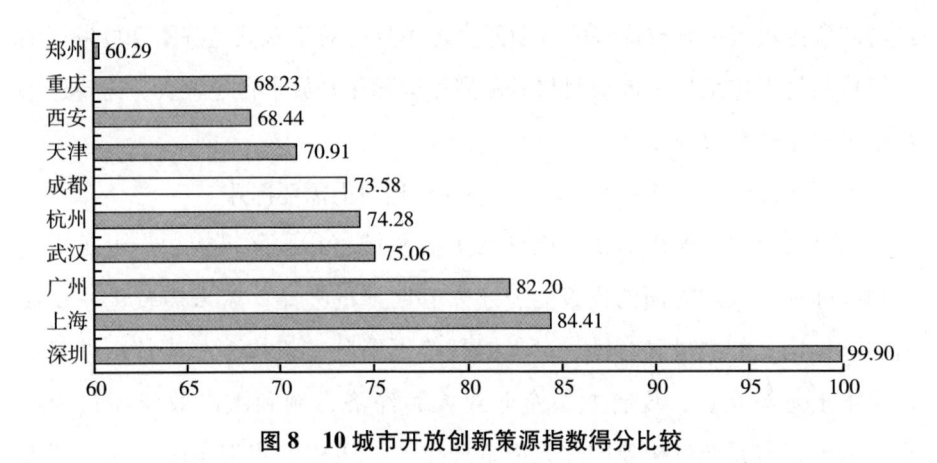

城市	得分
郑州	60.29
重庆	68.23
西安	68.44
天津	70.91
成都	73.58
杭州	74.28
武汉	75.06
广州	82.20
上海	84.41
深圳	99.90

图 8　10 城市开放创新策源指数得分比较

（三）成渝极核开放发展存在的问题

从前文对成渝两市开放发展指数及其各维度评价得分的比较与分析可知，整体上来看，近年来双城经济圈开放经济发展取得较大进步，对内对外开放能力都得到了较大提升，甚至在某些方面可以媲美或超越了东部强市，但与上海、深圳等一线城市相比差距较大。

1. 开放经济结构需要进一步创新优化

成渝两个极核城市在外贸竞争力方面具有总量优势，但贸易创新和结构还需要加强和优化。外贸依存度、外资依存度等体现市场开放程度的结构化

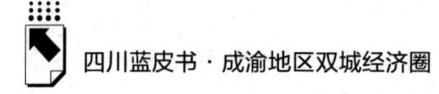

指标，还低于国内先进城市。以金融服务、信息服务、产权服务等为代表的高附加值服务贸易占比较低，开放型经济核心竞争力不强。

2. 高能级枢纽平台需要提能增量

成渝两个极核城市作为内陆城市相对沿海城市而言，缺乏成本比较优势和交通比较优势，因而尤其依赖各类枢纽平台作为支撑引领和推动对外开放，放大开放效应，做强开放优势。尽管在新格局下，各类国家战略叠加，成渝两市成为对外开放的前沿阵地，尤其是航空优势和国际班列优势非常明显，但是这些枢纽通道尚处于积极建设之中，对于以成渝两市为核心的双城经济圈资源集聚和开放优势的拉动能力还不足，对于双城经济圈开放发展的支撑作用尚未体系化，带动型和引领型的国际化开放平台还较少，需要进一步推进枢纽平台能级提升。

3. 国际优质人才吸引力和本土优质主体培育力需要提升

相对沿海一线城市而言，成渝两个极核城市在国际机构、本土龙头企业和国际顶级人才方面的集聚能力还具有明显的差距。未来需要进一步吸引国际机构，如引进联合国、世界银行等下属分支机构入驻成都；进一步培育本土龙头企业，现有龙头企业对成渝经济带领和溢出效应还较为弱小。未来还需要通过构建国际人力资源中心，吸引和集聚国际优秀创新人才和管理人才，为成渝地区双城经济圈乃至西部地区的产业发展和区域创新服务，增强成渝两市作为国家中心城市和成渝地区双城经济圈极核的辐射力和影响力。

4. 区域协同影响力需要进一步提升

尽管成渝地区双城经济圈被纳入国家重点发展战略，为成渝两市作为极核城市扩大区域影响力、厚植内循环战略腹地优势发挥了积极的推动作用。但是与东部以上海为极核的长三角城市群和以广深为极核的粤港澳大湾区相比，成渝两市对周边城市的引领带动能力较为欠缺，城市之间尚未形成具有竞争优势的产业链协同能力，这对双城经济圈打造联通内循环、链接外循环的先行区造成了障碍。

四 进一步推动双城经济圈开放发展的建议

（一）统筹构建开放通道，夯实内陆地区开放优势

提升国际航空枢纽辐射能力，扩大包括第五航权在内的国际航权开放。成渝两市应联合起来，协同其他地市共建空中丝绸之路和国际陆海联运"双走廊"，构筑双城经济圈链接内外双循环的引领支撑地位。推动天府国际机场、双流国际机场和江北国际机场完成国际航空客货运战略大通道布局，提升国际枢纽中转衔接业务发展水平，升级完善链接全球资源要素的空中通道体系，把两市打造成为面向全球的航空中转枢纽和货运转运中心、航空门户和枢纽城市。

提升国际陆港枢纽承载能力。完善泛欧泛亚立体通道体系，持续优化中欧班列四向拓展网络布局；持续完善成都铁路港货运场站功能布局，推动"欧洲—重庆—东南亚（日韩）"通道网络建设，推进国际铁路港的集疏功能建设，提升中欧班列集结中心的集散能力、完善西部陆海新通道的枢纽功能。推进成渝极核的中欧班列集结中心建设，完善境内外分拨点和仓储中心建设，加强与"一带一路"沿线和长江经济带沿线城市的联系，组织更大规模的货源，同时丰富班列回程货源品类，强化国际物流集散功能。

合力建设陆海新通道。完善成渝两个极核的通道物流和运营组织中心功能，健全省际协商联席制度，深化沿线省区市之间的合作，扩大通道的覆盖面。发展跨境公路班车、国际铁路联运班列和铁海联运班列，发挥西部陆海新通道连接西部地区和东盟市场的桥梁纽带作用。

优化东向开放通道。依托长江黄金水道和沿江铁路，深化川渝鄂港口合作，推动陆水和铁海联运、港口协同，构建通江达海、首尾相连的沿江综合立体开放通道体系[1]。

---

[1] 重庆市发展和改革委员会：《重庆市人民政府关于新形势下推动服务业高质量发展的意见》，http://fzggw.cq.gov.cn/zfxxgk/fdzdgknr/lzyj/xzgfxwj/202104/t20210412_9147325_wap.html。

（二）高水平推进开放平台建设，发展高质量开放经济

优化开放平台布局。积极争取在双城经济圈新设国家级开放平台，增设保税物流中心（B型）和更多的进境特殊商品指定口岸功能。

促进平台错位协同发展。通过统筹规划，推动双城经济圈各类各地平台之间的衔接长效机制，推动各类开放平台差异化功能定位，促进错位发展和协同发展。

依托四川和重庆两个自由贸易试验区，建设协同开放示范区。创新推动并复制适合双城经济圈的投资贸易便利化措施，尤其是在金融、科技、医疗和数字经济等领域。

依托国家级新区（园区），建构稳固的供应链。通过强链补链延链，推动双城经济圈加快构建基于本土优势能力的国际供应链。一方面吸引全球一流企业，另一方面加强培育本土优秀企业，提升国家级开放平台集聚优质资源的能力，从而提升对产业链和供应链的掌控能力。

依托开放平台，推动区域协同发展。坚持全球引进与本土培育相结合，全面增强总部经济集聚能力、运筹能力和辐射能力，依托总部经济带动两市经济企业深度融入新发展格局，全面参与国际产业分工合作，增强区域产业协同发展能力。

（三）提升国际交往合作能力，拓展开放发展新领域

通过融入国家重大战略、积极参与国际经贸组织、举办国际性展会和推进国别合作园区"会客厅"建设，提升双城经济圈国际合作能力。

推动双城经济圈建设"一带一路"金融中心。与国内外金融机构合作，协同沿线城市，为沿线产业园区、企业和个人提供金融服务。推动"一带一路"进出口商品集散中心建设，与沿线城市合作，依托自贸区和进口创新示范区，招引专业性的进出口贸易服务商和中介组织，简化进出口商品展销、集散、通关等一系列手续措施。推进天府中央法务区建设，依据"一带一路"沿线国家和城市不同的政策和法律，聚集定制化的法律服务机构

和人员，完善"一带一路"法律服务平台建设。推动"一带一路"文化交流中心建设，川渝协同，借助熊猫、汉服、马拉松等推动形成文化输出重要基地。

积极参与区域全面经济伙伴关系协定（RCEP）。主动参与中国—东盟框架合作，融入 RCEP 大市场，建立与东亚南亚国家之间的技术合作与贸易往来，奠定双城经济圈在 RCEP 中的节点位置。提前谋划成渝极核融入 RCEP 大市场的路径和重点任务措施，加强对"关税承诺表""服务具体承诺表""服务和投资保留及不符措施承诺表""自然人临时移动具体承诺表"规则的研究，研究和对接 RCEP 高水平经贸规则，形成内陆经济参与其中的双城经济圈样板。

拓展对外交流合作模式。通过与世界各国城市或区域建立友好合作关系，丰富与友城之间的务实合作，进一步提升国际友城这一平台为区域开放经济发展服务的能力。推进成渝极核城市领馆集中区建设，提升高端外事资源聚集程度。提升天府新区和两江新区对外开放的软实力，推动民间文化交流中心建设，通过文化展销和论坛，吸纳全球文创机构和人才入驻双城经济圈，拓展开放模式。

（四）提升区域协同开放力，培育内循环战略腹地

以产业生态圈建设为抓手，厚植双城经济圈产业优势。促进成都都市圈和重庆都市圈同城化，推进双城经济圈协同化，培育世界级现代化产业集群。推进区域创新平台建设，提升区域协同创新能力，融入全球供应链体系和技术创新链，提升区域协同开放能力，厚植双城经济圈内循环战略腹地优势。

共建共享，推进双城经济圈协同开放。川渝共同探索制度创新、产业协同、资源共享、风险共担发展模式，推进内陆开放门户建设。推动双城经济圈内政策共享，协调产业政策、财税政策、招商引资政策、人才引进政策之间的一致性，共同营造优质的营商环境，吸纳全球优质资源入驻。推动区域产业错位发展，共同推进成渝地区双城经济圈产业生态圈建设。推动协同创

新发展，依托西部科学城建设，共同争取国家重大装置落地，共同吸纳全球创新资源，共同攻克"卡脖子"技术，共建"一带一路"技术创新交易中心。实现人才共享，双城经济圈共同举办每年的"江天一色、英才荟萃"紧缺人才和优质人才招聘会；推动人才互认、自由流动。推动资金互融互通，属于双城经济圈认证的企业主体或个人，可以享受同等金融服务。推动信息互通和商务共享措施，经济圈内城市共建产业信息、商务信息、法律援助平台等，为认定的企业或个人提供优质商务服务。

依托成渝国际消费中心建设，做强内循环市场支撑。围绕居民消费品质化、多样化、服务化升级趋势，营造高品质消费空间载体，持续提升商圈品质和影响力，积极发展夜间消费等特色消费，鼓励发展智慧门店等社区商业消费新场景，规范市场秩序，强化消费环境的源头治理，积极推动具有鲜明国际范儿、时尚美丽和川渝文化特色浓厚的国际消费中心城市建设，提升消费对经济增长的贡献能力。

参考文献

重庆市发展和改革委员会：《重庆市人民政府关于新形势下推动服务业高质量发展的意见》，http://fzggw.cq.gov.cn/zfxxgk/fdzdgknr/lzyj/xzgfxwj/202104/t20210412_9147325_wap.html。

莫远明：《"十四五"开局与成渝地区双城经济圈高质量发展》，《重庆理工大学学报》（社会科学）2021年第4期。

四川日报全媒体评论员：《联手打造内陆改革开放高地》，《四川日报》2021年11月2日。

王昌林、杨长涌：《在构建双循环新发展格局中育新机开新局》，《经济日报》2020年8月5日。

张家华：《增强责任感紧迫感使命感为推动成渝地区双城经济圈建设走深走实贡献成都力量》，《成都日报》2021年10月28日。

朱鸿明：《双循环发展新格局的内在结构与误区廓清》，《东北财经大学学报》2020年第6期。

B.6 成渝地区双城经济圈共享发展报告

毛静 周俊*

摘 要： 围绕成渝地区双城经济圈建设战略目标，川渝两省市在公共服务领域不断加强协调与合作。本文以工作推进情况为主线，通过系统梳理两地在合作机制构建与部门联动方面的发展情况，从整体上把握两地推进公共服务领域合作的总体动向。同时重点聚焦部分关键合作领域，深入挖掘特色亮点做法，探索下一步工作改进方向。以当前已开展工作为基础，提出了下一步的政策建议，包括：进一步完善公共服务共建共享协商机制、继续在公共服务标准方面达成更多共识、持续推动公共服务在各领域的深度合作、鼓励形成川渝资源要素自由流动的良性机制。

关键词： 公共服务 开放经济 成渝地区双城经济圈

2020年1月，成渝地区双城经济圈建设在中央财经委员会第六次会议上被提为国家战略，川渝两地联动形成的"中国第四经济增长极"开始登上历史舞台。两年来，川渝两省市紧紧围绕党中央、国务院建设成渝地区双城经济圈的战略考量、目标定位、重点任务，做出了一系列的工作部署安排，尤其是在公共服务领域加强协同、制定规划、出台标准、落实具体高频

---

* 毛静，四川省工业和信息化研究院研究人员，主要研究方向为产业经济学；周俊，四川省社会科学院区域经济研究所副研究员，主要研究方向为区域经济学。

事项等方面取得重大突破。本文就成渝地区双城经济圈公共服务共建共享的发展情况，对公共服务重点领域协同发展的做法、特点进行梳理，并提出未来发展的建议以供参考。期望川渝两地公共服务便利共享水平进一步提高，不断满足人民日益增长的美好生活需要，共建高品质生活宜居地，不断增强川渝人民群众获得感、幸福感、安全感。

一 成渝地区双城经济圈公共服务共建共享工作进展

（一）系统谋划，稳步推进合作机制

川渝两省市在国家发展改革委及中央有关部门的领导和支持下，牢固树立一体化发展理念，强化"一盘棋"思维，合力打造区域协作的高水平样板。按照习近平总书记提出的要求，迅速成立两省市领导班子和联合推进工作小组，建立党政联席会议机制，紧锣密鼓进行高位推动、系统部署。

表1 成渝地区双城经济圈公共服务共建共享合作进展大事记

时间	内容
2020年1月17日	深化川渝合作推动成渝地区双城经济圈建设两省市发展改革委2020年第一次主任调度会在重庆召开，开始高位谋划双城经济圈建设工作
2020年2月21日	深化川渝合作推动成渝地区双城经济圈建设两省市发展改革委2020年第二次主任调度会在成都召开，筹备第一次党政联席会议筹备工作，就双城经济圈建设工作达成共识
2020年3月12日	推动成渝地区双城经济圈建设重庆四川常务副省市长协调会议第一次会议在成都召开
2020年11月25日	推动成渝地区双城经济圈建设重庆四川常务副省市长协调会议第二次会议在重庆召开
2020年3月17日	推动成渝地区双城经济圈建设重庆四川党政联席会议第一次会议以视频会议形式召开，审议两省市推动成渝地区双城经济圈建设工作方案及2020年重点任务等

续表

时间	内容
2020年4月18日	深化川渝合作推动成渝地区双城经济圈建设2020年第三次调度会在重庆召开,讨论推动成渝地区双城经济圈建设联合办公室组建方案、川渝毗邻地区合作平台建设方案以及2020年拟开工重大项目清单等有关情况
2020年7月18日	推动成渝地区双城经济圈建设联合办公室2020年第四次主任调度会在成都召开
2020年7月27日	推动成渝地区双城经济圈建设联合办公室印发《关于做好2020年川渝共同实施的重大项目有关工作的通知》
2020年7月27日	两省市政府办公厅联合印发《川渝毗邻地区合作共建区域发展功能平台推进方案》
2020年10月30日	两省市政府办公厅联合印发《川渝通办事项清单(第一批)》。至此,川渝两地领导合作机制基本建立,为后续工作协同开展打下了坚实的组织基础
2020年12月14日	推动成渝地区双城经济圈建设重庆四川党政联席会议第二次会议以视频会议形式召开
2021年3月8日	两省市政府办公厅联合印发《成渝地区双城经济圈"放管服"改革2021年重点任务清单》《川渝通办事项清单(第二批)》
2021年4月15日	中国贸促会与四川省政府、重庆市政府签署三方合作协议
2021年4月25日	《成渝地区双城经济圈建设2021年川渝合作共建重大项目名单》印发
2021年4月29日	推动成渝地区双城经济圈建设联合办公室2021年第二次主任调度会在成都召开
2021年5月27日	推动成渝地区双城经济圈建设重庆四川党政联席会议第三次会议在重庆市永川区召开,审议《加强重庆成都双核联动引领带动成渝地区双城经济圈建设行动方案》等文件

资料来源:《成渝地区双城经济圈建设大事记》,《重庆日报》2021年5月27日。

(二)多部门联动,强化重点领域深度合作

川渝两地在就业社保、医疗卫生、教育、文化、民政、住房保障等重点领域开展共建共享,多部门参与,协同推进重点领域发展。

表 2 公共服务各领域合作动向

领域	进展
就业社保领域	共同签署了 1 个纲领性文件和 21 个专项子协议,签订了《共同推动成渝地区双城经济圈建设川渝人力资源和社会保障合作协议》,勾画川渝两地人社公共服务一体化发展蓝图
	形成了《川渝人社合作 2020 年度重点工作任务清单》80 项、《2021 年度川渝人社合作重点工作任务清单》87 项,明确了任务名称、目标举措、完成时限、成果形式、牵头单位及配合单位
医疗卫生领域	共同签署了《推动成渝地区双城经济圈建设川渝卫生健康一体化发展合作协议》,落实领导互访机制、协同推进健康中国行动、健全"互联网+医疗健康"服务体系、开展医改经验交流互鉴、推动医疗服务区域合作、加强基层卫生交流合作、健全卫生应急和传染病防控联动机制、加强人才培养和科研合作、建立食品安全标准与风险监测协作机制、深化中医药创新协作、推动健康产业协作发展、加强国际合作交流等 12 个领域
教育领域	成立了教育协同发展联合办公室和 15 个教育协同发展专项工作组,推动各个领域合作任务落地落实
	共同签署了《成渝地区双城经济圈教育协同发展框架协议》、《推动成渝地区双城经济圈建设教育协同发展工作机制》、《"成渝协同"重大教育改革试验项目实施方案》、《成渝地区双城经济圈教育高层次人才协同发展合作共建实施方案》和《成渝地区教育协同发展行动计划》,明确了成渝地区教育协同发展的工作机制、行动计划、重点项目
住房保障领域	共同签订了《住房保障工作合作备忘录》,共同制定《深化川渝住房保障合作工作方案》,积极推动保障体系的协同完善、保障信息的共建共享、安居政策的一体化展示、新市民保障措施的创新、公租房申请证明事项告知承诺制"零证明"等住房保障领域需求侧改革合作事项,为川渝住房保障共建共享打下坚实基础,促进川渝毗邻地区、成渝地区双城经济圈人民安居乐业
民政领域	共同签订了《川渝民政合作框架协议》,制定了民政合作机制和合作重点任务清单,在 9 个板块达成合作共识
文化领域	签署了《推动成渝地区双城经济圈非物质文化遗产保护共建合作框架协议》,双方围绕加强资源整合、推进合理利用、培育非遗品牌等 5 个方面开展合作,共同推动川渝两地非物质文化遗产保护、传承、利用和发展

资料来源:《2021 年度川渝人社合作重点工作任务清单》《川渝卫生健康一体化发展合作协议》《成渝地区双城经济圈建设教育协同发展框架协议》《川渝住房保障工作合作备忘录》《深化川渝住房保障合作工作方案》《川渝民政合作框架协议》。

二 强化公共服务共建共享的特色亮点工作及取得成效

（一）跨区域同步制定标准体系，推动服务标准统一化

川渝两省市在参照《国家基本公共服务标准（2021年版）》的基础上，结合本地区发展实际，分别出台并实施了《四川省基本公共服务标准（2021年版）》和《重庆市基本公共服务标准（2021年版）》，涵盖了幼有所育、老有所得等"七有"和优军服务保障、文化服务保障"两个保障"，共9个方面22个大类①。对标国家标准的80个服务项目，重庆和四川又分别增加了4个和3个服务项目，体现了对川渝地方发展实际的充分考量。同时对每个服务项目的对象、内容、标准及责任单位进行了明确和统一，从而极大地促进了川渝两地在公共服务领域实行标准化管理，有助于打破两地标准体系上的障碍，推动基本公共服务均等化、普惠化和便利化。

（二）开展便捷生活行动，提升基本公共服务便利化水平

2021年1月，两省市联合推出了《成渝地区双城经济圈便捷生活行动方案》，明确要推动交通通信、户口迁移、就业保障和医疗卫生等领域的便捷生活行动，旨在推进两地公共服务供需的精准对接，提高两地群众便捷生活水平，打造川渝高品质宜居、宜业生活样本②。

一是实施就业创业便捷行动。川渝两省市联合共建公共就业综合平台，促进人才资源跨区域流动，实现就业信息、政策咨询等业务异地通办。推动川渝两地对经营性人力资源服务机构许可备案和从业人员职业资格实现互认。川渝24个市县就业局（中心）组成"公共就业创业服务协同发展联

---

① 《国家基本公共服务标准（2021年版）》（发改社会〔2021〕443号）。
② 《成渝地区双城经济圈便捷生活行动方案》（川办发〔2021〕2号）。

盟",推进人才公共服务项目、服务流程、服务标准统一,定期交换城镇新增就业等数据。新增互设12个农民工服务站或农民工流动党支部等劳务机构。两地联合举办"成渝地区双城经济圈就业创业活动周"、"就业有您、职等您来"专场招聘会及创业项目推介活动,促进就业岗位信息和人才需求精准对接,以实现人才跨区域流动。

二是推行社会保险协同认证。开通"四川人社"和"重庆人社"App线上办理通道,建立川渝社保关系转移信息平台,优化流程实现网上快捷办理,通过先转关系再转资金的机制将办结时间缩短至10个工作日;实现养老保险缴费年限"相互认";推动实现农民工、新业态新经济从业人员和灵活就业人员等不受户籍限制,在两地便捷参加企业职工基本养老保险,实现转移2.8万余人次。统一两地失业保险关系业务规则和办理流程,推进信息改造和数据口联调,实现无障碍转移接续。

三是实现高频社会事务互联共享。两省市政府办公厅联合印发了2021年和2022年的"放管服"改革重点任务清单,明确了三个批次《川渝通办事项清单》和《川渝电子证照互认共享清单(第一批)》,实现线上"全网通办"、线下"异地可办"①。川渝两省市税务机关同步上线了38项"川渝通办"办税业务,实现"全程网办""一网通办"。人社推进招聘求职"一点通"等"五件大事",推进养老保险缴费年限"相互认"、专业技术人员职称"协同认"等人民群众关心的"十件实事"。推进川渝社保卡"一卡通",实现两地社保卡、电子社保卡跨省应用,截至2021年11月底,服务两地群众11.4万人次。

(三)整合两地医疗资源,共建高水平医疗卫生服务体系

一是协同提升医疗服务能力。加强临床医学科研合作,推动四川大学华西医院与重庆医科大学合作,在其附属第一医院建立国家老年疾病临床医学研究分中心,促进川渝两地老年医学重大疾病防控技术的突破和医学成果的

---

① 张凤波:《"川渝通办"为服务两地发展带来加速度》,《重庆日报》2020年7月6日。

转化。推行医疗检验结果跨区域互认，全面推行川渝两地二级以上公立医院开展检验检查结果互认，220家二级以上公立医疗机构实现电子健康卡管理信息系统精准对接和"扫码就医"。持续开展川渝远程医疗服务，建立157个远程医疗协作网，远程医疗已覆盖四川省2250余家医疗机构。开通跨省异地就医直接联网结算，个人账户普通门诊、药店购药费用均能实现跨省直接结算，开通服务的两定点机构分别达到6444家、1.95万家。加强基层卫生机构交流与合作，推进两地医疗卫生机构等级评审等标准协同，组织两地基层卫生交流考察112人次，共同举办川渝47个县（区）卫生健康委（局）负责人培训班和成渝地区家庭医生技能交流赛。

二是健全公共卫生应急和传染病防控联动机制。川渝两省市共同推行新冠肺炎疫情联防联控工作备忘录，从疫情信息动态互通共享、合并撤除交界处防疫检查卡口等8个方面开展合作，及时加强最新疫情防控动态措施沟通，定期互通突发公共卫生事件风险评估信息，先后举行川渝国家卫生应急队伍、川渝卫生应急暨国防动员联合演练，共同防控新冠肺炎疫情。

三是协同发展康养服务。两地共同出台川渝两地养老服务投资指南、养老机构设立备案办事指南以及扶持政策措施清单并更新完善。共同组织实施川渝两地养老服务人才联合培训及技能评定。加大投入重点支持两地养老机构建设，已累计安排3亿余元资金投入养老机构建设，逐步形成川渝养老服务设施共建共享格局。

（四）联合推进产教融合，促进科教创新发展

一是共建多个教育联盟，促进产教融合快速发展。组建产教融合发展联盟，聚集55家两地高等职业院校、科研院所和骨干企事业单位，扎实推进产教融合，为抱团创新合作攻关。组建职业教育协同发展联盟，覆盖职业院校662所、企业676家、行业协会190个，推动职业教育在人才培养、科学研究、文化传承创新、国际交流等领域的深度合作，举办"2021重庆四川技术转移转化大会"等活动40余场。组建应用型高校产教融合

联盟，聚集两地40所高校和16家企业，扎实推进校企合作，推进川渝应用型研究和创新成果转化。组建大健康职业教育产教协同育人联盟，进一步加强两地职业院校和企业的合作，促进大健康职业教育和产业融合发展。成立成渝地区双城经济圈商贸流通职教集团，围绕两地商贸流通产业布局，聚焦高端流通产业和高端商贸服务业，强力推进产教融合、校企合作，促进教育协同发展。

二是共抓教育协同改革，促进科教创新发展。成渝双方共同布局实施成渝协同重大改革试验示范项目，目前已有"两江新区—天府新区"国家级新区教育协同创新试点、成渝地区流动人口子女入学保障机制建设试点等6个项目立项①。积极推行成渝随迁子女学籍学分互转互认制，近千名学生通过两地学籍互转实现就读。在创新平台建设方面，目前已有4个国家重点实验室挂牌，新增3个国家大学科技园，新增6个平台进入"国家队"，推动建设4个成渝地区双城经济圈四川高校哲学社会科学重点研究基地，17所高校积极参与成渝地区双城经济圈智库建设，支撑成渝地区科教创新发展。

（五）实施三大文化工程，共促公共文化繁荣发展

一是实施公共图书馆互联互通工程。推行社保卡川渝阅读"一卡通"项目，打通川渝两地三馆公共图书馆管理网络，两地居民可凭"一卡通"无障碍享受入馆、通借通还等服务。二是实施巴蜀非遗传承发展工程。推动对两省市同根同源的非物质文化遗产项目（如川剧、川菜和石刻等）的研究、保护和传承；签署《成渝蜀绣合作备忘录》，开展"成渝地区蜀绣传承人对话会"。三是实施巴蜀特藏文献保护利用工程。缔结"巴蜀·巴渝"地方文献资源共建共享协议书；建立"协议馆地方文献联合目录"；联合举办"巴蜀风云"和"文载百年路书写新征程"红色文献展活动，打造红色基因文化宣传阵地。

---

① 李丹：《川渝教育协同发展6个项目已立项》，《四川日报》2020年7月6日。

三 政策建议

（一）进一步完善公共服务共建共享协商机制

成渝两地分属不同的行政管辖区域，公共服务的协同发展需要一个超出行政管辖范围的管理机构。应尽快成立成渝地区双城经济圈公共服务共建共享领导小组，由两地省市级分管领导担任组长，发改、经信、人社、卫健等部门作为成员单位，共同协商制定推进两地公共服务共建共享的方针政策及规章制度，破除地方保护主义壁垒，合理划分事权与支出责任，共同协商跨区域受益性基本公共服务建设成本的分摊机制，为促进两地基本公共服务均等化形成合力。

（二）继续在公共服务标准方面达成更多共识

在标准建设上，应进一步加强成渝两地标准化水平探索研究，以国家标准为基准，立足于川渝地方特色，积极推动在人社、医疗卫生、交通、机关事务和大数据等领域的地方标准研究；积极开展两地基本公共服务标准体系协作联动，加快推进更多领域资质和标准的互认互享工作，提升川渝两地基本公共服务协同发展效率。

（三）持续推动公共服务在各领域的深度合作

继续推动两地在公共服务领域的合作。人社方面，进一步完善川渝人才共引共育共用机制，推动就业、社保服务共建共享；教育方面，加快推动两地高校"双一流"学科建设和协同发展，联手打造在全国具有重要影响力的科教创新平台，推进万达开川渝统筹发展示范区高校联盟建设，实施六大行动，加快推动产教深度融合；文旅方面，持续开展"成渝地·巴蜀情"品牌系列活动，提升巴蜀文化品牌影响力，共推巴蜀特藏文献的保护、利用和开发；医疗卫生方面，共同推进国家儿童区域医疗中心建设，推动两地在

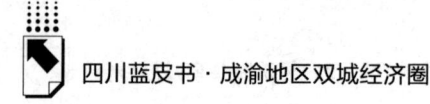

中医药传统优势项目上的合作，在川渝毗邻地区发展一批川渝两地医养结合共建共享合作项目，提升西南地区医疗服务能力。

（四）鼓励形成川渝资源要素自由流动的良性机制

建立川渝人才库。川渝两地应破除双方人口流动的户籍限制，促进人才资源的跨区域流动，逐步健全人才双向流动机制。在金融方面，合作共建西部金融中心，推动产业金融中心、贸易金融中心和绿色金融中心等6个中心加快布局，为川渝地区的高质量发展提供更加高效、快捷的金融要素服务。

参考文献

刘春华：《强化公共服务共建共享 增强群众获得感》，《四川日报》2021年11月28日。

四川日报全媒体评论员：《强化成渝地区公共服务共建共享——论认真贯彻落实〈成渝地区双城经济圈建设规划纲要〉》，《四川日报》2021年11月4日。

田姣：《瞄准短板 共建共享公共服务》，《四川日报》2021年10月21日。

严长安：《成渝地区双城经济圈公共服务共建共享路径》，《重庆行政》2021年第1期。

杨杰：《成渝地区双城经济圈高校联盟科技协同创新战略研究》，《科技创新》2022年第1期。

中共中央、国务院：《成渝地区双城经济圈建设规划纲要》，《中华人民共和国国务院公报》2021年第31期。

协同发展篇

Coordinated Development Reports

B.7 成渝地区双城经济圈主要城市经济协同发展报告

曹瑛*

摘　要：《成渝地区双城经济圈建设规划纲要》特别强调"统筹协同发展"的思想与原则。在使用基尼系数测度成渝地区双城经济圈城市间人均产出差距的基础上，本报告使用复合系统协同度模型，以表征城市经济发展的关键参数合成综合指标体系，测度成渝地区双城经济圈城市间经济发展协同度。测算结果显示，2011年至2019年，成渝地区双城经济圈城市间经济发展差距处于正常状态但有增大趋势，城市间经济发展协同度提升缓慢且不稳定，城市经济复合系统中存在简阳市和雅安市两个协同发展薄弱点。与同期沪苏城市群经济发展协同度的演变趋势进行比较，推测成渝地区双城经济圈的经济协同发展状态未来存在突变可能。

---

* 曹瑛，经济学博士，四川省社会科学院区域经济研究所副研究员，主要研究方向为区域经济和产业经济。

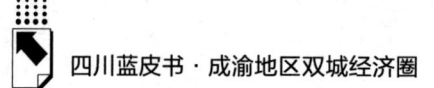

新时代成渝地区双城经济圈的城市管理者当秉持城市间合作大于竞争的理念与原则，推动产业及发展要素突破行政区界限束缚，加快区域经济一体化进程。

关键词： 城市群　协同度　成渝地区双城经济圈　城市基尼系数

2021年《成渝地区双城经济圈建设规划纲要》正式出台，预示着在我国西部，未来将崛起一个新的世界级城市群[①]，并作为国家区域经济发展的"第四极"，同长三角城市群、粤港澳大湾区和京津冀城市群共同成为新时代我国区域经济发展的"排头兵"。单一城市的繁荣无法撑起城市群的整体崛起。从系统论的角度来看，发挥1加1大于2的效果、增强城市群内部协同发展效应，同城市与城市之间的竞争同等重要。成渝地区双城经济圈经济协同效应目前发挥到了何种程度？未来该城市群的经济协同是否有更大的提升空间？本文试图从定量测度的角度寻求一个答案。

一　城市人均产出差距视角下的成渝地区双城经济圈经济协同发展

城市经济发展差距及其演变轨迹是城市群经济协同与否的一个重要观测指标。区域内各个组成部分的协调发展直至共同繁荣，是区域经济协同发展的重要路径和主要目标。一个通常的认知是，区域经济差异由于资源禀赋、历史发展路径等的作用，通常无法彻底消除，但区域经济发展差距却是可以在某种程度上减小并阶段性消灭的。这种发展差距的缩小乃至消除，可视为区域协调协同发展的一个阶段性成果——因为区域内部各个组成部分之间的

[①] 本文认为成渝地区双城经济圈本质上还是一个城市群，正如《成渝地区双城经济圈建设规划纲要》文本中也多次以"城市群"来表述一样，为行文简便，本文也以"城市群"来指代成渝地区双城经济圈建设相关区域。

竞争合作，要么因为零和博弈导致发展差距拉大，要么因为良好的协调协同取得合作共赢和最终的共同富裕。因此区域内部组成部分之间的协调协同，可以先从区域经济发展的阶段性成果上进行观察。如果经济发展差距持续减小，区域内各个成员之间的协同力量必然存在并可能起到主导作用，而如果经济发展差距不断增大，不协调不协同力量或是"从中作梗"的原因所在。

考察区域经济发展成果和发展水平，通常使用地区人均产出指标进行衡量。对于城市群经济协同来说，城市群人均产出差距持续缩小，或者说呈现收敛态势，城市间的经济协同力量一定是主要驱动力。因此本文先从成渝地区双城经济圈的区域基尼系数着手进行初步观察。

成渝经济区规划自2011年出台，本文因此先以2010年为基期，使用城市GDP和常住人口对城市群的基尼系数进行测算和观察。测算所得的城市群基尼系数变化趋势如图1所示。

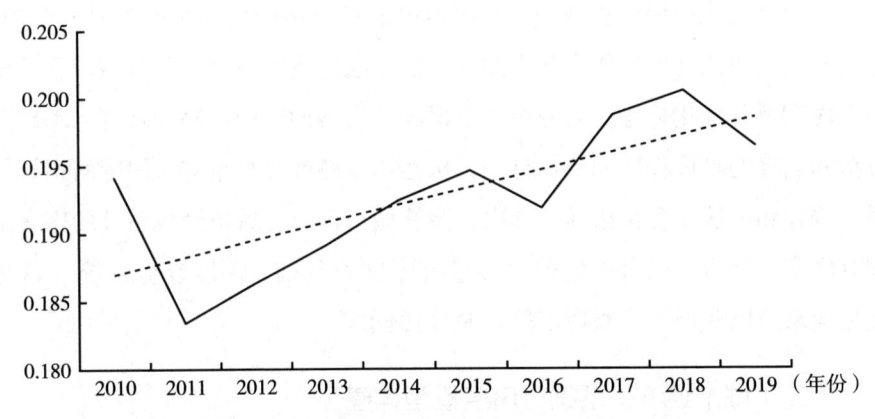

图1 2010~2019年成渝地区双城经济圈基尼系数变化趋势

资料来源：根据2011~2020年《四川统计年鉴》和《重庆统计年鉴》数据测算所得。
数据说明：区域基尼系数测算的数据样本城市为重庆市和四川省成都、自贡、泸州、德阳、绵阳、内江、乐山、遂宁、南充、宜宾、眉山、达州、广安、雅安、资阳等共16个城市。

测算结果显示，2010~2019年城市群基尼系数均值为0.19，城市间差距处于正常状态。如图1所示，16个城市区域基尼系数自2010年开始总体呈现上升趋势，表明城市群内部城市之间的人均产出差距在测算期内总体处于不断增大态势,这也在一定程度上说明该城市群的经济协同程度并没有达到良好状态。

二 基于复合系统协同度评价方法的城市群经济协同模型

区域基尼系数毕竟只是从单一的区域产出指标对城市群经济协同进行观察,无法全面反映城市群内部城市之间经济协同的全貌。本部分使用基于协同理论的复合系统协同度测算模型,以多项指标更全面地对城市群经济协同进行观察和分析。

(一)复合系统协同度模型简介

本部分以成渝地区双城经济圈城市群的经济协同发展系统为研究对象,以复合系统协同度模型作为基本测算方法,通过测算系统内部各城市子系统的有序度及其变化趋势,来分析城市群经济发展的协同水平和程度。本研究分析和测算的具体程序如下:首先,构建用以测度复合系统协同度的指标体系,选择和确认序参量指标;其次,测算城市群内各城市经济系统的序参量和有序度;最后,以所选定的序参量有序度为基础,测度复合系统(这里是指成渝地区双城经济圈城市群)总体协同度。

(二)城市经济子系统有序度模型构建[①]

假设存在复合系统 $S = \{S_1, S_2, \cdots, S_j\}$,其中 S_j 为复合系统的第 j 个子系统(本文中 S_j 是指城市群中的第 j 个城市经济系统)。子系统 S_j 的序参量为 $e_j = (e_{j1}, e_{j2}, \cdots, e_{jn})$,其中 $n \geq 1$,$\alpha_{ji} \leq e_{ji} \leq \beta_{ji}$,其 i 取值范围为 $[1, n]$,α_{ji} 和 β_{ji} 分别为系统 S_j 稳定临界值的下限和上限。当原始指标为正指标

---

① 孟庆松、韩文秀:《复合系统协调度模型研究》,《天津大学学报》(自然科学与工程技术版)2000年第4期,第444~446页。

时，序参量元素取值越大，则系统有序程度越高，反之则越低；当原始指标为负指标时，序参量元素取值越大，则系统有序程度就越低，反之则越高。序参量的有序度公式如下：

当 e_{ji} 为正指标时，$u_j(e_{ji}) = \dfrac{e_{ji}-\alpha_{ji}}{\beta_{ji}-\alpha_{ji}}$

当 e_{ji} 为负指标时，$u_j(e_{ji}) = \dfrac{\beta_{ji}-e_{ji}}{\beta_{ji}-\alpha_{ji}}$

其中，$u_j(e_{ji})$ 取值范围为 [0, 1]，意为 e_{ji} 对系统的有序度贡献的大小，其数值越大则对有序度的贡献越大，反之则越小。总的贡献采用加权方式测算。总的有序度的测算公式如下：

$$u_j(e_j) = \sum_{j=1}^{n} w_j u(e_{ji}), w_j \geq 0, 且 \sum w_j = 1;$$

其中的 w_j 为序参量 e_{ji} 的权重。

（三）城市群经济系统协同度模型构建

城市群经济协同度反映的是城市群内部各个城市子系统相互协调的程度。按年度进行的协同度测算，反映的是城市群内部城市经济系统，在一定时期内经过发展演变，从无序走向有序、从低协同度走向高协同度的趋势和过程。具体的模型构建方法如下：

设置初始时点为 t_0，此时的复合系统有序度标记为 $u_0(e_j)$。当系统进化衍变至时点 t_1 时，子系统序参量的有序度标记为 $u_1(e_j)$。基于上述定义，复合系统由 t_0 到 t_1 时，协同度公式可设置为：

$$C = \lambda^k \prod_{j=1}^{k} |u_j^1(e_j) - u_j^0(e_j)|$$

上式中的 λ 取值依据公式的乘积部分的符号进行确定：当乘积为正值时取值为 1，当乘积为负值或 0 时取值为 -1。因此，λ 及协同度 C 所表达的意义为：λ 等于 1 或者公式乘积部分大于 0 时，复合系统中的各个子系统之间为正向协同，而 λ 为 -1 或者公式乘积部分小于 0 时，复合系统的各个子系统之间则为反方向协同或者不协同，因此这里的参数λ是各个城市子系统之间协同方向的表达。而复合系统 C 的取值范围也因此落在［-1，1］区间，其取值越大则表示城市群协同发展水平越高，反之则越低。

（四）评价指标（序参量）设置

城市群经济协同系统的序参量是准确测度协同度的关键参数，其选择和确定需要相对准确地反映城市群经济发展进程及其演化的协同程度。本文所确定的城市群经济系统的序参量包括城市人均地区生产总值、城市三次产业增加值、城市人均财政收入、城镇地区人均可支配收入和农村地区人均可支配收入等 7 个序参量。其中，人均地区生产总值代表城市基本发展水平，三次产业增加值代表城市产业发展水平，人均财政收入代表城市经济发展中的政府收益水平，城乡居民人均可支配收入代表城市的居民收益水平。

三 成渝城市群经济系统有序度和协同度测度

本部分先对各个城市的经济系统有序度进行测算，在历年有序度测算的基础上，再进行城市群经济系统协同度的测算。

（一）数据来源与说明

本研究的原始数据源于 2020 年《四川统计年鉴》[①]、2020 年《重庆统计年鉴》[②]。部分数据源于四川省和重庆市相关年份国民经济与社会发展统计公报。

由于近年来四川省（市州）和重庆市（区县）部分年度地区生产总值及产业数据存在诸多调整，涉及成渝地区双城经济圈的部分区（市、县）数据暂时无法全部取得，为保证测算的一致性和完整性，测算使用的城市数

---

① 四川省统计局官网，http：//tjj. sc. gov. cn/scstjj/c105855/nj. shtml。
② 重庆市统计局官网，http：//tjj. cq. gov. cn/zwgk_ 233/tjnj。

据仍包含部分未纳入规划的区（市、县）数据，这部分数据涉及重庆市下辖的城口县、奉节县、彭水县、石柱县、巫山县、巫溪县、武隆区、秀山县、酉阳县以及四川省的平武县、北川县、天全县、宝兴县和万源市。

（二）城市经济子系统有序度测算

1. 指标标准化处理

本研究首先使用标准差标准化法对变量进行标准化处理，即将变量的指标值减去该变量的均值，再除以该变量的标准差。此种方法形成的标准化数据符合均值为 0、标准差为 1 的标准正态分布。其转化函数为 $x' = (x - \eta) / \sigma$，其中，η 为所有样本数据的均值，σ 为所有样本数据的标准差。

2. 权重赋值（CRITIC 法）

CRITIC 法的基本思想在于权重设置时以对比强度和冲突性为基础[①]，具体来说，就是以标准差的形式体现对比强度，以相关系数体现冲突性。通常情形下，指标标准差越大，评价对象之间的差距也就越大；指标之间相关性越强，则冲突性越弱。基于以上思想，本研究采用 CRITIC 法设置权重。

3. 有序度测算结果

有序度测算结果显示（见表2），成渝城市群所有城市经济系统有序度随时间推进逐年获得提升，作为子系统各自的发展能力和发展效果近年来都有不错表现。其中，重庆和成都作为双核心表现最优。从观察期来看，有序度总体表现最好的是重庆，但 2018 年后被成都超越。资阳市 2015 年前表现最佳，但 2015 年之后逐渐被其他地区赶超，显示资阳市序参量的波动性较大。遂宁市的有序度表现 2015 年之前一直位于其他地区之后，2016 年开始"突出重围"。宜宾市在 2015 年前后有序度有较明显下降趋势，但 2017 年后开始回升。有序度的测算结果如表 2 所示。

---

① 王昆、宋海洲：《三种客观权重赋权法的比较分析》，《技术经济与管理研究》2003 年第 6 期，第 48~49 页。

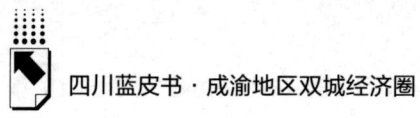

表2 2010~2019年成渝城市群经济系统有序度

城市名称	2010	2011	2012	2013	2014
重庆	0	0.26	0.30	0.43	0.57
成都	0	0.15	0.28	0.34	0.46
自贡	0	0.16	0.27	0.37	0.44
泸州	0	0.13	0.24	0.38	0.47
德阳	0	0.24	0.38	0.45	0.50
绵阳	0	0.17	0.27	0.37	0.49
遂宁	0	0.12	0.20	0.26	0.36
内江	0	0.15	0.27	0.34	0.42
乐山	0	0.15	0.25	0.35	0.44
南充	0	0.16	0.26	0.36	0.45
眉山	0	0.13	0.25	0.37	0.47
宜宾	0	0.13	0.24	0.33	0.41
广安	0	0.20	0.32	0.40	0.47
达州	0	0.19	0.31	0.39	0.49
雅安	0	0.23	0.39	0.38	0.48
资阳	0	0.20	0.35	0.49	0.62
城市名称	2015	2016	2017	2018	2019
重庆	0.68	0.80	0.86	0.92	0.94
成都	0.51	0.60	0.76	0.88	1.00
自贡	0.51	0.58	0.72	0.88	1.00
泸州	0.56	0.66	0.77	0.87	1.00
德阳	0.54	0.65	0.76	0.87	1.00
绵阳	0.50	0.57	0.74	0.88	1.00
遂宁	0.46	0.54	0.68	0.87	1.00
内江	0.50	0.58	0.71	0.84	1.00
乐山	0.52	0.58	0.70	0.86	1.00
南充	0.52	0.59	0.71	0.84	1.00
眉山	0.56	0.63	0.75	0.88	1.00
宜宾	0.46	0.55	0.67	0.86	1.00
广安	0.54	0.61	0.74	0.86	1.00
达州	0.58	0.66	0.75	0.85	1.00
雅安	0.55	0.62	0.72	0.82	1.00
资阳	0.74	0.65	0.73	0.82	0.90

有序度表现只能说明子系统的自身演变态势，作为复合系统，需要所有子系统的共同作用效果，因此在测算子系统有序度的基础上，再进行复合系统的协同度测算。

（三）城市群经济协同度测算

为了增强对比性，本研究同时选择了位于长三角城市群中的上海和江苏部分[①]进行相同模型下的同步测算，测算结果见表3和图2。时间序列数据显示有如下几个特征。首先，成渝地区双城经济圈城市群经济协同度在观察期提升缓慢且不稳定。经测算，2011~2019年成渝地区双城经济圈城市群经济系统协同度变化趋势不明显，从图2中趋势线显示的斜率（斜率为0.0011）来看，该城市群经济协同程度处于提升状态，但提升速率极为微小。

其次，成渝地区双城经济圈城市群经济协同存在薄弱点。2013年和2016年为负值，即不协同状态，其原因在于2013年雅安市有序度增量为负值，2016年资阳市有序度增量为负值（见表2），分别导致城市群复合系统这两个年份处于不协同状态，这也显示出此复合系统的薄弱点所在。

表3 2011~2019年成渝城市群和沪苏城市群经济系统协同度对比

年份	成渝城市群	沪苏城市群
2011	0.16751	0.19787
2012	0.10976	0.12006
2013	-0.07933	0.12911
2014	0.08901	0.06080
2015	0.07372	0.11874
2016	-0.08201	0.07472
2017	0.11693	-0.06060
2018	0.12086	0.05869
2019	0.12040	-0.05684

① 对沪苏城市群城市选取的说明：选择长三角城市群中的上海和江苏部分，江苏部分的城市包括南京、无锡、常州、苏州、南通、盐城、扬州、镇江和泰州，共10个城市。同时，与成渝城市群类似，选择的沪苏城市群也同时含有一个直辖市和一个副省级城市。

最后，与沪苏城市群的比较显示未来成渝地区双城经济圈城市群协同度可能存在"突变"可能。相较于成渝地区双城经济圈城市群，尽管沪苏城市群经济系统中各城市子系统的有序度［参见附表：沪苏城市群城市经济系统有序度（2010～2019年）］表现优于成渝城市群，但沪苏城市群同期的协同度却处于下降趋势之中，猜测其原因可能在于该系统或许处于"突变"前夕阶段。因为根据系统论相关理论解释，系统在发展过程中，序参量以及有序度向另一种有序状态推进，因为尚未发生突变，协同程度也存在下行的可能性，这需要更深入的研究方能得出更为准确的结论。沪苏城市群复合系统的协同度测算结果显示，上海、无锡、苏州、盐城四城市有序度增量在多个年份处于负值状态，最终导致这一复合系统协同度处于下降状态，或许也预示着这一复合系统正步入不稳定状态。

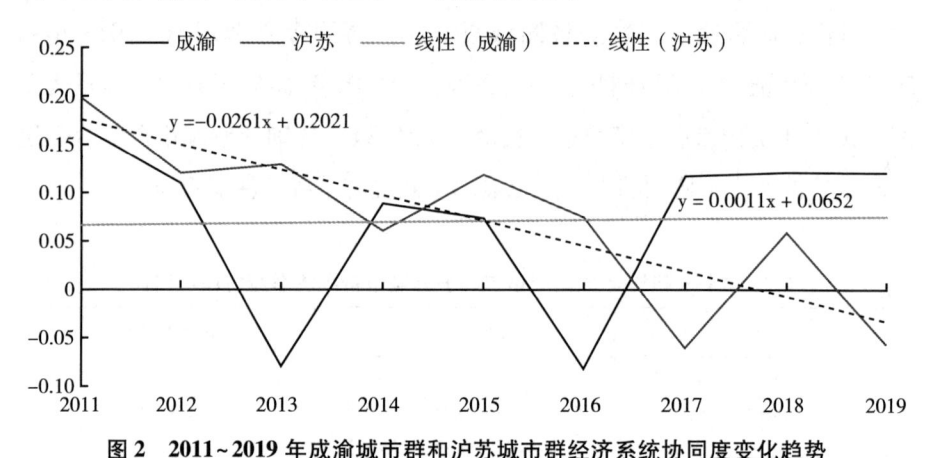

图2 2011～2019年成渝城市群和沪苏城市群经济系统协同度变化趋势

当然，也存在另一种可能性，即随着复合系统所纳入的子系统数目增加，系统的协同难度也逐渐加大，这也是复合系统的一个重要特点。

四 关于成渝城市群经济协同发展的建议

协同发展和协调发展是区域经济发展的一体两面，与党的十八大提出的"创新、协调、绿色、开放、共享"五大发展理念严密契合。因此，将协同发展概念与理念贯穿于未来成渝地区双城经济圈建设是无需讨论的问题，但涉及具体协同领域、协同层次和步骤等策略性和推进路径分析等方面的问题，仍需要地方政府和社会各层面深入思考和探索。基于前述测算及结论，本研究有如下初步建议。

新时代成渝地区双城经济圈经济协同当秉持城市间合作大于竞争的理念和原则。协同发展内含合作大于竞争之意。城市群的整体发展效果源于城市群内部各个城市的繁荣发展，也源于各个城市之间的竞争合作，即在提升自身发展有序度的同时，以协调和协同的理念和原则，促进城市之间的合作共赢，共同提升成渝城市群大系统协同度。新时代国内的区域经济发展已然进入一个城市群竞争的时代，完全不同于以前城市与城市之间激烈竞争和各自为政的时期，促进城市群内部城市合作，获取 1 加 1 大于 2 的协同效应，有利于城市群整体经济实力的提升和中国经济"第四极"的稳步崛起。

加快突破行政区界限的产业和要素自由流动，加快区域经济一体化进程。继续健全和深化市场化发展机制改革，促进跨区域要素合理流动。地方政府在制定产业政策时，建议站在国家发展高度，从区域协同发展大局出发，形成各有特色的错位发展态势和高效协同的现代化产业分工体系。同时加快区域要素市场改革步伐，拆除有形壁垒，消除无形障碍，促进城市与城市之间物流、客流、资金流、数据流等市场一体化，引导要素资源按照市场供需优化空间配置，同时，构建促进城市群协同发展和高质量发展的体制机制保障，加快构建和形成新时代区域一体化新发展格局。

参考文献

孟庆松、韩文秀：《复合系统协调度模型研究》，《天津大学学报》（自然科学与工程技术版）2000 年第 4 期。

王昆、宋海洲：《三种客观权重赋权法的比较分析》，《技术经济与管理研究》2003 年第 6 期。

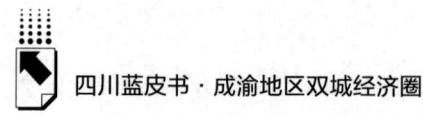

附表：2010~2019年沪苏城市群城市经济系统有序度

	上海	南京	无锡	常州	苏州
2010	0.18	0.02	0.00	0.00	0.00
2011	0.45	0.08	0.30	0.17	0.30
2012	0.53	0.18	0.51	0.33	0.45
2013	0.61	0.27	0.67	0.47	0.61
2014	0.67	0.43	0.59	0.54	0.59
2015	0.61	0.55	0.50	0.65	0.70
2016	0.49	0.65	0.64	0.75	0.79
2017	0.51	0.77	0.71	0.87	0.87
2018	0.49	0.89	0.70	0.93	0.90
2019	0.52	1.00	0.73	1.00	0.85
	南通	盐城	扬州	镇江	泰州
2010	0.00	0.00	0.00	0.00	0.00
2011	0.17	0.21	0.20	0.22	0.20
2012	0.30	0.34	0.28	0.40	0.27
2013	0.43	0.49	0.41	0.56	0.38
2014	0.56	0.61	0.55	0.57	0.44
2015	0.72	0.76	0.72	0.70	0.57
2016	0.73	0.71	0.79	0.77	0.66
2017	0.81	0.68	0.81	0.84	0.79
2018	0.91	0.78	0.92	0.92	0.91
2019	0.99	0.85	0.96	0.99	1.00

B.8 成渝地区双城经济圈产业协同发展报告

易晓芹 黄桂平 易彦玲*

摘　要： 产业协同发展是落实党中央建设成渝地区双城经济圈的具体表现。自成渝地区双城经济圈建设以来，川渝两地产业协同发展更加活跃、协同基础不断夯实、协同机制不断完善，在总体经济运行、重大项目建设、协同创新水平、协同政策出台等方面取得了显著成效。与此同时，两地也探索出了三种适合产业协同发展的新模式，即政府协同管理模式、重点产业协同发展模式、共建园区协同示范模式。然而，两地产业协同发展仍然面临城市经济体量依然较小、产业同构度依然偏高、行政分割制约依旧较强的问题，需要两地政府及企业共同努力，树立同城发展新理念，大力促进成渝地区双城经济圈"中部崛起"，有效解决产业同质化问题，充分调动市场主体积极性，纵深推进成渝地区双城经济圈建设。

关键词： 产业协同　成渝地区双城经济圈　区域协同

产业协同是区域协同发展的关键，对于提高区域生产力、加强地区综合实力以及提升城市全要素生产率具有重要的影响。2021年10月，中共中

---

* 易晓芹，四川省工业和信息化研究院经济师；黄桂平，正高级经济师，四川省工业和信息化研究院副院长；易彦玲，成都中医药大学信息工程专业本科学生。

央、国务院印发了《成渝地区双城经济圈建设规划纲要》（以下简称《纲要》），明确提出要合力打造成渝地区区域协作的高水平样板。为进一步强化协同效应，川渝两地坚定"一盘棋"新思想与"一体化"发展新理念，凭借两地的资源空间，构建优势互补、互惠共赢的协同发展体制机制。一年多来，两地在电子信息、汽车制造、装备制造等多领域探索产业协同发展新模式，纵深推进成渝地区双城经济圈建设。

一 成渝地区双城经济圈产业协同发展现状

（一）产业协同发展活跃度提升

成渝地区长期存在着产业竞争关系，在多项政策的推动下，竞争关系正逐渐向竞合关系转变并最终走向融合发展，区域产业协同已成为大势所趋。从中央提出建设成渝地区双城经济圈，以及《成渝地区双城经济圈建设规划纲要》的出台，到成渝地区签署多项合作框架协议，成渝地区在经济贸易领域的合作进一步加深。许多成都企业瞄准机遇在重庆设立分公司（厂），重庆相关企业也加快在成都地区布局，位于成渝中间地带的各个节点城市也借此东风加速招引相关产业、抢抓成渝市场。例如，宜宾三江新区积极引进四川时代新能源科技有限公司，该公司为全球动力电池龙头企业宁德时代全资子公司，其生产的新能源汽车动力电池可在3个小时以内分别在成都、重庆等数家汽车厂进行装配。此外，值得注意的是，2022年成渝地区将继续推进共建成渝地区双城经济圈重大项目160个，项目总投资预计超过2万亿元，部分项目如西部（重庆）科学城先进数据中心项目等已开工或启动建设，两地经济贸易往来日益密切，产业协同发展"浓度"不断提升。

（二）产业协同基础不断夯实

交通连接方面，以轨道交通为骨干、以公路网络为基础，进一步加快成渝两地一体化综合交通网络建设。规划到2025年轨道交通里程总规模达到1万公里以上，其中，铁路网规模达到9000公里以上，基本形成成渝之间、成渝与区域中心城市之间"1小时交通圈"和"1小时通勤圈"，此举将进一步缩短成渝地区的通勤时间，便于两地之间商务和人员往来。产业平台方面，主要在成渝毗邻地区共建多个合作平台（园区），定位为"示范区（带）"或者"先行区"，各个共建园区围绕主导产业构建多层次参与、多领域对接的政企联动机制，打造成渝合作新窗口。把西部（重庆）科学城建设作为打造"具有全国影响力的科技创新中心"的关键一步，为成渝两地创新要素的流动以及科技交流与合作提供平台支撑。社会民生方面，成渝两地科教文卫等相关领域合作加速推进，文化旅游交流日益密切。2020年12月，两江新区与天府新区签订教育协同发展协议，目前已推动34所学校结为协同发展共同体，打造具有全国影响力的教育一体化发展试验区。据统计，2021年国庆期间，入渝游客数约为232万人，其中四川是入渝游客数量最多的省份，游客约为86.2万人，占入渝游客比重超37%，预计2022年这一比重仍呈上升趋势。

（三）产业协同机制逐渐完善

在加快建设成渝地区双城经济圈的背景下，川渝两地政府多次召开重庆四川党政联席会议，联合发布相关产业协同政策和合作框架协议等，明确成渝协同发展的方向以及重点任务，成立各类产业协同发展工作组和专班，负责协调和联络成渝两地官方和半官方相关事务，重点讨论成渝产业协同发展面临的新形势、新问题并提出政策建议。以此为引领，成渝两地在电子信息、汽车汽配、智能制造、医药、金融和旅游等相关领域签订了多项产业协同发展合作备忘录和框架协议，党政部门、科研机构及高等院校建立了更为密切的协作机制。例如，重庆两江新区鱼复新城与宜宾三江新区互派管理人才挂职锻炼，以此提高干部任职能力，推动两地合作项目落实；成立成渝地区双城经济圈高校联盟，包括重庆大学、西南大学、四川大学、电子科技大学在内的20所高校，为推动成渝地区双城经济圈建设提供人才、智力、科技三重支撑。总体来看,川渝两地多部门、多领域、多维度的产业协同机制已日渐完善(见表1)。

表1 成渝地区产业协同推动机制

推动层面	推动机制
国家	高规格设立成渝地区双城经济圈建设领导小组,统筹协调川渝两地相关事务,推动两地共建成渝地区双城经济圈
重庆市人民政府和四川省人民政府	由重庆市委书记和四川省委书记等主要省(市)级领导人主持重庆四川党政联席会议等相关高层协调会议,共同确定年度重点工作和任务
部门和机构	川渝两地政府部门、科研院所和高等院校等签订各类合作框架协议,推动两地产业发展

二 成渝地区双城经济圈产业协同成效

近两年来,新冠肺炎疫情带来严峻考验,国内外环境复杂多变,川渝两地加压奋进、攻坚克难,产业协同发展稳步推进。

(一)川渝地区总体经济运行进一步恢复

《成渝地区双城经济圈建设规划纲要》的发布,为川渝地区经济发展带来了新的契机,两地经济正持续回升向好,区域产业协同发展动能增强。《成渝地区双城经济圈发展指数》[①] 显示:从经济总量方面来看,2020年重庆、四川经济总量合计为7.36万亿元、占全国比重为7.27%,2019年两地经济总量和增速分别为6.9万亿元、7.12%,经济总量稳步提升。从川渝两省区第二产业增加值全国占比来看,由2019年的0.84%增加到2020年的0.85%,虽然仅有0.01个百分点的提升,但在疫情期间也实属不易。从川

---

① 重庆工商大学成渝地区双城经济圈协调发展中心:《成渝地区双城经济圈发展指数》,转引自《重庆日报》2021年12月22日。

渝两省区社零总额全国占比来看，也呈现微增长趋势，2019年为8.08%，2020年为8.32%。总体来看，与2019年相比成渝地区经济运行数据总体稳中有升，产业协同发展向上态势显活力，表明成渝地区产业协同发展拥有较强的内生性动力。

（二）川渝合作共建重大项目再上新台阶

重大项目作为川渝产业协作的重要抓手，备受两地政府重视。2021年川渝两地实施合作共建重大项目67个，完成年度投资1030.9亿元。作为探索川渝区域一体化发展的"试验田"，毗邻地区合作共建的区域发展平台也在持续增加①。到目前为止，川渝区域发展功能平台共计10个，主要有万达开川渝统筹发展示范区；梁平、垫江、达川、大竹、开江、邻水等环明月山地区打造明月山绿色发展示范带；城口、宣汉、万源建设革命老区振兴发展示范区；广安、渝北共建高竹新区；合川、广安、长寿打造环重庆主城都市区经济协同发展示范区；遂宁、潼南建设一体化发展先行区；资阳、大足共建文旅融合发展示范区；等等②。其中8个已出台总体方案，另外2个建设方案已呈报国务院等待批复。

（三）成渝地区协同创新水平进一步提升

区域协同创新能力是衡量产业协同发展水平的重要指标，西部科学城的建立成为链接成都与重庆两地创新资源的强力纽带。目前，中国西部（成都）科学城拥有6个重大科技基础设施、6个交叉研究平台、35个国家级科技创新平台、25家国家级科研机构、22个科技创新基地、54个校院地协同创新平台、6个科教基础设施，中国西部（重庆）科学城拥有91个重点实验室、5个国家重点实验室、294个研发机构、33个博士后科研工作站。总

---

① 《川渝合作共建2021年重大项目完成年度投资超1000亿元》，《重庆日报》2022年2月28日。
② 《助力"双城记"，川渝共建9个毗邻地区合作平台》，《产城》2020年第8期，第16~17页。

体来看，成渝地区科研资源和创新平台集群已粗具规模。《2021年成渝地区双城经济圈协同创新指数评价报告》显示：成渝地区协同创新总指数增速接近10%，协同创新水平进一步提升。①

（四）成渝地区协同政策出台创历年之最

成渝地区双城经济圈建设作为战略引领，统揽成渝地区"十四五"各项重点工作。川渝已召开4次重庆四川党政联席会议，晒出了一系列"成绩单"，包括《深化四川重庆合作推动成渝地区双城经济圈建设工作方案》《汽车产业高质量协同发展实施方案》《电子信息产业协同发展实施方案》等。一年来，两地政府共签署236份合作协议；27个标志性项目开工建设，重大项目总投资额超5.5亿元；101名干部互派到两地重要部门挂职锻炼，超过6000人参加两地干部专题培训大会；共享科技专家信息资源超30000人。总之，川渝两省市如此紧密互动，达到近几年之最。两地无论是政府部门还是企业、研究机构和高校，都在积极务实地交流合作，共同推动成渝地区双城经济圈产业协同发展。

三 成渝地区双城经济圈产业协同模式

（一）政府协同管理模式：以永泸合作为例

1. 基本情况

永川区位于长江上游北岸、重庆西部，东距重庆主城55公里，西离成都276公里，是成渝地区双城经济圈枢纽节点。泸州地处川渝滇黔接合部，是成渝地区双城经济圈南翼中心城市。泸州与永川在产业发展上看似不同，其实有相通之处，比如泸州加快打造三大千亿产业，永川主要发展五大工业

---

① 重庆市科学技术研究院编《2021年成渝地区双城经济圈协同创新指数评价报告》，转引自《川观新闻》2022年1月6日。

主导产业和大数据产业,两地相关企业可形成产业链互补①。正是看到彼此产业之间的互补性,两市(区)主要领导干部主动出击,互访考察,结合自身优势,建立协同合作机制,探索产业协同发展运作规则,共同提升区域辐射影响力。

2. 具体做法

一是两地积极互访调研,寻求合作共赢点。两地先后由市(区)委书记率党政代表团互访考察,了解各自在城市建设、产业发展等方面的成功经验和做法。两地需要进一步加强协作,拓宽合作领域,共同谋划一批优势互补、错位发展、良性互动的好项目。二是组建永泸产业协作专班,搭建两地合作桥梁。两地召开多次融合发展示范区建设领导小组会议,制定示范区年度重点工作,落实两地产业协同发展举措。三是达成合作共识,签署两地协同发展相关文件。借鉴长三角等先发区域"三级运作、统分结合、务实高效"合作机制,两地政府及相关部门陆续签订《重庆市永川区人民政府、四川省泸州市人民政府推进成渝地区双城经济圈建设一体化发展2020年行动计划》《深化"泸内荣永"协同发展泸(州)-永(川)合作备忘录》等协作文件。

3. 经验启示

这两年来,永泸两地通过多部门协调工作,进一步优化了两地产业发展格局,在两地主导产业协同发展上取得一定成绩。可见在推动产业协作上,两地政府及相关部门上下通力合作、科学布局、迎难而上,实地走访、组建工作组及专班、签署相关框架协议等措施,具有较好的协作实效,探索出了一条具有永泸产业协作特色的发展模式,为成渝地区双城经济圈协同发展再添新色。

(二)重点产业协同发展模式:以电子信息产业为例

1. 基本情况

川渝两地电子信息产业历史悠久、产业基础扎实、实力雄厚,目前已成

---

① 《看似不同,实则相近 泸州与永川共扬长板融"圈"》,人民网,2020年5月28日。

为总量最大、增速较快、贡献最大的支柱产业。四川聚集了华为、京东方、清华紫光、英特尔、微软、IBM、德州仪器等一批具有全球影响力的龙头企业，拥有生产全球50%左右苹果平板电脑的能力，2020年电子信息产业营业收入1.2亿元，同比增长22.6%。重庆已连续6年成为全球最大的笔记本电脑生产基地，2020年重庆生产笔记本电脑6572万台、手机超1.8亿台，出口量分列全国第一、第二名。两地电子信息产业集群关联程度较高、互补性较强，全域配套率达80%以上，具备实现高质量协同发展的基础和条件，产业协作已经进入了快速推动新阶段，是推进成渝地区双城经济圈建设的重要着力点。

2. 具体做法

一是两地共同印发《成渝地区双城经济圈电子信息产业高质量协同发展实施方案》，提出"共同打造富有活力的集成电路生态圈"等多个主要任务，并从整体规划、细分领域发展、重点任务、保障措施等方面，为两地电子信息产业高质量协同发展提供指南。二是由四川天府新区、重庆两江新区携手成立电子信息产业联盟，整合两地优势资源，发挥产业带动作用，共同助力成渝地区建设"两中心两地"。三是推动两地电子信息产业链上下游紧密协作，充分发挥产业聚集优势，加快构建电子材料、元器件、整机终端、下游应用等配套体系，持续推动两地电子信息产业协同合作。

3. 经验启示

川渝两地在电子信息领域的分工协作为该产业的发展跃升提供了动力。统计数据显示，2020年成渝地区双城经济圈规划范围内电子信息产业营业收入总量达到13344.3亿元，占全国比重接近10%，与2016年相比提升了1.7个百分点，协同成效明显。川渝两地通过行政协议制度，建立电子信息产业协同发展机制框架结构和运行方式，促进两地企业互供互采，此举将旧有的竞争关系转变为协同发展，将更有利于产业质和量的提升。

（三）共建园区协同示范模式：以川渝高竹新区为例

1. 基本情况

2021年1月4日，四川重庆两地政府共同设立川渝高竹新区，新区规划范围包括重庆市渝北区茨竹镇、大湾镇的部分行政区域和四川省广安市邻水县高滩镇、坛同镇的部分行政区域，总面积262平方公里，其中涉及渝北区124平方公里、邻水县138平方公里。园区建成面积约6平方公里，已有163户企业入驻、66户企业投产，规上企业共有34户。新区目前是川渝两地落实成渝地区双城经济圈战略部署共建的唯一跨省域新区，重点打造川渝合作新能源汽车配套生产基地，并在科技创新、智能制造、新一代电子信息、新材料、片区开发等多个领域发力，意在形成能级更高的产业示范区。此外，新区的设立更是探索经济区与行政区分离改革（简称"两区分离"）的重要试点，打造区域协作样板意义重大。

2. 具体做法

一是初步理顺利益分享机制。渝北区和广安市依照"成本共担、利益共享"的原则，将两地利益格局重新划分，对新区存量部分交由原行政辖区各自分享，增量部分则由两地平均分配。二是构建多样化的新区协同管理体制机制。例如，搭建协同运行管理机制，组建新区协同管理机构，创新建立领导小组、管委会、国有公司三级管理架构；建立人才联动交流机制，协同解决新区互通互认的人才一体化发展面临的重点难点问题；实施跨省域集成的税费征管服务，探索企业纳税人"办事不出新区"；建立同城同价的要素保障机制，确保"渝企""川企"享受"同城待遇"；等等。

3. 经验启示

就目前运行情况来看，新区已整理出"两区分离"改革内容清单，分别从发展规划、开发建设、基础设施、公用服务、运行管理等多个维度持续推动川渝跨省域毗邻地区一体化发展实践，初步形成经济区与行政区适度分离改革成果，尤其是在建立在互利共赢基础上的税收分享机制，激发出新区发展新动能，值得其他成渝地区产业协作示范园区考察学习。

四 存在的问题和短板

按照中共中央、国务院的决策部署，川渝两地政府坚决响应、主动作为，快速建立起高层协商对话机制，多地试点共建产业园区、共建重大基础设施，在解决地区行政壁垒、打破区域市场封锁、强化产业协作配套、提供公共服务等方面实现突破性进展，但是川渝产业协同仍然面临一些问题和短板。

（一）城市经济体量仍然较小

城市经济体量的大小对于产业的发展具有重要的影响。成都和重庆主城作为成渝地区双城经济圈重要的两个极核，2021年GDP分别为19916.98亿元、10209.76亿元，均突破万亿大关；然而处于中间地带的区域中心城市和重要节点城市，比如绵阳、德阳、遂宁、大足、合川等，都未突破4000亿元，绝大多数城市经济体量较小（见表2）。成渝地区各个城市发展不均衡仍然明显，"双核独大、中部塌陷"的格局并未得到改善，"中部塌陷"阻碍双城经济圈建设问题依然严峻。

表2　2021年成渝地区双城经济圈相关城市GDP

单位：亿元

四川省	成都	德阳	绵阳	遂宁	广安	乐山	泸州	南充
	19916.98	2656.56	3350.29	1519.87	1417.8	2205.15	2406.1	2601.98
	眉山	宜宾	内江	达州	雅安	自贡	资阳	
	1547.87	3148.08	1605.53	2351.7	840.56	1601.31	890.5	
重庆市	重庆主城	大足	合川	潼南	万州	黔江	涪陵	綦江
	10209.76	800.3	973	539.35	1087.94	270.98	1402.74	742.33
	长寿	江津	永川	南川	铜梁	荣昌	丰都	
	866.26	1257.96	1144.17	408.51	704.5	813.47	375.44	

资料来源：四川各市、重庆各县区2021年国民经济与社会发展统计公报。

（二）产业同构度依然偏高

与京津冀、粤港澳大湾区等城市群相比，成渝地区产业优势不明显，内部分工不合理，集群优势不突出。成渝地区重点城市主导产业主要为电子信息、汽车制造、装备制造（见表3）。据测算，重庆、成都两市产业同构系数高达0.9977，电子信息、装备制造、先进材料三个产业重合度最高，产业同质化较为严重。① 一方面，在政府的主导下，部分同质化产业让成渝两地合力打造世界级产业集群成为可能，例如，成渝两地共建世界级装备制造产业集群；另一方面，如果两地都不放弃发展同质化产业，必然在产业分工上存在恶性竞争，扰乱产业的有序发展。

表3 成渝地区双城经济圈部分重点城市主导产业

重点城市	主导产业
成都	电子信息、汽车制造、食品饮料、装备制造、生物医药、旅游
重庆	电子信息、汽车制造、装备制造业、材料工业、能源工业、建筑、金融
绵阳	电子信息、汽车制造、新材料、节能环保、高端装备制造、食品饮料
南充	电子信息、高端装备制造、丝纺服装
宜宾	酒类食品、综合能源、化工轻纺、机械装备
德阳	电子信息、装备制造、医药食品、先进材料、通用航空、数字经济
乐山	光电信息、先进材料、绿色化工、食品饮料
铜梁	轨道交通、汽车零部件、新能源新材料、大健康、智能制造、生态农产品加工
大足	五金产业、汽摩汽配、静脉产业、智能制造、文创旅游
合川	装备制造、医药健康、信息技术
潼南	高端装备制造、化工新材料、消费品、节能环保、绿色建筑建材
万州	智能装备、绿色照明、食品医药、汽车制造、新材料
涪陵	电子信息、装备制造、食品医药、新材料

资料来源：根据成渝地区2020年和2021年政府工作报告、产业规划等相关文件数据整理。

（三）行政分割制约依旧较强

成渝地区双城经济圈建设是中央领导人亲自部署的国家发展战略，川渝两地政府在第一时间积极响应，出台相应的政策措施，力促两地产业协同发展。不可否认的是，在经济圈建设中仍然存在行政分割现象。成渝地区双城经济圈目前正处于初步形成阶段（见表4），市场机制还不够完善，与长三

---

① 李优树、冯秀玲：《成渝地区双城经济圈产业协同发展研究》，《中国西部》2020年第4期，第35~45页。

角、粤港澳大湾区相比建设动力机制以行政为主。两地政府作为区域调控主体与利益主体，在一定程度取代企业参与市场竞争，具备"经济人"属性。出于对自身利益的考虑，两地政府更注重引入新产业、发展新项目，以达到政绩目标而忽视区域经济基础和比较优势，因此在区域产业布局上更多选择竞争而非分工协作。

表4 成渝地区双城经济圈发展阶段及其动力机制

类别	经济圈初步形成	经济圈拓展	经济圈创新发展
动力机制	行政为主	行政为主、市场为辅	市场为主、行政为辅
典型经济圈	成渝地区双城经济圈	长三角、粤港澳大湾区	发达国家经济圈

五 政策建议

成渝地区双城经济圈建设虽然面临诸多困境，但是在政府和企业的共同努力之下，两地产业协同正在不断增进、协作领域正在不断拓宽、合作机制正在不断完善，未来只要尊重市场规律、思路方法得当、坚定不移地贯彻实施，成渝地区将不断缩小与京津冀、长三角、粤港澳大湾区的差距，形成高能级经济圈。

（一）转变思维，树立同城发展新理念

不同行政区域拥有各自独立的经济和利益诉求，从实践来看，否认各自利益的存在不仅不会消除矛盾，还会新增误解和对立。在新一轮成渝地区双城经济圈建设中，川渝两地政府及企业要自上而下充分认识到国家战略部署的长远意义，培养大局意识，树立同城化思维模式，组织川渝两地产业协同常态化理论和实践学习，构建互信互利机制，在此基础上建立产权明晰的利益调节机制和分配机制，以组织和制度保障的方式实现各自利益的理想预期，最终产生"1+1>2"的效果。

（二）提升能级，促进经济圈"中部崛起"

成渝地区双城经济圈的建设不仅需要成都、重庆两市的能级提升，更需要中间地带各个区域中心城市及重要节点城市共同发力。从实际出发，中间地带城市单独发展显然力度不够，为有效解决"中部塌陷"问题，需要着重发展成都都市圈和重庆都市圈，以成都为轴心，带动德阳、资阳、眉山等城市东向发展；以重庆为轴心，带动大足、永川、潼南等区县向西发展。东西对接，鼓励各节点城市主动接受经济辐射、承接产业转移，以外畅、内联、提质为重点，促进中间地带各城市产业崛起。

（三）错位发展，缓解产业同质化问题

川渝两地要立足产业基础，梳理两地产业发展脉络，按照现有产业关联度高低进行分类管理，采用不同的产业协同策略，逐步缓解产业同质化问题。对于高关联度的产业，需要优化整合产业结构，进一步细化分工协作，打造全国乃至世界级产业集群。对于中关联度的产业，需要寻找产业协作突破口，对已有产业链实施补链、固链、延链，提升产业关联水平。对于低关联度或者过剩产业，通过沟通与协商，在充分理解的基础上有序发展或者削减产能。

（四）适度让位，调动市场主体积极性

在双城经济圈建设初期，两地政府在协调两地资源配置、落地重大项目、推动产业链优化升级等方面具有主导作用，在一定程度上扮演着"准企业家"的角色，较企业自发协作行为处于强势地位。随着川渝市场的不断完善，两地政府需要厘清与市场的边界，转变为市场拓展型政府，在不错位、不越位、不缺位的前提下强化监管、维护秩序、克服失灵，做到放管有度，充分调动市场主体积极性。

参考文献

丁重任、王河欢:《成渝地区双城经济圈产业竞争力评价及协同发展研究》,《中国西部》2020年第6期。

李艺铭:《加快推进粤港澳大湾区城市群产业协同发展》,《宏观经济管理》2020年第9期。

刘鹤:《加快构建以国内大循环为主体、国内国际双循环相互促进的新发展格局》,《人民日报》2020年11月25日。

刘小差、冯瑜:《统筹成渝地区双城经济圈产业要素合理流动和高效集聚》,《中国发展观察》2020年第12期。

罗若愚、赵洁:《成渝地区产业结构趋同探析与政策选择》,《地域研究与开发》2013年第5期。

覃剑:《穗澳产业协同发展研究》,《城市发展战略》2021年第6期。

向晓梅、杨娟:《粤港澳大湾区产业协同发展的机制和模式》,《华南师范大学学报》(社会科学版)2018年第2期。

B.9
成渝地区双城经济圈教育协同发展报告

张筠 王天崇 杨婧*

摘　要： 中共中央、国务院印发的《成渝地区双城经济圈建设规划纲要》提出推动成渝地区双城经济圈教育一体化发展。为了解两地教育协同情况，本报告选取了两地高等教育、职业教育、义务教育、学前教育、教师队伍建设等方面的基础数据和不同历史时期教育协同的情况进行分析。研究发现，成渝地区双城经济圈教育协同发展面临政策红利、人民期待、科技赋能等机遇，但也存在行政分离导致融合难、协同的形式较为单一、协同的理念还有待加强、与经济发展协同度不高等现实挑战。未来，本报告建议要通过强化教育协同理念、突出双核带动、增强教育协同保障等举措，推动成渝地区双城经济圈教育一体化发展。

关键词： 成渝地区双城经济圈　共享教育　教育协同

共享教育资源、推动教育合作是《成渝地区双城经济圈建设规划纲要》（以下简称《纲要》）的重要内容。《纲要》要求，要"加强顶层设计和统筹协调，牢固树立一体化发展理念，合力打造区域协作高水平样板"。教育协同在推动成渝地区双城经济圈建设中具有先导性、基础性的作用，不仅能推动经济圈公共服务的共建共享，而且为成渝地区双城经济圈建设成为

---

* 张筠，四川省社会科学院区域经济研究所助理研究员，主要研究方向为区域发展、教育经济、制度建设；王天崇，四川省社会科学院新闻传播研究所2021级硕士研究生；杨婧，四川省社会科学院法学研究所2021级硕士研究生。

"具有全国影响力的重要经济中心、科技创新中心、改革开放新高地、高品质生活宜居地"提供智力支撑和人才保障,更为重要的是可提升区域内的公共服务质量和水平,增强人民群众的获得感、幸福感。《纲要》从扩大普惠性幼儿园供给、推进城乡义务教育一体化、统筹发展职业教育、联手建设世界一流大学、开展教育国际合作等方面为成渝地区双城经济圈教育协同发展设计了基本路径。"协,众之同和也;同,合会也。"推动成渝地区双城经济圈教育协同,就是要利用好川渝两地的优质教育资源,推动教育内部各系统、圈内各级各地各类教育、经济圈内与圈外的教育、教育与其他要素之间协调发展、合作发展、创新发展,以"聚指成拳"协同效应助推成渝地区双城经济圈建设。

一 成渝地区双城经济圈教育协同发展的基础

(一)成渝地区双城经济圈教育发展的基础数据

1. 高等教育

截至2020年底,重庆市有普通高等学校68所。普通高等学校招生数为41.33万人,其中,普通高等学校本科招生数为13.45万人,普通高等学校专科招生数为16.71万人;普通高等学校在校学生数为123.81万人,普通高等学校本科在校学生数为48.82万人,普通高等学校在校研究生数为8.30万人(普通高等学校在校博士研究生数为0.81万人,普通高等学校在校硕士研究生数为7.40万人);普通高等学校毕(结)业生数为21.15万人,普通高等学校本科毕(结)业生数为11.28万人(见图1)①。

截至2020年底,四川省共有普通高等学校132所。普通高等学校招生数为53.81万人,其中,普通高等学校本科招生数为24.29万人,普通高等学校专科招生数为29.52万人;普通高等学校在校学生数为180.09万人,普通高

---

① 重庆市统计局官网,http://tjj.cq.gov.cn/zwgk_233/tjnj。

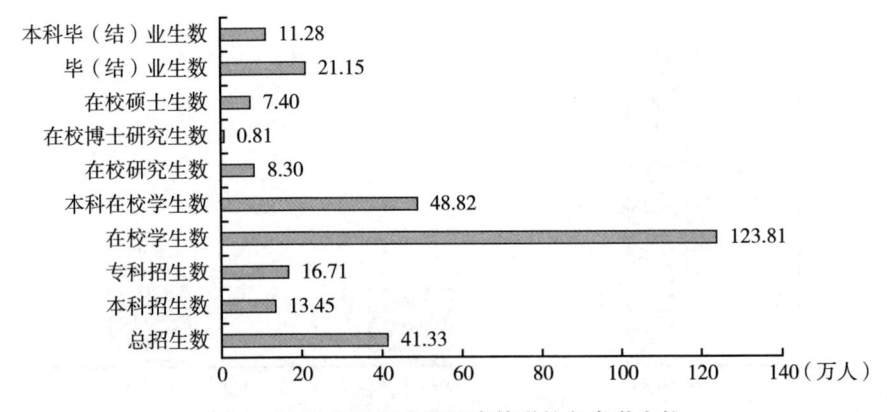

图 1 2020 年重庆市普通高等学校各类学生数

说明：四川省统计口径与重庆市不同，四川省本专科招生数不包含研究生，重庆包含。

等学校本科在校学生数为 99.38 万人；普通高等学校毕（结）业生数为 43.31 万人，普通高等学校本科毕（结）业生数为 22.24 万人（见图 2）。

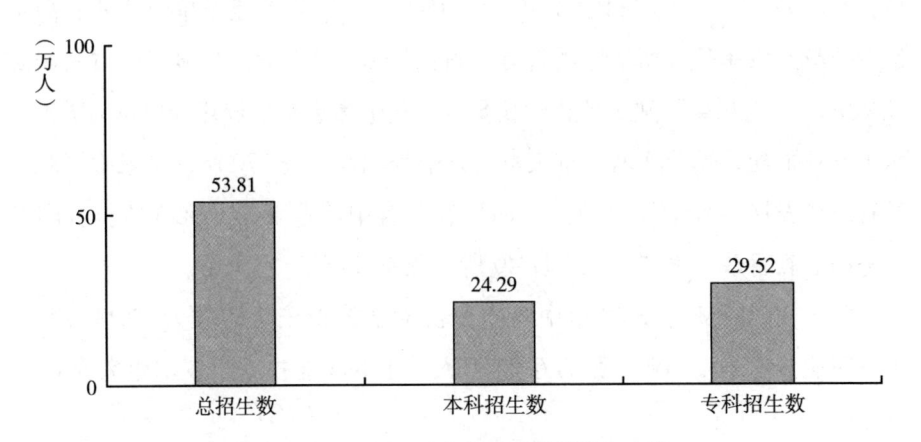

图 2 2020 年四川省普通高等学校招生数

截至 2020 年底，成都市普通高等学校数有 57 所，普通高等学校在校生数为 92.71 万人，普通高等学校的毕业生数 23.04 万人，普通高等学校的招生数为 28.98 万人（见图 3）[1]。

---

[1] 四川省统计局官网，http://tjj.sc.gov.cn/scstjj/c105855/nj.shtml。

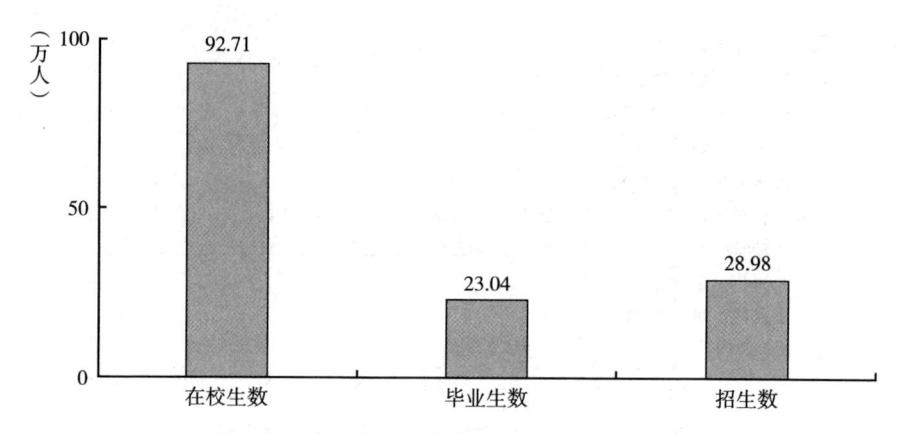

```
（万人）  100 ┤ 92.71
         50 ┤          23.04      28.98
          0 ┴  在校生数    毕业生数    招生数
```

图 3　2020 年成都市普通高等学校学生数

2. 职业教育

截至 2021 年底，重庆市有专科高职院校 42 所，有国家优质高职院校 5 所，有"双高"建设项目学校 10 所，其中高水平学校建设单位 2 所、高水平专业群建设单位 8 所。四川省有专科高职院校 80 所，有国家优质高职院校 9 所，有"双高"建设项目学校 8 所，其中高水平学校建设单位 1 所、高水平专业群建设单位 7 所。重庆市共有中等职业学校 170 所，国家中等职业教育改革发展示范学校 30 所[①]。四川省共有中等职业学校 493 所，有国家中等职业教育改革发展示范学校 40 所（见图 4）[②]。

截至 2020 年底，成都市中等职业技术学校在校生人数为 17.90 万人，中等职业技术学校毕业生数为 6.03 万人，中等职业技术学校招生数为 6.27 万人[③]。

3. 义务教育和高中教育

截至 2020 年底，重庆市高中阶段学校有 434 所，其中普通高中有 264 所；义务教育学校有 3622 所，普通初中有 868 所，普通小学有 2754 所（见图 5）。

---

① 重庆市统计局官网，http://tjj.cq.gov.cn/zwgk_233/tjnj。
② 四川省统计局官网，http://tjj.sc.gov.cn/scstjj/c105855/nj.shtml。
③ 成都市统计局官网，http://www.cdstats.chengdu.gov.cn。

□ 重庆市　■ 四川省

类别	重庆市	四川省
高水平专业群建设单位	8	7
高水平学校建设单位	2	1
"双高"建设项目学校	10	8
国家优质高职院校	5	9
专科高职院校	42	80
国家中等职业教育改革发展示范学校	30	40
中等职业学校	170	493

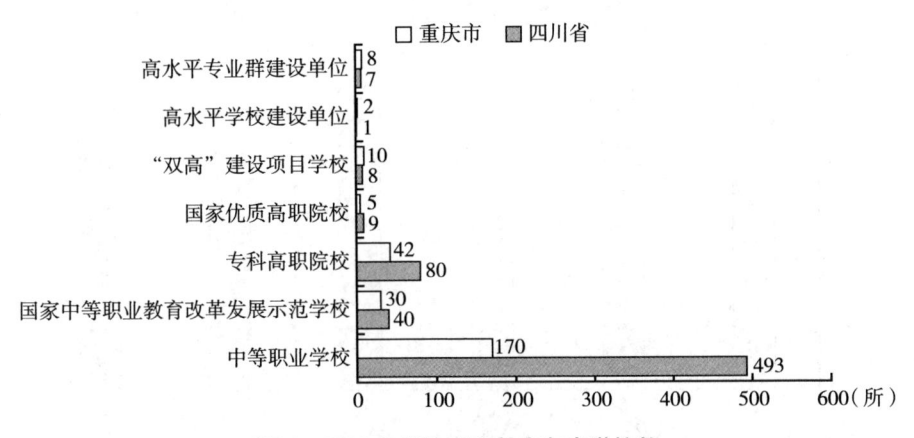

图 4　2021 年川渝职业教育各类学校数

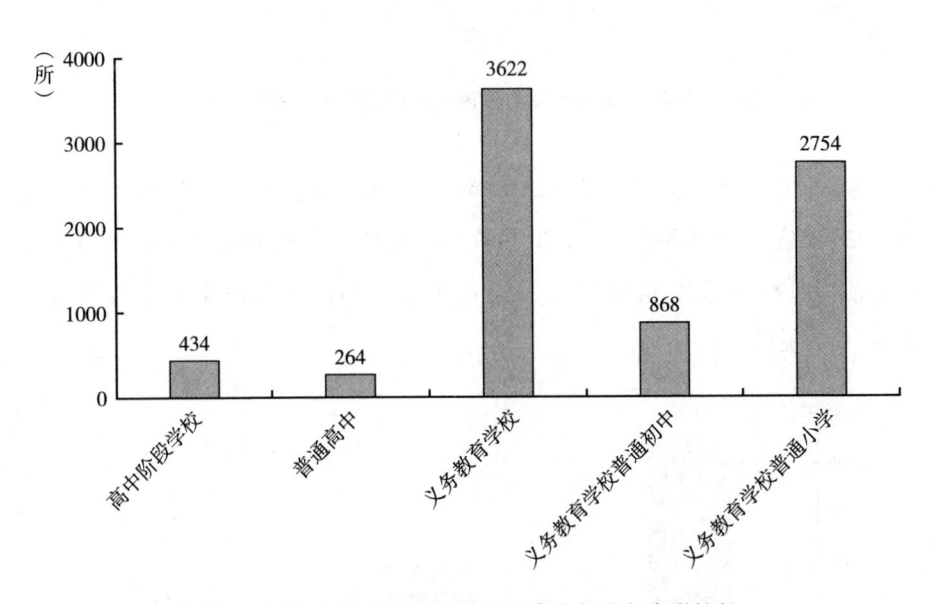

学校类别	数量（所）
高中阶段学校	434
普通高中	264
义务教育学校	3622
义务教育学校普通初中	868
义务教育学校普通小学	2754

图 5　2020 年重庆市义务教育和高中教育各类学校数

2020 年，重庆市初中适龄人口入学率达到 99.98%，高中阶段毛入学率达到 98.48%，高等教育毛入学率达到 53.3%，初中毕业生升学率达到 99.75%，普通高中升学率达到 62.19%，小学毕业生升学率达到 100%（见图 6）。①

---

① 重庆市统计局官网，http://tjj.cq.gov.cn/zwgk_233/tjnj。

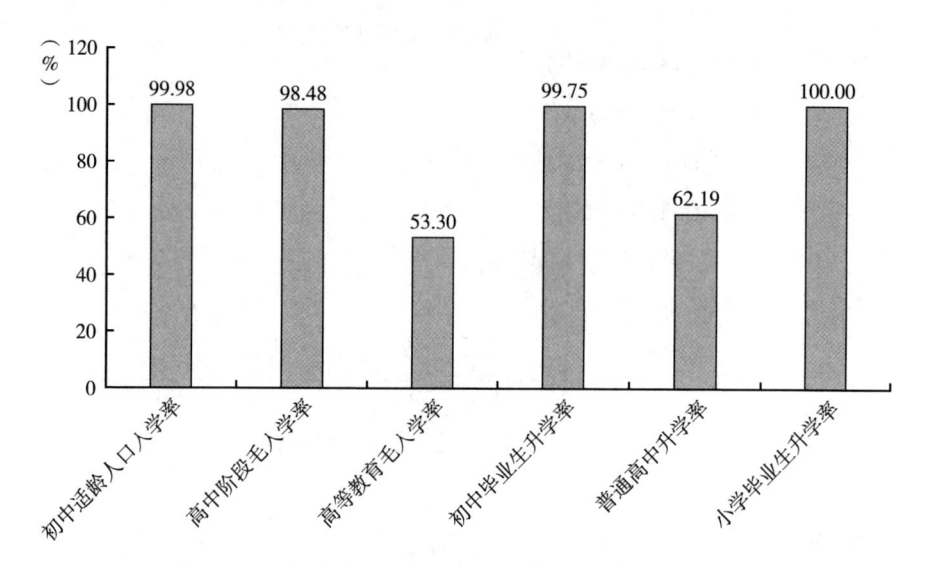

图6 2020年重庆市义务教育和高中教育入学率与升学率

截至2020年底,四川省普通中学共有4469所,小学共有5679所。截至2020年底,四川省每十万人口小学平均在校生数为6602人,每十万人口初中阶段平均在校生数为3341人,每十万人口高中阶段平均在校生数为2814人(见图7)。

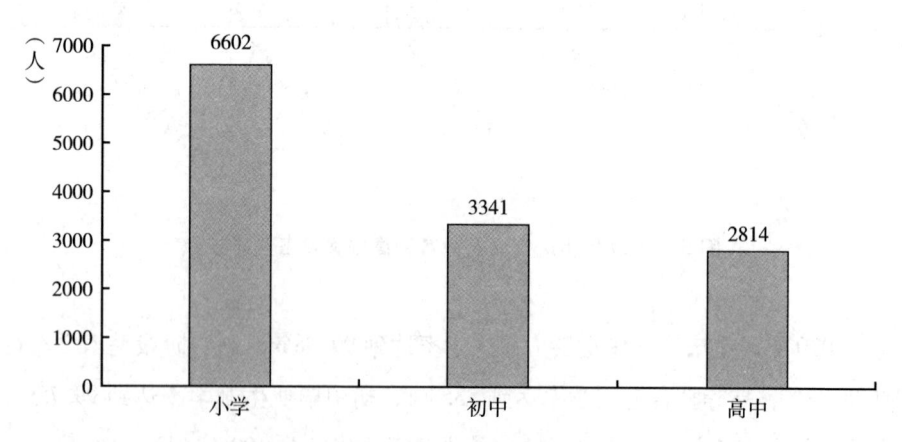

图7 2020年四川省义务教育和高中教育每十万人口平均在校生数

截至 2020 年底,成都市小学共有 623 所,小学在校生数为 106.21 万人,小学毕业生数为 15.82 万人,小学招生数为 19.03 万人;普通中学共有 635 所,普通中学在校生数为 66.29 万人,普通中学毕业生数为 19.48 万人,普通中学招生数为 23.14 万人。截至 2020 年底,成都市高中毕业生人数为 6.51 万人,招生人数为 7.34 万人,在校学生人数为 21.35 万人。成都市初中毕业生人数为 12.96 万人,招生人数为 15.80 万人,在校学生人数为 45.03 万人(见图 8、图 9)。①

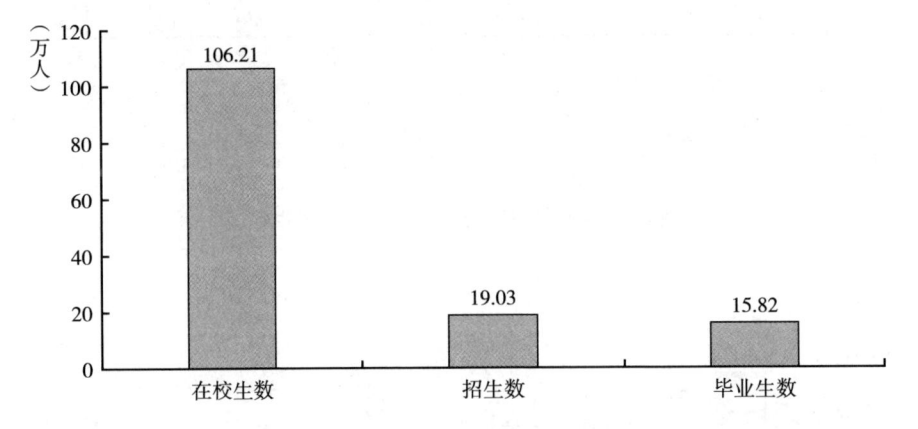

图 8　2020 年成都市小学教育各类学生数

4. 学前教育

截至 2020 年底,重庆市幼儿园有 5704 所,学前教育在校学生数有 100.78 万人,学前教育招生数有 37.43 万人,学前教育毕业学生数有 35.17 万人,每十万人口在幼儿园学生数为 3226 人(见图 10)。②

截至 2020 年底,四川省幼儿园有 1.37 万所,每十万人幼儿园平均在校生人数为 3167 人。截至 2020 年底,成都市幼儿园有 2732 所,幼儿园班数有 2.09 万班,在园幼儿数有 63.21 万人(见图 11)。③

---

① 四川省统计局官网,见 http://tjj.sc.gov.cn/scstjj/c105855/nj.shtml。
② 重庆市统计局官网,http://tjj.cq.gov.cn/zwgk_233/tjnj。
③ 四川省统计局官网,http://tjj.sc.gov.cn/scstjj/c105855/nj.shtml。

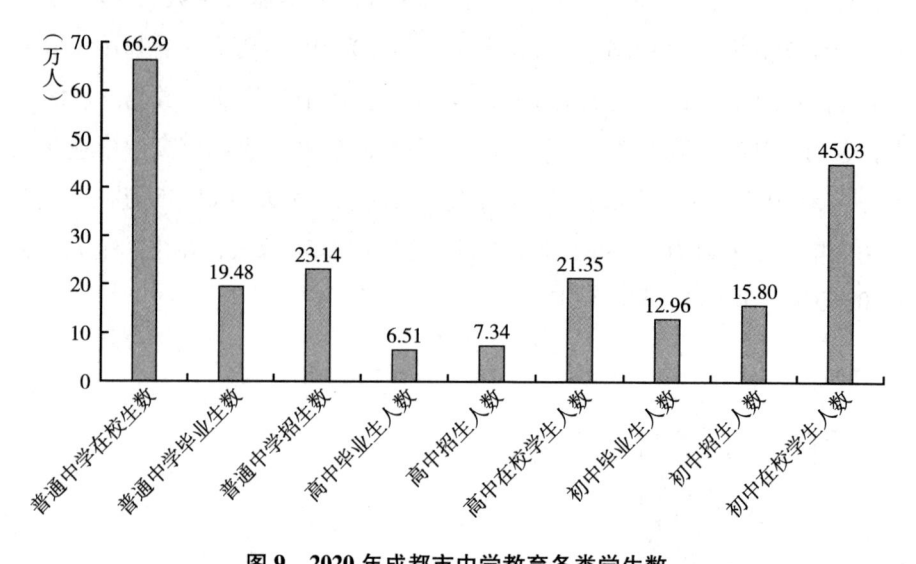

图9　2020年成都市中学教育各类学生数

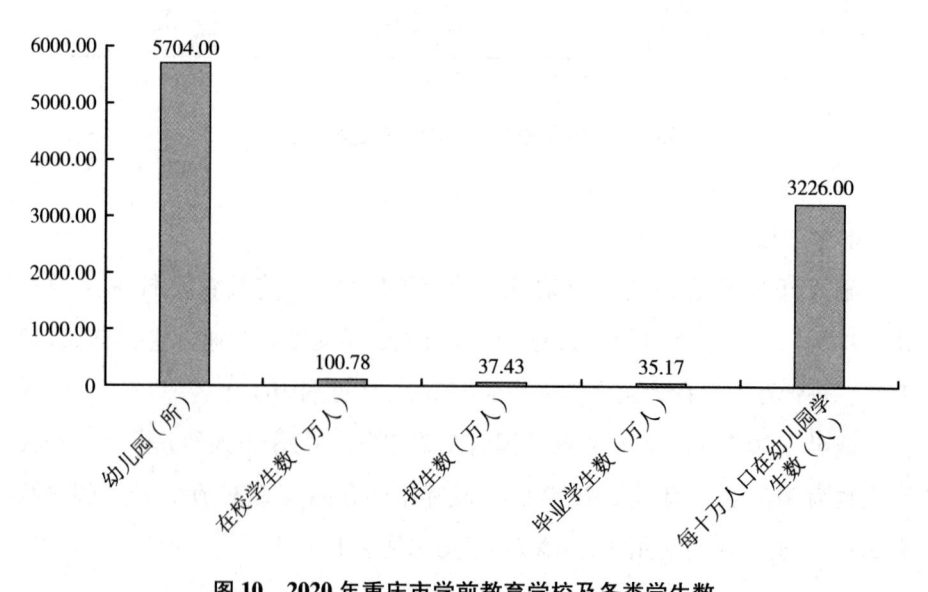

图10　2020年重庆市学前教育学校及各类学生数

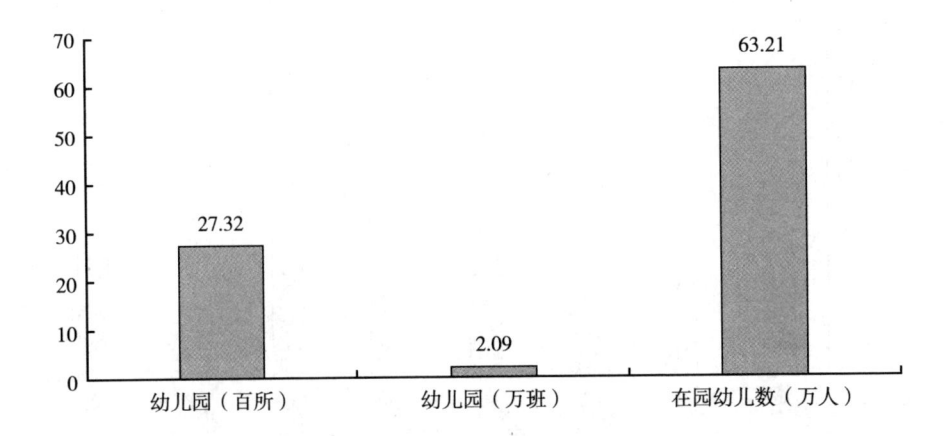

图 11　2020 年成都市学前教育基础数

5. 教师队伍情况

截至 2020 年底，重庆市高等学校专任教师数为 5.00 万人，普通高等学校专任教师数为 4.91 万人，本科院校专任教师数为 31595 人，独立学院专任教师数为 5095 人，专科院校专任教师数为 17579 人，成人高等学校专任教师数为 833 人，高中阶段学校专任教师数为 59662 人，普通高中专任教师数为 40836 人，中等职业教育专任教师数为 18826 人，义务教育专任教师数为 214079 人，普通初中专任教师数为 83469 人，普通小学专任教师数为 130610 人，特殊教育学校专任教师数为 1072 人，幼儿园专任教师数为 52482 人，工读学校专任教师数为 23 人，成人中学专任教师数为 9 人，成人小学专任教师数为 198 人。小学每一教师负担学生数 15.5 人，普通初中每一教师负担学生数 13.8 人，普通高中每一教师负担学生数 15.3 人，中职（不含技工校）每一教师负担学生数 22.2 人，普通高等学校每一教师负担学生数 17.7 人（见图 12）。[①]

截至 2020 年底，四川省普通高等学校专任教师数为 9.54 万人，中等职业学校专任教师数为 4.66 万人，普通中学专任教师数为 32.13 万人，小学

---

① 重庆市统计局官网，http://tjj.cq.gov.cn/zwgk_233/tjnj。

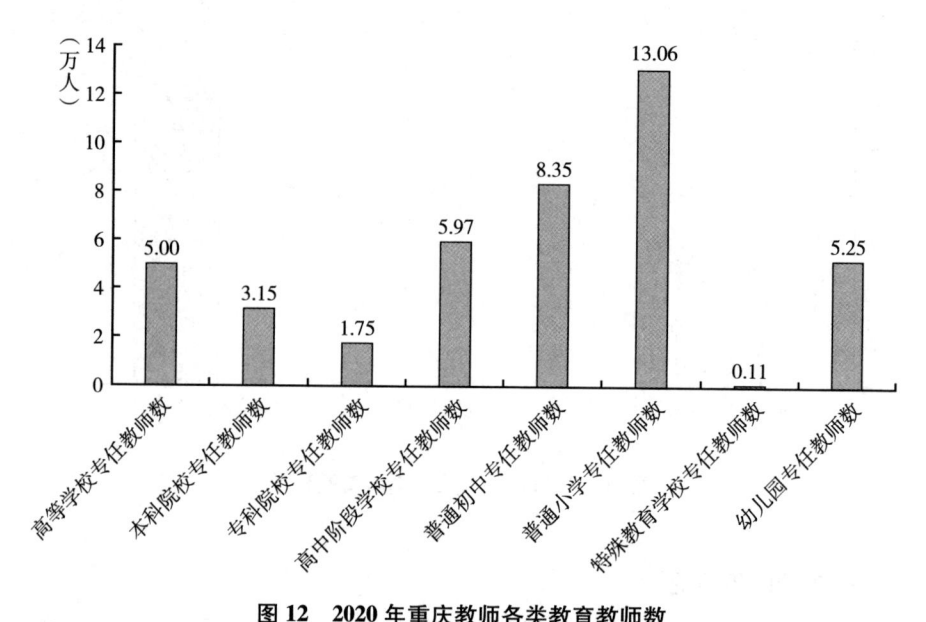

图 12　2020 年重庆教师各类教育教师数

专任教师数为 34.48 万人，幼儿园专任教师数为 13.20 万人，特殊教育学校专任教师数为 3220 人（见图 13）。①

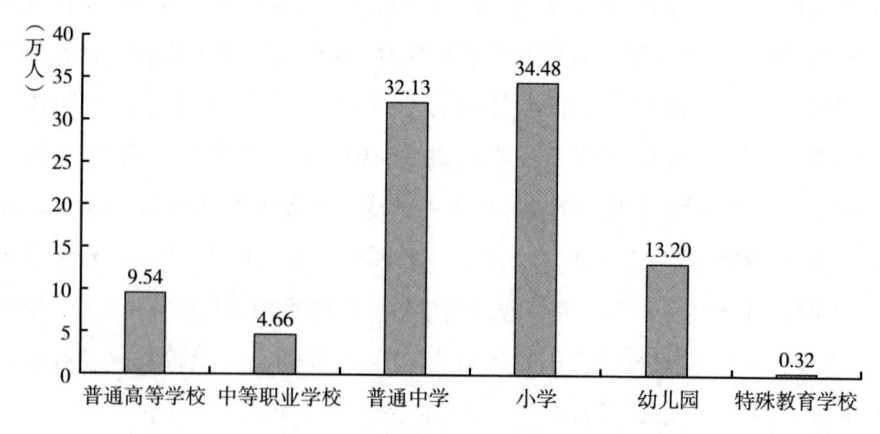

图 13　2020 年四川省各类学校专任教师数

---

① 四川省统计局官网，http：//tjj.sc.gov.cn/scstjj/c105855/nj.shtml。

截至2020年底，成都市高等学校专任教师为5.23万人，中等技术学校专任教师为8897人，职业中学专任教师为4714人，普通中学专任教师为5.60万人（高中专任教师为1.94万人，初中专任教师为3.65万人），小学专任教师为6.16万人，特殊教育学校专任教师为708人，幼儿园教职员工数为9.24万人（教师有4.53万人，保育员有2.11万人）（见图14）。①

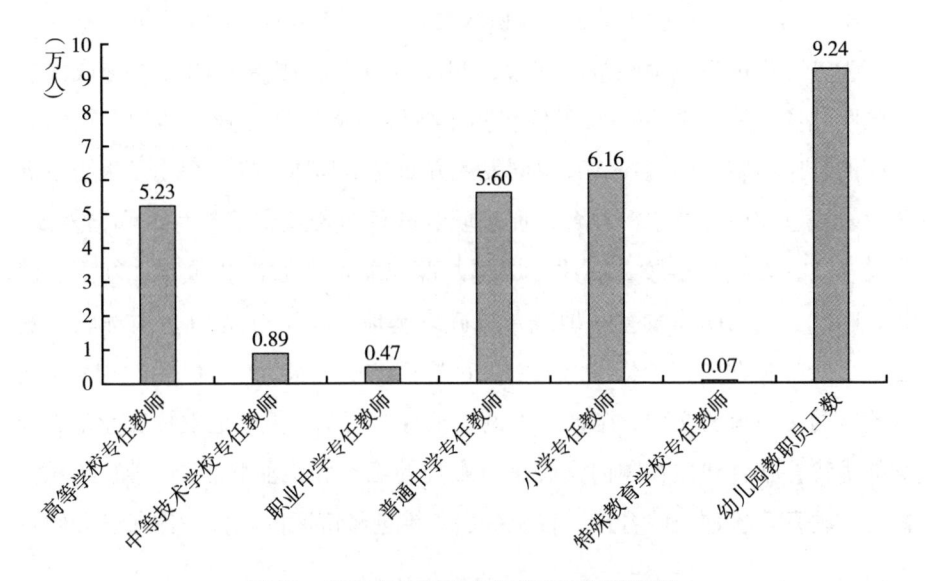

图14 2020年成都市各类教育专任教师数

（二）成渝地区双城经济圈教育协同发展历史演绎

1. 川渝合作开新篇，奠定教育发展新基础（2007年4月至2011年5月）

2007年4月，川渝联合签署了《关于推进川渝合作共建成渝经济区的协议》②，成渝经济区的具体规划区域为重庆的23个区县和四川的14个城市。此协议就建立统一的工作机制和协调机制以及基础设施建设等一系列问题达成共识，如一体化的市场体系、产业合作、共筑生态屏障等。双方共同

---

① 成都市统计局官网，http://www.cdstats.chengdu.gov.cn。
② 关媛媛、刘益：《重庆四川签订推进川渝合作、共建成渝经济区协议》，2022年1月6日，http://www.gov.cn/gzdt/2007-11/19/content_809235.htm。

划设以完善基础设施、建立区域一体化市场体系为重点的区域，引导经济区产业分工，建立统筹协调的政府管理、规划协调的工作机制以及部门的平行推进工作法。按照双方协议，川渝两地以经济区为重要载体和合作纽带，在推动维护国家经济和生态安全、推动区域经济协调发展等方面建立互惠互利的协作关系，积极探索现代区域发展模式下的教育协同发展。

2. 引入一体化机制，推进教育协同发展（2011年5月至2016年4月）

为进一步推进成渝经济区建设，2011年5月，国务院印发了《成渝经济区区域规划》[1]。这一规划不仅包括了成渝经济区在工业、能源、运输等方面的合作内容，而且在教育协同发展方面提出具体要求，提出了大力发展职业教育、加快普及中等教育、促进职业教育与普通中等教育的和谐发展，建设永川、万州、涪陵、江津、成都西部职业培训城市和重庆、德阳、泸州、南充、达州职业教育基地或普通教育基地。2015年5月，川渝联合签署《关于加强两省市合作共筑成渝城市群工作备忘录》[2]，这是继2011年之后签署的又一重要文件，强调开发两地独特的资源，更好地发挥工业基础和其他优势，联合建立在国内具有重大影响的工业和工业联合体，加强经济、社会、教育等各领域的合作，首次提出了推进经济区内教育一体化发展的政策指向。

3. 强化城市群建设，教育合作走向深入（2016年4月至2020年1月）

2016年4月，国务院印发《关于成渝城市群发展规划的批复》（国函〔2016〕68号），批复同意通过《成渝城市群发展规划》[3]。按照规划要求，成渝地区要发挥重庆和成都两大中心城市的核心功能，从定位布局、分工配合到产业合作和基础设施互联互通、环境生态共享治理、内外开放合作等方面入手，支撑"一带一路"建设、长江经济带发展、新一轮西部大开发等

---

[1] 国务院：《成渝经济区区域规划》，2011年5月，http://www.gov.cn/zwgk/2011-06/02/content_1875769.htm。

[2] 重庆市人民政府、四川省人民政府：《关于加强两省市合作共筑成渝城市群工作备忘录》，《经济日报》（第08版）2016年6月21日。

[3] 国务院：《关于成渝城市群发展规划的批复》，2016年4月，https://www.ndrc.gov.cn/fzggw/jgsj/ghs/sjdt/201605/t20160504_1170022.html?code=&state=123。

国家战略，全面整合城市群开发，打造充满活力的经济合作体，建设生活质量高、生态环境优的国家级美丽城市。2018年6月，川渝签署了《深化川渝合作深入推动长江经济带发展行动计划》和涉及产业发展、生态文明建设、教育协同优先发展等的12个专项合作协议。2019年7月，川渝共同印发《深化川渝合作推进成渝城市群一体化发展重点工作方案》①，着重在生态文明、基础设施、产业合作、开放平台等领域建立健全横向联动、定期协商的工作机制。重点工作方案将"推动公共服务一体化发展"列为工作任务，推动了成渝两省市教育协同走向纵深。

4. 建设成渝地区双城经济圈，教育协同清单化（2020年1月至今）

2020年1月，党中央提出建设成渝地区双城经济圈，要求加强顶层设计协调，强调充分发挥中心城市的主导作用，实现统一规划、统一部署、互联互通、联合实施，加强协同创新能力建设，唱好"双城记"。2020年4月，重庆市教委、四川省教育厅联合签署了《推动成渝地区双城经济圈建设教育协同发展框架协议》②。根据合作协议，双方将加快成渝地区双城经济圈教育协同发展，充分发挥重庆和成都中心城市优质教育的主导作用，促进教育资源共享，加快建立教育发展合作机制。为了真正使成渝地区双城经济圈教育协同落地见效，成渝两省市教育行政部门采取了"清单式"管理和推进，于2020年7月发布了《推动成渝地区双城经济圈建设教育领域2020年重点任务分工清单》。分工清单提出进一步完善工作机制，建立工作推进月报制度，以项目化、事项化、销号制让"清单"不成"飞单"，确保落地见效。2021年11月，川渝两省市教育行政部门联合印发了《成渝地区双城经济圈教育协同发展行动计划》③，首次提出建立在全国具有重要意义的教育综合开发试验区，确立了"优化提升教育功能布局""促进基础教育

---

① 张守帅：《大力推进成渝城市群一体化发展》，《四川日报》（数字版）2019年9月11日。
② 李季：《川渝签署框架协议 推动成渝地区双城经济圈教育协同发展》，2020年4月，https：//www.chinanews.com.cn/cj/2020/04-27/9169478.shtml。
③ 余庆言：《成渝地区双城经济圈教育协同发展行动计划》，2021年11月，https：//www.sc.gov.cn/10462/10464/10465/10574/2021/11/11/30ee756c9e624439aa95c3da172f1855.shtml。

优质发展""加快职业教育融合发展""推动高等教育内涵发展""推动社会教育规范发展"等方面的10项教育协同行动计划,以实现高水平、高质量的城市经济圈教育和谐发展,以教育高质量发展助推成渝地区双城经济圈建设。

二 成渝地区双城经济圈教育协同发展的成效、机遇与挑战

(一)取得的成效

1. 政策引动,建立协同保障机制

根据《成渝地区双城经济圈建设规划纲要》(以下简称《规划纲要》)对教育协同发展的要求,川渝两省市研究制定了《共同推进成渝地区双城经济圈建设具有全国影响力的科技创新中心框架协议》[1],两地教育行政部门研究制定了《成渝地区双城经济圈教育协同发展行动计划》[2]。上述两个文件都明确提出坚持融合发展理念,提出成渝地区双城经济圈教育协同发展要优化提升教育功能布局,将重庆和成都两个中心城市作为教育发展的双核心。做到自身发展上升的同时,促进周边城市与地区进行教育协同发展,做到数据共享、服务共享。促进高等教育、职业教育、基础教育等共同发展,推动各层级、各水平教育整体提升。加强党对教育工作的全面领导,确保教育协同沿着正确的政治方向发展。建立专项工作交流互通机制,以体制机制创新保障教育协同发展。

---

[1] 四川商投:《协同推进科创中心建设 助力成渝地区双城经济圈——四川商投旗下省数字经济公司成功协办"成渝地区建设具有全国影响力的科技创新中心"高端视频研讨会》,2020年6月3日,http://gzw.sc.gov.cn/scsgzw/c100114/2020/6/3/12d0277e757b49879a3ae54c8fbbf09c.shtml。

[2] 四川省人民政府:《成渝地区双城经济圈教育协同发展行动计划》,2021年11月11日,https://www.sc.gov.cn/10462/10464/10465/10574/2021/11/11/30ee756c9e624439aa95c3da172f1855.shtml。

2. 普惠共享，推动基础教育合作

自《规划纲要》发布以来，川渝两省市形成了以普惠共享为重点的基础教育合作。推进"两江新区—天府新区"国家级新区教育协同创新试点，建立16个中小学协同发展共同体。建立成渝随迁子女学籍学分互转互认机制，近千名学生通过成渝双城学籍互转实现就读。将外来务工人员子女义务教育纳入城镇发展规划和财政保障范围，将居住证作为入学主要依据，以流入地政府和公办学校为主，保障随迁子女享受当地居民同等待遇。建立"荣昌—自贡数字教育资源平台"，建设渝西川南人才、课程和基地数据库。开展校长教师培养培训协同创新试点，协同举办川渝两地校长论坛，联合申报"国培计划"示范性综改自主选学项目，联合培育近千名骨干教师。

3. 产教融合，推动职业教育协同

自《规划纲要》发布以来，川渝两省市开展了以融合发展为重点的职业教育合作。组建成渝地区双城经济圈产教融合发展联盟，构建"一院三中心"（协同发展研究院、人才培养中心、产学研合作中心、职业培训中心），探索实践"产学研用"协同发展机制，实现"抱团创新"合作攻关，推动构建校企命运共同体。组建职业教育协同发展大联盟，覆盖职业院校662所、企业676家、行业协会190个，推动职业教育在人才培养、科学研究、社会服务、文化传承创新、国际交流等领域的深度合作，举办2021重庆四川技术转移转化大会等活动40余场。

4. 改革创新，推动高等教育共建

自《规划纲要》发布以来，川渝两省市开展了以创新发展为重点的高等教育合作。两地高校共建"双一流"大学和"双一流"学科，持续推进重点学科共建共享、协同发展。推动万达开川渝统筹发展示范区高校联盟建设，实施了高端智库创建、产教深度融合、学科专业优化、人才培养共享、科学研究合作等五大行动计划[①]。做好普通高校招生计划投放，2021年较

---

① 《万达开川渝统筹发展示范区高校联盟在达州成立》，http://sc.people.com.cn/n2/2020/0612/c379469-34083892.html，2020年6月12日。

2019年川渝两省市高校相互增投计划共3000余名。举办成渝地区双城经济圈高校创新创业教育论坛，组织成渝地区双城经济圈首届高校就业创业指导课程教学大赛，推进成渝两地高校毕业生实现高质量就业和创业。推动高等教育实践融合发展，实现课程与实习资源共享。通过师资异地交流联动，促进教师、专家资源共享、课程互选、学分互认和学生互访。

（二）面临的机遇

1. 政策红利为教育带来协同契机

"共建具有全国影响力的科技创新中心"是《成渝地区双城经济圈建设规划纲要》提出的主要任务之一①。人才强则科技兴，教育强则人才强，科技创新靠人才，而人才主要靠教育的发展。《规划纲要》明确提出，要推动成渝地区教育的深度合作，牢固树立教育一体化发展理念。以扩大普惠幼儿园供给、集团化办学和对口帮扶实现基础教育加快发展。统筹发展职业教育布局和专业设置，推进产教融合、校企合作，以"学校+基地"推动职业教育创新发展。加快高等教育发展，联手打造世界一流大学和一流学科。推进教育对外开放，对接世界优质教育资源，建设国际教育合作园区。国家政策为成渝地区双城经济圈的教育协作提供了总方向和总遵循，涵盖了全学段教育协同相关内容。

自《规划纲要》发布之后，为了适应新时代国家经济社会的发展，国家教育政策也发生了深刻改变，不论是基础教育领域实施的激活中小学办学活力、推行"双减"，还是高等教育领域实施的建设世界一流大学和一流学科等政策，都为成渝地区教育协作带来了新的契机。教育要回应国家关切和现实需求，回归人才培养的本位、本体和本原，以协同创新推动教育改革，以改革增强协同合力，为成渝地区双城经济圈建设培养现实和未来发展需要的人力资源，必须用好用活政策，充分释放政策红利。

---

① 四川省人民政府：《共建具有全国影响力的科技创新中心——论认真贯彻落实〈成渝地区双城经济圈建设规划纲要〉》，https://www.sc.gov.cn/10462/10464/10797/2021/10/28/1f92e947dff040bc8c4f9299792a8148.shtml。

2. 人民期待更高质量的教育协同

成渝地区双城经济圈基础设施不断改善，为人流、信息流、资金流等带来了无限可能，必将为川渝两省市教育协同带来新的需求和机遇。当前，教育最大的问题就是资源分布不均，人民都期待自己的孩子能接受更好的教育。通过教育协同，实现城乡优质教育资源有序流动，成渝地区双城经济圈多样化、可选择的优质教育资源将变得更加丰富和多元，人民群众受教育的机会也会进一步增加。实现更高水平、更有质量、更加普及的教育发展目标，有利于促进教育公平公正，充分发挥教育基础性、先导性功能。

常态化、制度化的教育协同机制，将进一步优化提升教育功能和空间布局，促进成渝地区双城经济圈毗邻地区教育协同发展。以重庆和成都中心城区"两极"带动副中心，以副中心带动其他区域教育发展，实现中心与区域、城市与乡村教育协同，有利于缩小区域与区域之间、城市与乡村之间的教育差距。比如，通过建立教育共享公共服务平台，在优秀教师流动、学生学籍管理、毕业生就业信息、教师资格证书查询等方面实现数据共享，进行一体化管理，将尽可能缩小区域内的教育差距，满足人民群众对优质教育的现实需求。相较于长三角、京津冀、粤港澳大湾区等国内其他发达地区，成渝地区双城经济圈教育整体水平还有较大差距。通过协同发展，可以更好地整合教育资源，发挥合作的集聚效应、放大效应，推动区域内教育质量的整体提升。

3. 科技为教育协同带来无限可能

当前，科技发展日新月异，大数据、人工智能等为教育带来全新技术，O2O、B2B等模式逐渐兴起，AI技术广泛应用，科技渗透教育的每一个每个环节，"教育+互联网"为教育带来无限可能。构建成渝教育协同云平台，实现成渝地区双城经济圈学校数字教育资源共建共享，可使成渝地区双城经济圈的学生共上一堂课，合力打造精品课堂，开放共享打造川渝教育品牌，扩大成渝毗邻教育落后地区的基础教育资源覆盖面。

在教学配套资源方面，互联网的共享性和开放性让教学信息有了更多传播的可能。电子课件、教学视频、直播课程等资源保证课堂内的信息更加有效地直达学生，配套习题与线上课后辅导保证学生后续学习反馈过程有章可循。教学过程的数字化与可记录性可帮助学生的复习和回顾更加便捷，也有助于教师及时了解学生的学习效果，进行全过程教与学的数据分析，"点对点"实施个性化、分层式教学，提高育人效率。在就业资源方面，新冠肺炎疫情打乱了传统就业模式，互联网与平台化媒体成为大学生就业的重要支点。成渝地区双城经济圈的建设推进了人才的流动，对于人才而言，另一城市的市场开放缓解了他们的就业压力，也提供了更好的实习与工作机会。对于企业而言，跨地区人才的加入为企业的发展提供了动力和新的发展潜力。云就业对于教育的发展有着强支撑作用，有利于推动成渝地区双城经济圈教育深入融合和协同发展。

（三）存在的挑战

1. 区域壁垒：行政分离导致融合难

虽然成都与重庆在地理位置上毗邻，但对于固定地址办公的学校以及教育单位，两地教育协同发展所遇到的第一个重要问题就是行政分离使得很多信息与资源难以及时共享，以至于合作存在时滞，往往需要人员出差来推进项目合作。成渝地区双城经济圈的教育协同发展应该通过互联网建立交流互通平台，同时在成渝两地设立双城教育试点，加深双城经济圈教育发展，合作打通区域壁垒，坚持相互支持、教育资源共享，打造具有国际影响力的教学、科研与学科品牌。基于成渝两地区域禀赋和地方特色，教育各阶层发展的基本情况以及合作优势不同。各地区的发展重点围绕区域内部发展诉求、国家教育整体发展目标展开。由于区域发展历史以及背景迥异，与我国发达地区如长三角、京津冀、粤港澳大湾区等相比，成渝地区的整体教育实力相对较弱。因此，成渝两地的教育发展更需要"抱团取暖"，充分发挥多维联盟优势，满足教育市场的需求。

2. 制度壁垒：协同的形式较为单一

《规划纲要》与《推动成渝地区双城经济圈建设教育协同发展的框架协议》等双城经济圈协同发展的政策出台以后，成渝两地的交流更加深入，成立了新一批成渝两地高等教育联盟。目前，成渝地区已成立了20多个教育发展联盟，众多高校、科研机构、学校与企业参与其中。在调研中，我们发现这些联盟大多是非政府组织，各类联盟"遍地开花"，各个组织与企业大多只是盯着自己的"一亩三分地"，把目光更多地盯在自身的利益之上，缺乏统整，导致传统的纵向机制并没有因为联盟而改变。各个组织只是通过联盟交流经验，但因传统机制的历史固化且很少进行大刀阔斧的改革，各联盟内部及各联盟间还没有形成协作共同体，难以发挥出合作的集聚优势。

3. 思维壁垒：协同理念还有待增强

教育协同就是要改变"零和博弈"的思维，充分发挥各自的资金、人才等优势，做到"你中有我、我中有你"，相向而行，做大做强优质教育资源。但成渝两地的区域特征以及市场要素有很大的相似性，导致二者在博弈的过程中，出现了"一山不容二虎"的非理性竞争[①]。这种非理性的竞争是协同理念不足导致的，各自为政也许可以在一定程度上得到短暂的发展，却缺少了高质量协同发展的机会和潜力，最后只能在市场上分得一小块蛋糕，总量都不会很多，没有做到"集中力量办大事"。

4. 产业壁垒：与经济发展协同度不高

教育发展是非均衡性、非线性的开放性系统，教育体系中有多个独立个体组织进行融合，进行信息和能量的交换，互联互通，将两者的形态从无序到有序地融合，再进行调整二次升级，从新的无序走向更高层次的有序。成渝两地教育体系的融合同样需要这样的过程，这是一个长期的从克服差异走向融合发展的过程。这样的过程需要对两地的产业结构进行重塑，目前成渝地区教育模式的融合发展是远远不够的，存在着"形合神不合"的困境。两地教育品牌的开放程度不够，没有形成新的优质教育品牌，更存在机构与地区之间信息、人才、物资难以互通的问题。

---

① 肖前玲：《成渝地区双城经济圈建设中高等教育协同发展的挑战与出路》，《重庆行政》2021年第5期，第96~99页。

三 成渝地区双城经济圈教育协同发展的对策建议

（一）凝聚思想共识，强化教育协同理念

不同地区对教育的理解存在一定程度的认知偏差，这不可避免地导致对教育协同有着不同的理解。为了保障成渝地区双城经济圈教育协同的顺利展开和快速发展，我们必须统一两地教育理念，消除思想壁垒，形成教育共识，进一步强化教育协同理念。这就要求国家和教育部门对各类学校教育提出具体要求和规定，并出台相关措施，以统一川渝、大中小城镇和农村的总体教育原则和教育思路。然而，我们也必须清楚地认识到川渝地区各城市之间的关系，分析教育利益整合点，建立科学有效的合作机制，实现教育效益最大化。

在核心规划层面，各区域教育主体必须认清并把握好全局教育规划，使教育发展战略适应地方定位和调控，积极融入川渝两省市经济周期整体协调发展模式。根据川渝两省市的资源体系和教育政策，研究川渝两省市教育资源的差异，促进两地互补共荣。强化教育协调政策顶层设计，识别比较优势和互补空间，扬长避短，积极拓展互补合作空间。精准分析四川与重庆教育协调发展的潜在驱动力，研究相关政策工具，引导教育资源优势流动，实现优势互补、互利共赢，充分发挥教育资源效益的最大化作用。缩小川渝经济差距，提高区域公共教育服务均等化水平，使得共建共享的体制机制初步形成。

在运行实施层面，各学校必须充分重视消除旧观念，在实施过程中不能削弱执行保障机制。制定川渝教师整体提升计划，搭建川渝教师综合培训平台，更新教育理念和提升学校管理水平，实现川渝教师教学的统一性和科学性。积极推动两地产学研深度融合，落实相关政策法规，建立规范的合作机制，鼓励各方共同研发和分享科研成果。

在反馈评估层面上，各高校实施教育行动、履行教育政策的最终效果必须通过有效的教育评估机制进行真实的反馈，从而建立价值评估体系。川渝两地各区域教育评估原则和体系，需在思想层面保持高度一致，根据行动反馈统一实施改进调整。坚持教育的协同发展，防止只顾自身利益、忽视边缘地区发展，影响总体实施效果。可以采用随机访问抽查的方式，保障真实反馈。建立专业评估团队，进行正确指导，意见反馈之后再次实施，重新评估效果，然后再次改进，实现川渝教育思想不断融合，使两地教育理念和教育方针高度统一，从而保障成渝地区双城经济圈教育协同快速实现。

（二）突出双核带动，构建协同发展新格局

重庆和成都两市的中心城区在教育硬件、师资、课程建设、教育科研等方面处于优势地位，在教育协同发展中具有引领性、示范性和辐射带动作用。因此，要充分发挥双核的引领带动作用，以双核带动成渝地区双城经济圈的主轴教育发展，以主轴带动周边地区教育发展，形成联动效应。要用开放的思维、创新的思维、世界的眼光加强协作，支持西部科学城加强与国内和世界的知名高校、科研院所协作，发展高水平的高等教育，实现高水平的科技创新。加快推进重庆两江新区和成都天府新区教育综合改革试验区建设，尽快建成国家级教育综合改革试验区。充分发挥综合改革试验区的作用，带动成渝主轴和毗邻地区教育改革。

促进毗邻地区教育协同。以创建万达开川渝统筹发展示范区为抓手，统筹推进渝东北、川东北教育一体化发展。抢抓乡村振兴发展机遇，推进城乡教育融合和共享，在川渝毗邻地区建设教育融合发展试验区，推动渝西、川南等区域教育融合，实现城乡教育一体化发展。探索教育同城化发展，打破户籍、学籍和行政区划限制，实现学生就近就地入学。充分运用现代科技加快推进"教育+互联网"发展，建立成渝地区教育数据共享平台，打破教育数据"孤岛"现象，推进教师资格认证、中高考课程改革、学生学籍管理、体质健康监测数据、毕业生就业信息等数据共建共享。改变义务教育阶段学生教育供给方式，同城化区域内义务教育阶段学生不再按照行政等级配置教

育资源，而是按照常住人口布局校点、配置师资，相关地区共同承担经费支出。

（三）完善体制机制，增强教育协同保障

成渝教育体系持续深入合作、协调发展的关键在于完善教育体系和机制，推动两地学校和教育机构寻求双边和多边合作，调动一切积极性和可能性，形成多维合作教育模式。

一是完善协同领导机制。坚持党对教育的全面领导，确保党对教育协调发展的政治领导，维护党中央的集中统一权威和领导，自觉在政治立场、政治方向、政治原则和政治道路上与党中央保持高度一致。各级党委要把教育的协调发展提上议事日程。党和政府的主要负责同志应该熟悉教育，关心教育，研究教育。各级各类学校党组织要把抓好学校党建工作作为办学治校的基本能力，认真落实党组织领导下的校长负责制等，把党的教育方针全面贯彻落实到学校工作的各个方面。在深化精简分权改革、分权与管理相结合、优化服务的背景下，改善政府与教育关系的关键在于完善治理体系，加强宏观管理，激活办学活力，依法实现高校自治。

二是完善法律保障制度。完善成都和重庆的教育协作法律体系，确保普通教育政策的有效实施。全面评估成都、重庆现有的地方性教育法规，及时修改或废止阻碍协调发展的条款，制定和完善促进协调发展的地方性教育法规。根据需要，两地政府要共同制定促进成渝教育协调发展的地方性法规，明确教育目标、基本任务、责任问题和实施原则，落实普通教育规划的基本内容和程序，确保成渝教育依法协调发展。

三是完善教育财政体系。在中央政府的支持和两地政府的平等协商下，成都和重庆各级政府要建立平行的转移支付制度，将财力向困难地区倾斜。设立成都、重庆教育协调发展专项基金，为成都和重庆教师培训、资源配置、教育质量提高提供资金支持，为教育项目提供资金保障。制定公共补贴、减免土地使用税或租金、公共和私人建设税或租金以及溢价替代补贴等具体措施，以合理方式获取和分配教育资源。制定教育资源跨地区配置的税收减免措施，以确保优质教育资源有效配置。

四是完善教育合作机制。灵活配置教育资源，构建成渝基础教育合作机制，促进基础教育均衡发展。各地区要充分利用区域资源，吸引成都、重庆的优质义务教育资源，吸引名校办分校，政府购买教育服务，促进成渝优质教育资源向各地区有效辐射，提高成渝地区义务教育质量。在政府的统筹下，成立成渝大学联盟，建立基于人才流动、学生培训和科研方面的高等教育合作机制，为高校之间的合作与竞争创造良好的环境。利用两地优质教师的教学资源，为各地教师提供在职教育，建立两地校级干部和教师的区域交流和轮换机制，提高教师的专业素质。

B.10
经济区与行政区适度分离改革的理论逻辑与实践探索

——以川渝高竹新区为例

吴振明[*]

摘　要： 经济区与行政区适度分离改革，是我国在处理经济区与行政区关系实践的基础上，基于新发展要求而提出的新路径和新举措。在理论层面，经济区与行政区在空间上非整体重合、行政区利益形成并干预经济活动，造成了经济区与行政区的冲突。成渝地区双城经济圈通过共建川渝高竹新区，率先开展了经济区与行政区适度分离改革的实践探索，未来可以从建立约束地方政府不当干预行为的监督体系、动态优化经济管理权限配置、建立经济区与行政区适度分离法律基础、赋予经济区更加灵活的政策权限等方面，深入推进经济区与行政区适度分离改革。

关键词： 经济区　行政区　适度分离改革

2020 年，中央财经委员会第六次会议提出，"支持成渝地区探索经济区和行政区适度分离"；2021 年，《成渝地区双城经济圈建设规划纲要》中明确提出"探索经济区与行政区适度分离改革"，成渝地区双城经济圈被明确赋予开展经济区与行政区适度分离改革先行先试的重要使命。

---

[*] 吴振明，经济学博士，四川省社会科学院区域经济研究所副研究员，主要研究方向为区域经济学。

一　经济区与行政区适度分离改革的提出

"经济区与行政区适度分离改革"首先于政策层面明确提出,但是相关文件并未阐述其内涵。学者们从不同角度对这一概念进行了解读,还没有形成一致的结论,比如,唐国刚认为,经济区与行政区适度分离是"在不打破行政隶属关系前提下,让渡一部分经济社会管理权限,形成维护共同利益的一种重要制度安排",推进的关键在于利益协调和制度建设[①];盛毅和杜雪锋提出,经济区与行政区分离的实质在于管理职能分离[②];蔡之兵和张可云认为经济区与行政区分离改革是破除行政区对经济区的分割,而非实现经济区与行政区的分开。[③]

(一)经济区与行政区的内涵比较

经济区,即经济区域,是指"人的经济活动所造就的、具有特定的地域构成要素的不可无限分割的经济社会综合体"[④]。经济区域通常由经济中心、经济腹地和经济网络构成。行政区是按照国家行政管理需要,对国土空间进行划分而形成的地域范围。从空间形式来看,经济区与行政区都是具有某种同一性和内聚力的地域空间,但是二者在特性和运行机制上有着本质差别。

一是经济区自然演化而成,行政区人为划分而成。经济区是人类经济活动在空间上发生联系而占据空间范围,形成的具有一定边界的地域空间。经济区的形成具有客观性,只要有经济活动产生,经济区就会按照经济规律演

---

① 唐国刚:《经济区和行政区适度分离改革路径思考》,《四川日报》2020年5月25日,第7版。
② 盛毅、杜雪锋:《基于经济区与行政区适度分离视角的成渝地区双城经济圈建设路径》,《西华大学学报》(哲学社会科学版)2021年第2期,第87~94页。
③ 蔡之兵、张可云:《经济区与行政区适度分离改革:实践逻辑、典型模式与取向选择》,《改革》2021年第11期。
④ 程必定:《区域经济学》,安徽人民出版社,1989,第9~17页。

化而成。虽然在现实中，人们经常为了便于实施经济政策，通过经济区划的方式划分出"经济区"，但是经济区划的核心还是遵循经济活动空间联系的基本规律。行政区通常是综合考虑历史、政治、经济、地理、文化等多种因素，按照行政管理需要人为划分的结果，是人类有意识行为的产物。

二是经济区边界具有模糊性，行政区边界具有确定性。经济区域与外界有着广泛的联系，经济活动并没有明显的地理边界，因此经济区域边界具有不断变动的特性，常伴随经济活动的集聚或扩散而发生收缩或扩张，经济区的边界具有开放性、模糊性。行政区边界按照国家法律，具有明确、固定的边界，行政区行使权力被严格限定在边界之内，行政区边界不会随意变更。

三是经济区构成要素"柔性"运动，行政区构成要素"刚性"运行。经济区的基本构成要素包括经济中心、经济腹地、经济网络。经济中心是经济区域构成要素的核心，是经济活动的中心，具有多层次性、选择性；经济腹地是经济运动地域格局的依托，具有经济运动的多元性、多元运动的相关性和多层次性；经济网络是经济联系的渠道、系统和组织的有机统一[①]，三大构成要素通过多样化的自组织运动，构成"柔性"的经济区。行政区由自上而下的垂直式行政中心构成，行政中心之间具有明确的等级结构，行政中心间依靠稳定的纵向行政管理系统联结和运行，自上而下的"刚性"行政命令是行政区运行的核心机制。

四是经济区利益主体的分散性，行政区利益主体的统一性。经济区中的经济主体是企业、个人、社会组织等微观个体，各经济主体按照经济规律做出决策，实现各自的主体利益。在经济区中，并不存在代表经济区整体利益的组织或个人，也不存在统一的决策主体。政府是行政区的决策主体和利益主体，同时，政府对行政区内的资源要素具有支配权，政府可以为争取行政区利益而做出影响资源配置的决策。

（二）经济区与行政区矛盾形成的两个必要条件

经济区与行政区是从不同角度，对空间的认识和划分，二者本来不具有

---

① 程必定：《区域经济学》，安徽人民出版社，1989，第9~17页。

必然的联系。但是，当具备以下条件时，二者就产生了关联和矛盾。

一是经济区与行政区在空间上的非整体重合。现代经济的复杂性决定了经济空间联系的广泛性；而行政管理的精细化，在单一行政区内难以承载完整的经济功能，因此，经济区通常由多个行政区构成，这就造成了单一行政区只是经济区的组成部分，形成经济区与行政区在空间上的非整体重合。从动态的角度来看，经济区的边界随着经济活动的扩张频繁地发生着变化，而行政区边界的稳定性，也会造成经济区与行政区的非整体重合。

二是行政区利益的形成及其对经济活动的干预。在社会主义市场经济条件下，我国各行政区具有较为独立的经济行为权限，可以从经济活动中获得具有排他性的收益，比如更高的经济产出、更多的税收等。各级政府是行政区的利益主体，在我国分权体制下，有充足的驱动力追求行政区利益最大化。各级政府会采用诸如优惠政策、准入标准、行政命令等多种方式，增强本地经济活动的竞争力。

（三）化解经济区与行政区矛盾的新路径：适度分离改革

当同时满足上述两个条件时，行政区为谋求自身的利益最大化，干扰市场规律的作用空间，阻碍了经济区的形成和演化，最终影响经济区整体利益，即经济区与行政区的矛盾，在我国时常表现为市场分割、地方保护、无序竞争等现象。只要破除了上述两个条件之一，这一矛盾也就得到相应的化解。

一是使经济区与行政区保持空间上的重合。通过不断调整行政边界，使经济区始终在单一行政区范围内，比如我国在20世纪90年代采用的"撤县设区"、设立特区等方式，但是相比于经济区边界的快速变化，行政区划调整难以跟上经济区发展的步伐，而且还存在调整成本高、社会功能弱化等问题。因此，通过行政区划调整适应经济区的发展，不能从根本上解决问题。

二是提高经济区整体利益与行政区个体利益的一致性。当经济区整体利益与行政区个体利益保持一致时，在经济规律的作用下，各行政区的行为将符合双方的共同利益，比如打破行政封锁、推动资源要素自由流动和自主配置等。目前，我国采用"经济区覆盖行政区"的模式，诸如调整经济区划、完善区域合作机制解决经济区与行政区的冲突问题，但是普遍存在积极性和有效性不足的问题。究其根本原因，还是未能从根本上协调经济区与行政区的利益。

经济区与行政区适度分离改革，是我国在处理经济区与行政区关系实践的基础上，基于新发展要求而提出的新路径和新举措。基于上述分析，我们对经济区与行政区适度分离改革的理解如下。

一是经济区与行政区适度分离改革的本质是建立国内统一大市场、构建区域协调发展的制度框架，促使经济区的整体利益与行政区的个体利益保持一致。

二是经济区与行政区适度分离改革的关键在于破除行政区个体性对经济区整体性的分割。我国经济区与行政区矛盾的根源，是行政区个体性与经济区整体性的冲突。行政区的"刚性"运行机制分割了经济区之间的经济技术联系，制约经济规律的作用空间，造成经济区整体利益受损。因此，经济区与行政区适度分离的关键在于协调行政区的个体性与经济区整体性的关系。

二 成渝地区双城经济圈的探索：川渝高竹新区

川渝高竹新区于2021年1月4日由重庆市人民政府、四川省人民政府共同批准设立。作为四川、重庆共同批准设立的第一个省级新区，高竹新区是经济区与行政区适度分离改革试验区，其任务之一为"探索经济区与行政区适度分离改革"的新路径。

（一）川渝高竹新区概况

川渝高竹新区位于成渝地区双城经济圈中部、四川省广安市邻水县与重庆市渝北区交界处，新区范围包括四川省广安市邻水县高滩镇、坛同镇的部分行政区域和重庆市渝北区茨竹镇、大湾镇的部分行政区域，总面积262平方公里，其中渝北区 124 平方公里、邻水县 138 平方公里。

川渝高竹新区属于重庆半小时通勤圈，距离重庆江北国际机场不足 40 公里、重庆火车北站不足 60 公里，毗邻重庆两江新区，紧靠中国（重庆）自由贸易试验区、重庆保税港区、重庆临空经济示范区等国家级功能平台。川渝高竹新区原有四川广安川渝合作高滩园区，主要生产汽车零部件，为重庆汽车产业集群提供配套。

（二）川渝高竹新区的设立逻辑

川渝高竹新区作为成渝地区双城经济圈建设战略的重要组成部分，被赋予了先行先试、试点示范的特殊使命，其设立和发展不仅关系四川、重庆毗邻地区的经济社会发展，而且关系到经济区与行政区适度分离改革的总体部署和安排。

1. 上位规划驱动下的改革探索

2020 年 1 月，中央财经委员会第六次会议提出，支持成渝地区探索经济区和行政区适度分离。2020 年 7 月，为落实经济区与行政适度分离任务，四川、重庆两地联合制定《川渝毗邻地区合作共建区域发展功能平台推进方案》，将分离改革任务聚焦于川渝毗邻地区。

2021 年，《成渝地区双城经济圈建设规划纲要》（下文简称《规划纲要》）明确提出，"探索经济区与行政区适度分离改革"，成渝地区双城经济圈被明确赋予开展经济区与行政区适度分离改革先行先试的重要使命。为推进《规划纲要》任务，川渝两省市进一步将适度分离改革探索任务落实至川渝高竹新区。因此，川渝高竹新区的设立来自上位规划的任务驱动，四川、重庆两地政府作为《规划纲要》的责任主体，共同推动川渝高竹新区的设立，并赋予其"集成开展经济区与行政区适度分离改革试验"的任务。

2. 中国特色渐进式改革逻辑的再现

川渝高竹新区的设立，是中国特色渐进式改革逻辑的再现。探索经济区与行政区适度分离改革，首先设立川渝高竹新区，要求新区"在探索经济区与行政区适度分离改革上先行先试"，并要求形成"可复制可推广经验"。

一方面，中央顶层设计提出"经济区与行政区适度分离"的要求，四川、重庆省级部署、推动改革进程，体现了中国特色渐进式改革中"自上而下"强制性制度变迁的特色。另一方面，在设立川渝高竹新区后，在实践层面又呈现出"自下而上"诱致性制度变迁的特征，以新区特殊政策为基础"赋予与新区发展阶段相适应的管理权限"，即为按照新区需求供给相应的制度，再现了中国特色渐进式改革的逻辑。

（三）经济区与行政区适度分离的运作机制创新：目标导向下的政府联动

川渝高竹新区在目标导向下，从省级层面推动政府跨行政区联动和跨部门联动，为经济区与行政区适度分离改革提供条件和便利。川渝高竹新区通过经济管理权限的分离与整合重塑经济区与行政区关系、建立打破行政边界的责任分担与利益共享机制并明确权责关系，实现经济区与行政区适度分离的运作机制创新。

1. 重塑经济区与行政区关系：经济管理权限的分离与整合

在传统体制下，经济管理权限与行政区紧密关联，为实现经济区的要素流动和市场整合，行政区之间需要建立合作关系，在行政管辖允许的范围内按经济规律配置资源，很显然，传统体制下的区域合作，以行政区经济管理权限隶属于原行政区为前提条件。川渝高竹新区通过经济管理权限与原行政区的分离以及在新区的重新整合，实现了经济区与行政区关系的重塑。

在经济管理权限分离方面，四川省、重庆市从省级层面制定改革的总体原则为"赋予与新区发展阶段相适应的管理权限"，渝北区、广安市向新区授予具体的管理事权，比如，2021年6月广安市人大常委会一次性向川渝高竹新区授予123项市级管理事权。

川渝高竹新区在承接不同行政区的经济管理权限后，整合成具有一致性的管理权限。一方面，通过机构和人员配备，为整合提供基础条件，比如新区开发建设领导小组由渝北区、广安市两地党委主要领导任"双组长"、开发建设指挥部则由两地政府主要领导任"双指挥长"、新区管理机构（党工委、管委会、纪工委、监察室）同样由渝北区、广安市分别抽调人员组建。另一方面，在省级层面给予新区整合管理权限充分的自主权，按照《川渝高竹新区总体方案》，"允许新区制定和执行政策时在权限范围内自主选择重庆市和四川省适宜新区发展的政策"。

2. 明确权责关系：打破行政边界的责任分担与利益共享机制

川渝高竹新区在承接和整合跨行政区的经济管理权限后，仍然保留了与原属行政区明确的权责关系。在责任分担方面，明确规定"渝北区、广安市是新区规划建设管理的责任主体"，新区建设是渝北区、广安区、陵水县等行政区国民经济和社会发展规划、年度计划的任务，同时也将任务落实情况纳入年度考核。所以，新区在经济管理方面有比较大的自主权限，但是新区并未成为一级责任主体，其责任仍旧由原行政区承担。

利益共享方面，在"领导小组+管理机构+开发公司"的构架下，投资成本共担、利益共享，存量收益各自分享、增量收益五五分成。同时，与利益分享紧密相关的税收分享、地区生产总值分算等相关制度，也开展了配套改革。

三 经济区与行政区适度分离改革的方向与建议

我国已经进入新发展阶段，经济区与行政区矛盾问题愈加凸显，当前如何突破传统思路、从根本上破解经济区与行政区矛盾，就显得尤为迫切。川渝高竹新区的设立和运行为解决这一问题带来了一定启发，也指明了推进经济区与行政区适度分离改革的方向。但是，川渝高竹新区推动经济区与行政区适度分离改革是在四川、重庆两省市通力合作的前提下，在范围较小、经济结构相对单一、利益关系较为明确的基础上，开展的试验性改革，实际效果和可持续性还有待观察。推动经济区与行政区适度分离改革，必须正视改革中存在的问题与局限，优化改革路径。具体来看，推进经济区与行政区适度分离改革的方向应着力于以下几点。

第一，从中央层面构建约束地方政府不当干预行为的监督体系。实现经济区与行政区适度分离改革,关键是真正发挥市场对资源配置的主导作用,需要从中央层面管住政府对市场的不当干预。一方面,通过国家部门加强对地方发展政策的监管,及时废止违反市场公平和竞争中性的地方性政策;另一方面,提高各级政府治理现代化水平,减少对市场的直接干预,避免对微观经济活动的直接调节。

第二,动态优化经济管理权限配置。推行经济管理权限动态匹配机制,实现行政区经济管理权限与行政管理权限的适度分离。针对不同行政级别的行政区,制定科学的考核评估程序,对于经济发展水平较高的行政区,可以赋予更高的经济管理权限,比如对经济发达镇赋予"镇级市"的经济管理权限。而对于经济发展水平明显落后的行政区,也可以相应动态缩减经济管理权限。

第三,建立经济区与行政区适度分离的法律基础。目前,我国在区域合作、区域协调发展等处理区域间关系的领域,缺乏相应的法律依据。经济区与行政区适度分离改革涉及区域合作、管理权限的授予与承接等诸多法律问题,为确保经济区与行政区适度分离改革的规范性和持续性,需要建立调节区域合作关系的相关法律,明确合作主体区域的权利与义务。

第四,赋予经济区更加灵活的政策权限。个别行政区政策标准不一,而且很多政策又具有"刚性"约束,是经济区与行政区较为突出的矛盾。参照川渝高竹新区试点经验,赋予经济区政策选择的灵活性,将对经济区与行政区适度分离改革产生显著的推动作用。

融合发展篇
Integrated Development Reports

B.11 成渝地区双城经济圈城乡融合发展研究*

高洁 李明陆**

摘　要： 成渝地区双城经济圈城乡融合发展是破除二元结构、推动西部地区与全国同步实现共同富裕的现实需求。本报告在梳理成渝地区双城经济圈城乡发展历程基础上，从城乡经济融合、社会融合及生活融合三个维度构建指标体系，对经济圈城乡融合发展水平进行评价，结果表明成都与重庆城乡融合发展水平显著领先，各市城乡融合发展水平与经济发展状况存在正向关联。未来，成渝地区双城经济圈城乡融合发展面临价值融合中的市场培育、功能融合中的行政区划壁垒、要素融合中的改革政策落地及社会融合中的治理机制优化四大重点问题，建议从探索城乡产业协同发展路径、创新城乡功能跨域优化配置、深化户籍及居住证制度改革、先行探索农村土地制度

---

* 本文系国家社会科学基金西部项目"新形势下农民工集体经济组织成员权退出路径及政策优化研究"（批准号：18XJY012）的阶段性成果。
** 高洁，四川省社会科学院区域经济研究所副研究员，主要研究方向为城镇化、城乡融合发展；李明陆，四川省社会科学院区域经济专业2021级硕士研究生。

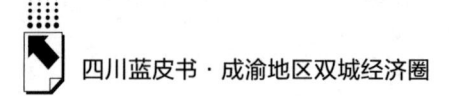

改革、增强融合发展资金人才保障、推进城乡社会文化互融共生六方面着力，推动成渝地区双城经济圈城乡融合的高质量发展。

关键词： 城乡融合发展　成渝地区双城经济圈　共同富裕

在"三新一高"时代背景下，我国城乡关系正进一步从"制度统筹"向"全面融合"深化。成渝地区是我国西部人口最密集的区域，是全国重要的劳动力输出地，区域内既有城乡发展相对均衡的平原区域，也有城乡差距仍然显著的山区、库区，其城乡改革发展在国家倡导向"全面融合"深化的进程中具有举足轻重的战略引领作用。《成渝地区双城经济圈建设规划纲要》将共同推动城乡融合发展作为重要任务之一，专章阐述。以缩小城乡区域发展差距为目标，深入推进成渝地区双城经济圈城乡融合发展，对推动西部地区与全国同步实现共同富裕，具有重要战略意义和现实价值。

一　成渝地区双城经济圈城乡融合发展历程

改革开放以来，成渝地区城乡发展与全国同步，大体走过了城乡二元分割阶段、以城市为重点的城乡关系调整阶段、与城市化高速发展相伴随的城乡统筹阶段，目前正进入以城镇化高质量发展为特征的城乡融合发展新阶段。从2007年成都、重庆同步获批成为全国统筹城乡综合配套改革试验区，到2019年两市西部片区同步成为国家城乡融合发展试验区，成渝地区城乡改革走在了全国前列。

在城乡统筹阶段，作为全国统筹城乡综合配套改革试验区，成都、重庆两地进行了大量改革探索，成都在农村产权确权颁证和有序流转、城乡统一户籍制度改革、村级公共服务、社会管理改革以及基层治理机制创新等方面积极探索，取得丰硕的改革成果。重庆的"地票"交易制度改革、农民工户籍制度改革、农村"三权"抵押融资制度改革也取得了较大影响。在此期间,经济圈以成渝双核城市为改革先锋,担负起了为全国全省城乡融合改革探路的重任,包括农村土地产权制度改革、户籍制度改革等多项改革举措为国家法律修订和有关政策出台提供了依据。

2017年10月,党的十九大针对城乡关系提出了实施乡村振兴战略、建立健全城乡融合发展体制机制和政策体系,并出台了《关于建立健全城乡融合发展体制机制和政策体系的意见》《关于构建更加完善的要素市场化配置体制机制的意见》等纲领性文件,城乡关系进入融合发展的新阶段。在此期间,四川省也出台了《关于开展城乡融合发展综合改革试点的指导意见》等文件,除成都、重庆双核的西部片区再次成为城乡融合发展试验区外,其他城市也承担了一些重要改革试点(见表1),成渝地区城乡融合发展呈现出以点带面、全域联动的态势。

表1 成渝地区承担的改革试点任务

试点名称	城市	试点内容
国家城乡融合发展试验区	成都	建立城乡有序流动的人口迁徙制度 建立农村集体经营性建设用地入市制度 完善农村产权抵押担保权能 搭建城乡产业协同发展平台 建立生态产品价值实现机制
	重庆	建立城乡有序流动的人口迁徙制度 建立进城落户农民依法自愿有偿转让退出农村权益制度 建立农村集体经营性建设用地入市制度 搭建城中村改造合作平台 搭建城乡产业协同发展平台
国家级"三块地"改革试点县	成都(郫都区)、重庆(大足区)、泸州(泸县)	土地征收制度改革,建立完善程序规范、补偿合理、保障多元的征收制度 集体经营性建设用地入市改革,建立同权同价、流转顺畅、收益共享的入市制度 宅基地制度改革,建立依法公平取得、节约集约使用、自愿有偿退出的宅基地制度
国家农村改革试验区	成都、内江(市中区)、眉山(彭山区)	稳定和完善农村基本经营制度 改革农村产权制度 完善农业支持保护制度 建立现代农村金融制度 建立促进城乡经济社会发展一体化制度 健全农村民主管理制度

续表

试点名称	城市	试点内容
四川省城乡融合发展综合改革试点	自贡(荣县)、泸州(纳溪区、泸县)、德阳(广汉市、罗江区)、绵阳(三台县)、遂宁(蓬溪县)、内江(市中区、东兴区)、乐山(井研县)、南充(西充县)、眉山(彭山区、仁寿县)、宜宾(叙州区、翠平县)、广安(武胜县)、达州(宣汉县)、雅安(天全县)、资阳(安岳县)	土地方面,探索综合利用改革政策发展多种形式乡村产业和业态 人才方面,探索通过多种方式引进和培养乡村干部人才和社会管理人才 投入方面,引导社会资金和农民群众增加对农业农村投入 新型集体经济发展方面,探索支持集体经济组织与城市工商资本合作联合盘活农村资源资产,发展多种产业业态 城乡民生共享机制方面,探索通过多种方式在县域内推动城乡基本公共服务均等化、一体化,包括统筹城乡建设发展规划、基础设施建设管护、社会事业发展等 乡村治理机制方面,探索通过多种方式,提高乡镇政府社会管理和公共服务能力,提高村"两委"村级治理、公共服务和带动发展能力

二 成渝地区双城经济圈城乡融合发展水平评价

(一)指标体系构建

城乡融合发展是具有系统性目标的动态化过程,是城镇和乡村经济社会发展、协调均衡及互动水平的综合反映,在充分借鉴、吸收国内外城乡融合发展相关评价指标、方法的基础上,本文所确定的综合评价指标体系由3个一级指标以及16个二级指标构成,采用熵权法确定各评价指标权重。

(二)城乡融合发展水平评价

2020年成渝地区双城经济圈GDP达到6.6万亿元,常住人口规模达到

9755万人，城镇化率超过60%①，城乡关系进入融合发展的新阶段，以成都为代表的核心城市城乡融合发展走在全国前列。从城市群内部来看，各城市间城乡融合发展水平差异较大，本文以重庆、成都、自贡、泸州、德阳、绵阳、遂宁、内江、乐山、南充、眉山、宜宾、广安、达州、雅安、资阳为研究单元②，运用上述指标体系对各城市城乡融合发展水平进行评价③，结果如下。

---

① GDP 数据根据各城市 2020 年统计公报数据计算，人口数据根据第七次全国人口普查数据计算。受限于部分县区城乡人口数据未公布，以成渝地区双城经济圈所涉市级行政区划进行计算，常住人口城镇化率为 62.4%。

② 按照《成渝地区双城经济圈建设规划纲要》，规划范围包括重庆市的中心城区及万州、涪陵、綦江、大足、黔江、长寿、江津、合川、永川、南川、璧山、铜梁、潼南、荣昌、梁平、丰都、垫江、忠县等 27 个区（县）以及开among、云阳的部分地区，四川省的成都、自贡、泸州、德阳、绵阳（除平武县、北川县）、遂宁、内江、乐山、南充、眉山、宜宾、广安、达州（除万源市）、雅安（除天全县、宝兴县）、资阳等 15 个市，基于数据可获得性，以 16 个城市全域作为研究单元。

③ 数据来源于 2020 年《四川统计年鉴》、2020 年《重庆统计年鉴》，为 2019 年统计数据。本文采取极差变换法对指标进行标准化处理，具体处理方法如下：正向指标：$Z = (x_i - x_{min}) \div (x_{max} - x_{min})$；逆向指标：$Z = (x_{max} - x) \div (x_{max} - x_{min})$；$Z$ 是无量纲化后的指标值；x 为原始数据；x_{min} 为对比区域该指标实现值中的最小值；x_{max} 为对比区域该指标实现值中的最大值；而针对适度指标，则将其转变为逆向指标，再按照逆向指标无量纲化，适度指标转变为逆向指标的方法为 $x' = ABS(x-A)$，其中，x' 是转变为逆向指标后的指标值，x 为原始数据，A 为该指标的理论最优值，$ABS( )$ 表示取绝对值。最后采取加权平均法得到综合评价指数，计量模型如下：

$$Y = \sum_{k=1}^{n}(b_k \sum_{i=1}^{n} a_{ki} C_{ki})$$

其中，Y 为综合评价指标指数，a_{ki} 是第 k 项一级指标的第 i 项二级指标的权重，b_k 是第 k 项一级指标的权重，C_{ki} 是隶属于第 k 项一级指标的第 i 项二级指标的标准数值。

各级评分借鉴功效系数法进行加权，得出，$d_i = Z \times C + D$

Z 为各级指数，C、D 为已知正常数，C 是对变换后的数值进行放大或缩小的倍数，D 是对变换后数值做平移的"平移量"，即表示实际的基础分值。本研究中，取 $C = 40$、$D = 60$，即基础分值为 60，最高分值为 100。加权后，各级评分排名不受影响。

表2 城乡融合发展水平评价指标体系

指标		指标属性	指标解释
城乡经济融合	人均GDP(元)	正向指标	人均国内生产总值＝GDP÷总常住人口,反映区域推动城乡融合发展的经济实力
	劳动生产率(元/人)	正向指标	劳动生产率＝GDP÷总从业人员数,反映区域城乡经济系统总体生产效率
	城乡劳动生产率比	逆向指标	非农产业劳动生产率与农业劳动生产率之比,反映城乡经济系统生产效率的差异程度
	三次产业结构偏离度*	逆向指标	三次产业增加值占比与从业人员占比的差值绝对值之和,该指标用来度量产业结构效益高低,反映了劳动力结构与产值结构之间的一种不对称状态。两者越不对称,偏离度越高,说明产业结构效益就越低
	乡村从业人员非农产业就业比重(%)	正向指标	乡村从业人员非农产业就业比重＝(乡村从业人员数－第一产业从业人员数)/乡村从业人员数,该指标比重大意味着乡村第二、第三产业较为发达,反之亦然
	NU(非农就业占比/城镇人口占比)	适度指标	反映城市化与工业化关系,当NU大致为1.2时,"两化"协调性最佳;明显小于1.2,反映城市化超前于工业化;明显大于1.2,反映城市化滞后于工业化
城乡社会融合	常住人口城镇化率(%)	正向指标	一个地区城镇常住人口占该地区常住总人口的比例,反映城镇化发展水平
	户籍人口城镇化率(%)	正向指标	一个地区城镇户籍人口占该地区户籍总人口的比例,反映城镇化发展水平
	常住人口城镇化率与户籍人口城镇化率的差值(百分点)	逆向指标	可在一定程度上反映户籍制度对人口转移的制约程度,城镇化率差值越大,户籍制度对人口转移的制约性越强
城乡社会融合	城乡居民人均医疗保健及文化教育娱乐支出(元)**	正向指标	反映城乡居民医疗保健及文化教育娱乐等公共服务支出总体水平
	城乡居民人均医疗保健及文化教育娱乐支出比	逆向指标	反映城乡居民医疗保健及文化教育娱乐等服务消费支出差异程度

续表

	指标	指标属性	指标解释
城乡生活融合	城镇居民人均可支配收入(元)	正向指标	反映城镇居民收入水平
	农村居民人均可支配收入(元)	正向指标	反映农村居民收入水平
	城乡居民人均可支配收入比	逆向指标	反映城乡居民收入水平差异程度
	城乡居民人均消费支出比	逆向指标	反映城乡居民消费水平差异程度
	城乡居民恩格尔系数差异程度	逆向指标	恩格尔系数是食品支出总额占个人消费支出总额的比重,是衡量一个家庭或一个国家富裕程度的主要标准之一。城乡居民恩格尔系数差异程度反映城乡家庭富裕程度的差异水平

注：*三次产业结构偏离度 $k=\sum_{i=1}^{n=3}|M_i-L_i|$（n=1,2,3）。其中，$M_i$ 表示第 i 产业增加值的相对比重，L_i 表示第 i 产业劳动力的相对比重。

**据城镇和乡村人均医疗保健及文化教育娱乐支出计算得到，城乡居民人均医疗保健及文化教育娱乐支出=（城镇居民人均医疗保健及文化教育娱乐支出×城镇人口+乡村居民人均医疗保健及文化教育娱乐支出×乡村人口）/总人口。

表3 成渝地区双城经济圈城乡融合发展水平评价结果

单位：分

城市	综合评分	城乡经济融合	城乡社会融合	城乡生活融合
成都	95.49	98.73	94.01	93.36
重庆	79.85	84.49	90.16	66.97
德阳	78.27	79.81	77.13	77.59
绵阳	78.20	80.60	76.77	76.89
自贡	78.15	76.54	80.42	78.01
乐山	76.17	75.00	78.33	75.65
眉山	75.99	72.54	70.12	84.15
内江	74.52	79.67	71.28	71.84

续表

城市	综合评分	城乡经济融合	城乡社会融合	城乡生活融合
雅安	74.12	72.67	76.01	74.10
泸州	72.50	72.36	76.10	69.80
宜宾	72.20	69.57	75.40	72.34
南充	71.51	75.84	72.32	66.45
遂宁	71.13	71.68	73.65	68.59
广安	70.58	69.49	68.28	73.52
达州	70.11	67.85	72.13	70.82
资阳	67.38	65.92	61.72	73.35
差异系数	0.085	0.105	0.102	0.091

从综合评分来看，成都以绝对优势居第一位，重庆列第二位，成渝双核具有领先优势。成都综合评分达到95.49分，而其余城市均未达到80分。重庆综合评分接近80分，位列第二。绵阳、德阳、自贡因三个子项均表现较优，综合评分达到78分以上，排在第三位到第五位。其余11个城市水平差异不大，最高与最低的评分相差不到10分，虽然在某方面存在一定的优势（如资阳城乡生活融合、南充城乡经济融合的表现），但均存在整体发展水平较低、发展不平衡、薄弱环节突出的问题，导致总体评分不高。

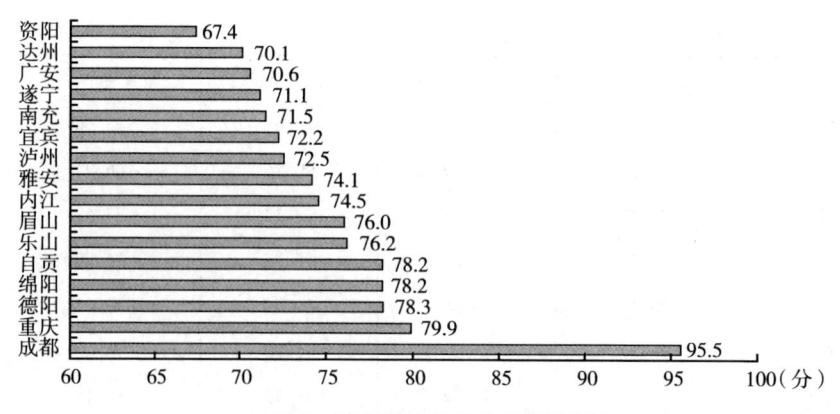

城市	评分
资阳	67.4
达州	70.1
广安	70.6
遂宁	71.1
南充	71.5
宜宾	72.2
泸州	72.5
雅安	74.1
内江	74.5
眉山	76.0
乐山	76.2
自贡	78.2
绵阳	78.2
德阳	78.3
重庆	79.9
成都	95.5

图1 城乡融合发展水平综合评分

从城乡经济融合来看，圈内各市之间差异最大（在三个维度当中是差异最大的维度，各城市评分的标准差为 0.105）成都、重庆领先优势极为明显，紧随其后的是总体经济发展水平也较高的绵阳、德阳，居于后三位的是广安、达州、资阳。内江与南充因农业发展水平较高、三次产业偏离度不高，虽然城乡融合整体评价不是很高，但在城乡经济融合这一单项上比较亮眼。

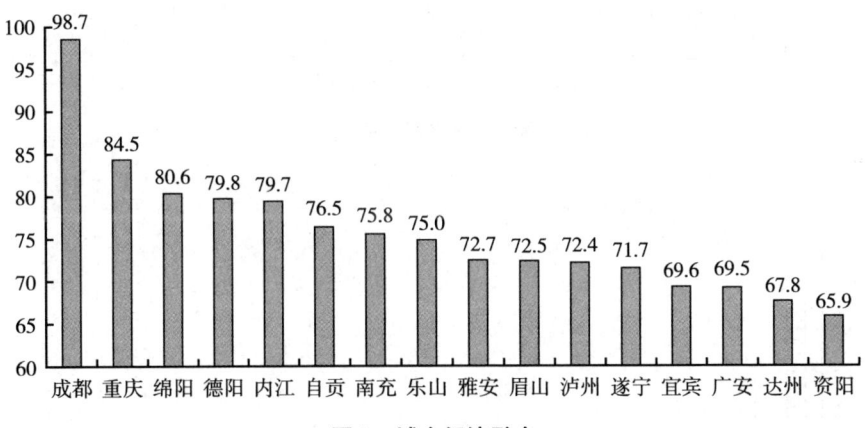

图2　城乡经济融合

（成都98.7、重庆84.5、绵阳80.6、德阳79.8、内江79.7、自贡76.5、南充75.8、乐山75.0、雅安72.7、眉山72.5、泸州72.4、遂宁71.7、宜宾69.6、广安69.5、达州67.8、资阳65.9）

从城乡社会融合来看，仍然是成都、重庆遥遥领先，紧随其后的是自贡、乐山，居于后三位的是眉山、广安、资阳。除成都、重庆、资阳、广安、眉山外，其他城市的城乡社会融合水平相差不大。但资阳市城乡社会融合发展水平远低于其他城市，眉山和内江的城乡社会融合发展水平相较其总体排名也处于较低水平。

从城乡生活融合来看，圈内各市之间差异相对温和（在三个维度当中是差异最小的维度，各城市评分的标准差为 0.091），成都仍然保持了绝对优势，紧随其后的是眉山、自贡、德阳，重庆受制于大农村、大山区现实条件下城乡收入、消费差距依然较大（城乡收入比为2.51，16个城市中最高；城乡消费支出比1.97，16个城市中第二高），城乡生活融合水平较低，排到了倒数第二位，居于后三位的除重庆外还有遂宁、南充。

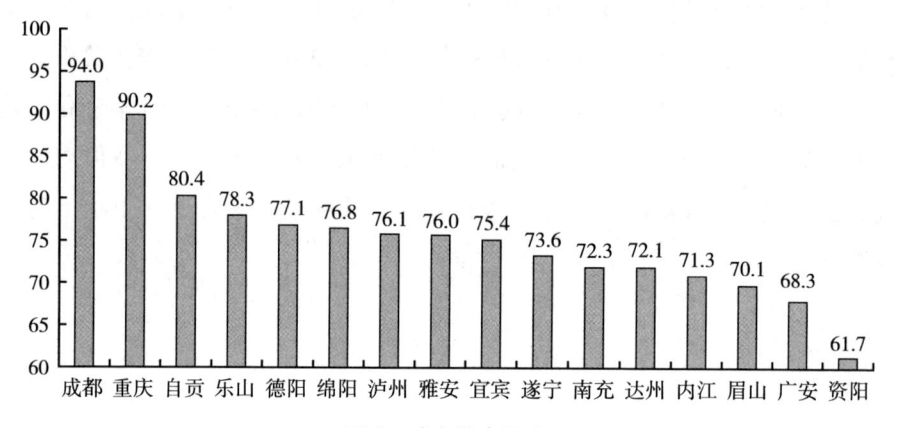

图3 城乡社会融合

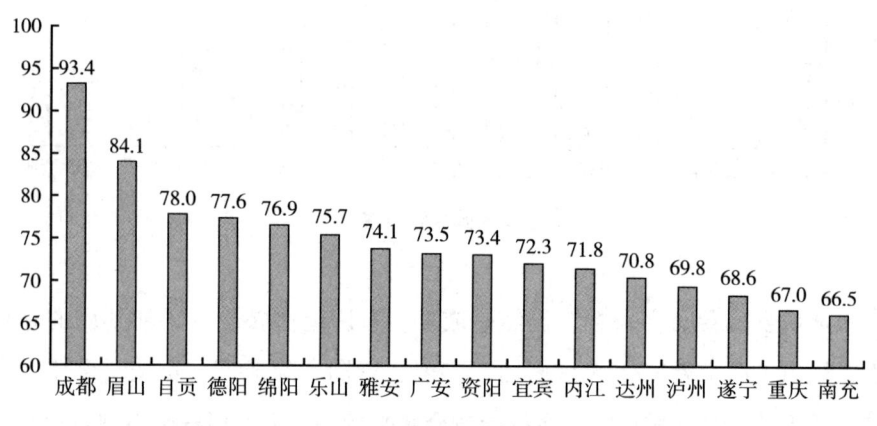

成都 94.0、重庆 90.2、自贡 80.4、乐山 78.3、德阳 77.1、绵阳 76.8、泸州 76.1、雅安 76.0、宜宾 75.4、遂宁 73.6、南充 72.3、达州 72.1、内江 71.3、眉山 70.1、广安 68.3、资阳 61.7

图4 城乡生活融合

成都 93.4、眉山 84.1、自贡 78.0、德阳 77.6、绵阳 76.9、乐山 75.7、雅安 74.1、广安 73.5、资阳 73.4、宜宾 72.3、内江 71.8、达州 70.8、泸州 69.8、遂宁 68.6、重庆 67.0、南充 66.5

从三个子项的相互关系来看，城乡融合发展不平衡的现象在部分城市仍然比较严重，比如重庆的城乡生活融合方面远远落后于其他两方面，资阳也只有城乡生活融合方面比较好。眉山、内江、南充等市得益于某一方面比较好，整体评分不低，但城乡融合发展不均衡、存在弱项也导致了这几个城市很难进入榜单前列。

总体而言，成都具有断层式的领先优势，综合评分及三个子项评分都居于第一位，且与第二位差距明显；重庆得益于总体经济实力的优势，在城乡

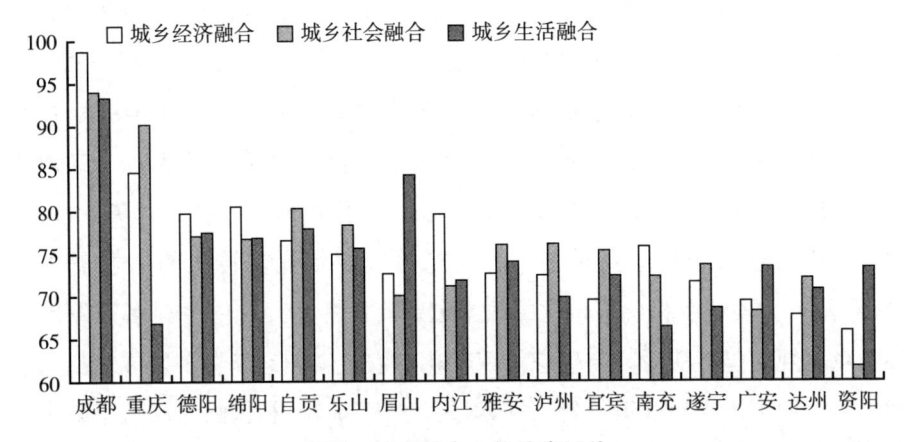

图5 城乡融合一级分类评价

经济融合和城乡社会融合两个维度均有突出表现，但因城乡生活融合方面的绝对劣势，虽总体排名第二但在综合评分上被成都远远超过。成都平原经济区的德阳、绵阳表现较为突出，也主要得益于整体经济水平处于川内第一梯队的优势，在城乡经济融合方面处于双城经济圈内前列。川南经济区的自贡总体水平也相对较高，其主要得益于城乡社会融合方面的突出表现，近年来经济发展势头强劲的泸州、宜宾在城乡融合方面尚未形成优势；川东北几个城市城乡融合发展较为滞后。

三 成渝地区双城经济圈城乡融合发展需突破的重大问题

随着城镇化发展进入速度和质量并重的高质量发展新阶段，成渝地区双城经济圈城乡融合发展也面临更高的要求，急需突破的四大重点问题如下。

（一）价值融合中的有效市场培育问题

在新的历史条件下，乡村特有的价值越来越被社会重新认可，成渝地区农耕文明历史悠久、乡村文化存留丰富，完全有条件深度挖掘乡村的生态、人文、景观等价值，城乡关系进入了乡村价值彰显的新阶段。目前来看，成渝地区双城经济圈乡村价值多元转化处于起步阶段。一方面，受经济发展水平制约，乡村价值转化市场需求不足。2020年，成渝地区双城经济圈GDP约为6.6万亿元，是长三角城市群的27%、粤港澳大湾区的57%、京津冀城市群的76%；而人均GDP约6.8万元，低于全国平均水平的7.2万元，明显低于其他城市群，乡村人文、生态等资源产业化转化的市场需求不足。① 另一方面，乡村价值转化的政策创新有所滞后。顺应乡村多元发展趋势的乡村规划仍然滞后，与生态价值转化、农业新业态新经济发展等相关联的用地、融资等支持政策仍处于探索过程，大部分乡村因缺乏深入了解市场需求的人才，多功能复合的生活场景和消费场景营造不够充分。

（二）功能融合中的行政区划壁垒问题

地方分权是中国改革成功的重要因素之一，但这也使得中国经济，尤其是城市经济具有特殊的行政区经济的特征。这在一定时期对城市发展具有促进作用，但随着城市规模的扩大，城乡功能、经济要素跨区域配置的需求日益强烈。成渝地区双城经济圈城镇化率已超过60%，城乡功能进入空间跨域组织的新阶段，行政区划壁垒问题日益凸显。一方面，对城乡功能格局的优化形成制约。成渝地区双城经济圈是典型的双核城市群，"中心—外围"发展差距明显，成都、重庆两大核心城市已是城区常住人口规模超过1000万的超大城市，而其余14市中仅绵阳、宜宾城区常住人口超过200万人，南充、达州等8市处于100万~200万人区间，广安、眉山等4市不足100万人②，在超大规模城市以下缺乏Ⅰ型大城市或特大城市，外围腹地县域单元经济产业薄弱，城乡功能衔接缺乏过渡载体，行政区经济对打破行政区划、重构与资源环境承载力更加协调的城乡功能格局形成了一定制约。另一方面，对城乡资源要素跨区域配置形成制约。以行政区为单元的地方保护、

---

① GDP数据据各城市2020年统计公报数据计算，人均GDP中人口数据据第七次全国人口普查数据计算。
② 城区常住人口数据据第七次全国人口普查数据计算。

市场分割现象依然突出，跨行政区划的连绵产业带往往难以形成，经济资源的跨地区流动和企业的跨地区发展往往面临人为障碍，城乡人口迁移面临的城乡分割障碍正逐步被区域分割所替代。

（三）要素融合中的改革政策落地问题

从统筹城乡改革到当前城乡融合发展，我国城乡改革进入要素双向流动加速的新阶段。成渝地区作为全国城乡改革先行区域，除同时成为国家城乡融合发展试验区外，还承担了大量城乡要素改革领域的试点重任。如成都郫都区、重庆大足区均被纳入国土资源部农村集体建设用地入市改革试点，广元、巴中、遂宁3市及重庆市梁平区、内江市市中区等区县作为国家级集体产权制度改革试点开展相关改革试验。总体来看，"三权分置"等总体改革导向已明确，但制度层面的变化落实到现实还需要政策细化和渐进推进，改革试点中仍有大量落地政策需要进一步探索。一是农村集体建设用地入市等相关政策尚不明朗。集体建设用地入市、农村土地承包经营权有偿退出等改革尚处于试点阶段，更大范围内的闲置宅基地、集体经营性建设用地等尚未盘活。二是受制于农村产权交易市场发育程度，农村产权作为抵押物估值仍然较低，金融机构对农村产权的认可度不高，农村金融服务实际效用有限。三是城乡供求对接平台和机制尚未建立。集体经济"空壳化"现象仍然存在，相当部分行政村缺乏与城市要素所有者对接的有效主体，城市要素所有者也缺乏充分了解乡村资源信息的渠道。

（四）社会融合中的治理机制优化问题

作为以成都、重庆两个超大城市为双核的城市群，成渝地区双城经济圈城镇化过程中城乡社会融合既包括城市与广大乡村社会的融合，也包括城市内部新移民的融入，既包括基本公共服务均等化等物质领域，也包括人口素质提升、农民现代化等精神文化领域，城乡社会进入人文观念互促的新阶段，面临双重挑战。一方面，城乡公共服务和治理水平仍存在差异。除成都都市圈四市外，2020年其他城市城乡收入比均大于2，仍处于二元结构状态。同时，农村劳动力呈现老龄化、幼龄化和妇女化趋势，大量村庄存在中度或重度的空心化现象，为基层自治水平提升带来困难。另一方面，面临超大规模城市治理创新的挑战。重庆、成都已成为全国常住人口规模第一和第四的城市，但 2020 年重庆户籍人口城镇化率与常住人口城镇化率差值仍高达 18.8 个百分点，高于全国平均水平，半城市化问题仍然突出，人口规模的快速扩大和人口多样性的急剧提升对社会治理提出了巨大挑战。

四 深入推进成渝地区城乡融合发展的相关建议

当前，成渝地区双城经济圈正处于做强中心城市、推进城乡融合发展的关键时期。把握城乡融合发展的四大阶段性特征，贯彻国家城乡改革从"制度统筹"向"全面融合"深化的总体设计，建议从以下六个方面深化城乡融合发展。

（一）以乡村价值多元转化为导向，探索城乡产业协同发展路径

一是以市场为导向推动产业融合发展。坚持市场主导、企业主体、商业化逻辑，加快培育乡村共享经济、创意农业等新模式、新业态，鼓励在乡村投资兴办文化创意、概念设计、软件开发、博览会展等环境友好型企业，形成各具特色的能充分引人聚流的消费场景和生活场景。二是创建业态融合的现代农业产业协作载体。强化对乡村的功能植入、业态创新，培育高品质特色小镇，优化提升美丽乡村和各类农业园区，创建一批城乡融合发展的典型项目。结合毗邻四川的渝西产业新区建设，探索川渝两地合作共建农业飞地园区，探索四川建设用地指标和重庆市"地票"入股园区，推动成渝地区双城经济圈技术共享、资源共享、市场共享、人才共享。

（二）以打破行政区划壁垒为导向，创新城乡功能跨域优化配置

一是完善城乡一体、区域统筹的规划管理体制。以国土空间规划为

契机，完善乡村规划编制，加速推动"多规合一"的贯彻落实，统筹城乡生产、生活、生态、安全需要。按照《成渝地区双城经济圈建设规划纲要》要求，在重庆都市圈、成都都市圈以及川渝统筹发展示范区、川南渝西融合发展试验区等地，率先探索建立统一编制、联合报批、共同实施的规划管理体制，试行建设用地指标、收储和出让统一管理机制，探索招商引资、项目审批、市场监管等经济管理权限与行政区范围适度分离。二是遵循"中心—外围"规律优化功能格局。充分利用成都、重庆两大中心城市在城乡融合发展中的科技、人才、市场等优势，强化通过技术输出、创新引领、模式推广等辐射带动周边区域发展。探索建立成渝地区联合开发和技术成果转化机制，构建"成渝总部研发+周边成果转化"的协同创新及成果转化模式。推动支持成渝地区双城经济圈内农业产业化龙头企业"走出去"，通过互持股份、签订购销协议、建立战略合作关系等方式建立深度稳定链接。

（三）以促进人口自由流动为导向，深化户籍及居住证制度改革

一是还原户籍制度的人口登记管理功能，便利化人口自由迁移。深化户籍管理制度改革，在尊重市场规律的前提下，赋予各城市更大的自由裁量空间，在支持人口自由迁移和防止福利搭便车之间寻找平衡点。成渝两市率先完善条件入户和积分入户（户籍迁入登记和居住证积分入户）"双轨并行"政策，鼓励双城经济圈内主要城市实现户籍落户积分、户籍准入年限等模式下同城化、标准化互认、居住证以及社保缴费年限互通互认，推动完善圈内居民户籍迁移的便利化措施。二是完善基于常住人口的公共服务配置机制。研究建立城乡常住人口常态化统计机制，积极运用大数据等手段，加强人口流动、聚集规律的综合研判和统计分析工作，为各级政府提供及时、准确的人口数据，形成基于常住人口的公共服务规划和公共财政保障机制。三是健全农业转移人口市民化成本分担机制。按照"人钱挂钩、钱随人走，人地挂钩、以人定地"的原则，组织力量开展农业转移人口市民化财政与土地成本测算，以此为依据落实财政转移支付同农业转移人口市民化挂钩政策，

落实城镇建设用地增加规模与吸纳农业转移人口落户数量挂钩政策,实行一次性赋予进城落户农民所有城市保障。

(四)以增强资源配置功能为导向,先行探索农村土地制度改革

一是依托试点争取在农村集体经营性建设用地入市等改革中率先突破。在严守土地所有制性质不改变、耕地红线不突破、农民利益不受损的改革底线前提下,探索宅基地所有权、资格权、使用权分置实现形式,依托成都郫都区、重庆大足区等改革试点,力争在完善农村集体经营性建设用地入市流程办法、扩大入市土地范围及土地入市后续监管服务等方面取得更大突破;依托内江市市中区、重庆市梁平县等试点,探索农村土地承包经营权有偿退出的机制路径。二是构建成渝地区统一的土地交易服务平台体系。推动成都农村产权交易所与重庆农村土地交易所联网运行,统一两地土地产权交易标准、流程,实行地块审核结果互认,推动两市产权交易信息同时发布、同时更新,探索农村集体建设用地使用权指标(地票)在成渝两市异地交易,共同拓展农村土地交易平台服务内容。通过扩大产权交易地域范围、集中交易供需主体、增加产权交易流量,来促进农村土地产权价值显化增值。

(五)以推动优质资源下乡为导向,增强融合发展资金人才保障

一是创新优秀人才向乡村流动的激励机制。把具有乡村风貌特色的环境营造作为创新点,为新一代年轻城市居民提供有别于现代城市的生态居住环境,为艺术创意创业群体、新兴互联网独角兽等企业创造生态化、独特化的创新空间和创造环境。建立都市现代农业首席专家制度,大力推广农业职业经理人培育模式,积极探索更加适用于乡村新经济的人才评价激励方式。二是增进金融机构和乡村主体的双向有机衔接。发挥成渝两市金融优势,推动共建共享服务成渝地区双城经济圈的农村金融保险服务平台,引导成渝两地各类银行、小额贷款、担保公司、融资租赁公司入驻平台,促进平台系统标准一致、互联互通,探索开展跨区

域的农村信贷产品服务，构建农村产权抵押品的价值叠加放大和风险分担机制，实现农村金融供需耦合。

（六）以群众美好生活向往为导向，推进城乡社会文化互融共生

一是构建兼具乡土性与现代性的乡村治理新模式。以满足人民群众对美好生活的需求为出发点，聚焦城乡融合发展中城乡要素对流加速、人员结构日益多元、外部活动更加频繁的现实难点，以系统、依法、综合、源头治理为导向推动城乡治理现代化建设。在夯实"党委统筹、双线融合"领导体制的基础上，突出参与、协商、共治等理念，充分发挥"新乡贤"、回乡创业人才、城市下乡资本等能人的带头作用，推进新乡贤文化和乡村社会结构有机融合，以公序良俗等非正式规则的形成提升乡村自组织能力。二是推动实现乡村文化与城市文化的双向互动。尊重乡村文化的乡土性、丰富性和多样性，积极吸收乡村文化所蕴含的精神营养和哲学智慧，充实和增加城市文化的底色和厚重感。[①] 尊重城乡文化之间的差别，在凸显城市文化先进理念、创新精神、开放态度的同时，推动各种文化要素在城乡之间自由流动。

参考文献

陈光：《成渝地区双城经济圈中的乡村振兴：基础、目标与路径》，《乡村振兴》2020年第8期。

陈运贵：《城乡文化融合发展的理论与实践逻辑研究》，《皖西学院学报》2020年第6期。

高洁：《从分割走向融合——城乡二元体制与中国城市化模式研究》，四川人民出版社，2020。

高洁：《中心城市工业化与城镇化互动评价及模式探析——基于对直辖市和副省级城市的比较分析》，《经济问题探索》2014年第12期。

---

① 陈运贵：《城乡文化融合发展的理论与实践逻辑研究》，《皖西学院学报》2020年第6期。

《中共四川省委关于制定四川省国民经济和社会发展第十四个五年规划和二〇三五年远景目标的建议》,《四川日报》2020年12月10日。

中共中央、国务院:《成渝地区双城经济圈建设规划纲要》,《中华人民共和国国务院公报》2021年第31期。

B.12 川南城市融入成渝地区双城经济圈的路径选择

——以宜宾市为例

李晶 李丽萍*

摘　要：《成渝地区双城经济圈建设规划纲要》明确提出支持宜宾建设川南区域中心城市，带动双城经济圈南翼跨越式发展。宜宾作为四川近两年经济增速最快的城市，具有很强的典型性和代表性，境内区位交通优势突出、资源富集、经济基础坚实、产教融合协同、营商环境优良、综合承载能力较强，可将其总体定位为成渝地区双城经济圈副引擎。本报告对其如何融入成渝地区双城经济圈进行深入研究，以期为促进经济圈发展以及各级政府制定相关政策提供一定参考依据。建议加快生态环境治理能力现代化，建设高层次产业协作配套体系，构建现代化产教融合创新体系，构建立体开放高效的南向战略通道，建设高品质宜人宜居宜业宜宾。

关键词： 川南城市　成渝地区双城经济圈　宜宾市

习近平总书记强调，要推动成渝地区双城经济圈建设，在西部形成高质量发展的重要增长极。《成渝地区双城经济圈建设规划纲要》于2021年公

---

* 李晶，管理学博士，四川省社会科学院金融财贸研究所助理研究员，中级经济师，主要研究方向为区域经济、金融风险管理；李丽萍，管理学博士，成都大学商学院讲师，主要研究方向为创业与创新管理、公司治理、风险投资。

开发布,成渝地区双城经济圈高质量发展成为国家经济发展的重大议题。四川各区域城市要主动承接国家战略辐射、积极融入成渝地区双城经济圈建设进程,在经济圈的协调发展中谋求自身理想定位。川南城市主要包括内江、自贡、泸州和宜宾四市,"十三五"时期,川南经济区GDP从4828亿元增加到7884亿元,占全省比重从15.9%提高到16.2%,增长速度位于全省五大片区之首。其中,宜宾作为四川近两年经济增速最快的城市,具有很强的典型性和代表性。《成渝地区双城经济圈建设规划纲要》明确提出,支持宜宾建设川南区域中心城市,带动双城经济圈南翼跨越式发展。本文以宜宾为例,对其如何融入成渝地区双城经济圈进行深入研究,以期对川南城市有较强的借鉴意义。

一 融入成渝地区双城经济圈的发展基础

(一)区位交通优势突出

宜宾与成都、重庆、贵阳直线距离均为200公里~300公里,处于三大城市的几何中心位置。紧邻四川南向开放大通道出口,"紧握"长江经济带与丝绸之路经济带交叉点,是承南接北、通东达西、推动两带联动发展的战略支点,是全国63个综合交通枢纽、川滇黔渝四省市中唯一列入全国50个高铁枢纽的地级市和66个区域级流通节点城市之一,现已形成集水港、铁路港、公路港、航空港"四港"于一体的综合立体交通网络。作为长江黄金水道上重要的港口城市,宜宾已成为国家层面衔接长江经济带与"一带一路"两大战略的关键节点、四川通江达海的港口。

(二)资源富集

宜宾市成矿地质条件好,是国家战略资源富集区攀西—六盘水地区的重要组成部分。煤、硫铁矿、玻璃用石英砂岩、天然气和页岩气、石灰石、岩盐等6种矿产具有大型开采价值,其中,煤、硫铁矿、玻璃用石英砂岩储量在全省位居前列。金沙江、岷江、长江横贯宜宾全境,可开发的水能资源理论蕴藏总量达716万千瓦,可开发装机655.7万千瓦,年发电量362亿千瓦时,具有建设大型水电基地的优越条件,是"西电东送"重要基地和西部特高压交换枢纽平台。自然景观和人文景观丰富,拥有蜀南竹海、兴文石海等国家级、省级风景名胜区34处,其中传承4000多年的五粮液酿酒文化、全世界竹类基因库、兴文石海世界地质公园和万里长江第一城为宜宾市独有资源,吸引大量消费人口。文旅融合发展成效显著,旅游业总收入实现年均增长16%[①],成功创建天府旅游名县命名县1个、候选县2个,新增4A级景区8家、省级全域旅游示范区2个。

(三)经济基础坚实

宜宾市经济实力雄厚,2020年GDP为2802.12亿元[②],位居川南第一、全省第三,GDP增速全省第一,为建成成渝地区双城经济圈经济副中心奠定了良好基础。一般公共预算收入年均增长11.7%,规上工业增加值年均增长9.5%,建筑业总产值年均增长31.3%,服务业增加值年均增长8.8%。全社会固定资产投资年均增长13.2%,累计完成重点项目投资3288亿元。社会消费零售总额年均增长9.2%,城镇居民人均可支配收入年均增长8.4%,农村居民人均可支配收入年均增长9.6%。以酒类食品、综合能源、化工轻纺、机械制造等为代表的传统优势产业体系,以智能终端、新能源汽车、轨道交通为代表的新兴产业体系基本形成,名优白酒、智能终端、轨道交通已列为全省重点产业。宜宾工业主要经济指标均位居全省前列,实现了发展速度、质量和效益的"三提升"。

(四)产教融合协同

宜宾市积极落实党的十九大做出的实施科教兴国战略的部署,2016

---

① 《2021年宜宾市人民政府工作报告》。
② 《2021年宜宾市人民政府工作报告》。

年开始建设大学城和科技创新城。现已形成"科教效率、宜宾市速度"，开创"立足宜宾，辐射川南，服务四川，影响全国，面向世界"的科创先河。占地面积36平方公里的大学城、科创城，首期已建成12平方公里，二期6平方公里正在加快建设。在宜办学高校达12所，在校大学生有7万人，留学生人数居全省第二。科技创新能力跃升全省第三，引入清华启迪整体运营科创中心，12家产研院和2个院士工作站入驻运行。双城建设日新月异，成为全国首批、西南地区唯一的国家产教融合试点候选城市、全省唯一的"学教研产城"一体化试验区、全省首批省级创新型城市。省级以上创新研发（孵化）平台达106家，高新技术企业达150家，科技型中小企业达820家，科技对经济增长的贡献率提升至58%。

（五）营商环境优良

在优化营商环境的进程中，宜宾市积极学习沿海地区先进性、创新性的措施和思想，对外开放程度处于川南城市前列，特别是2021年来大力发展新兴产业，外贸产业结构不断优化升级，对外开放程度迅速提高。2016年、2017年连续两年被省政府办公厅表彰为全省投资和重点项目推进工作成绩突出的地方。成功申建省级经开区7个、省级高新区1个。营业收入超过100亿元的工业园区共计7个。市场主体36.6万户，民营经济增加值年均增长8.1%，占GDP比重为59%。持续深化"放管服"改革，行政许可和非行政许可审批事项分别取消114项、30项。四川自贸试验区宜宾协同区、保税物流中心（B型）、综合保税区申建成功，运行良好。签约招商引资项目累计943个，协议总投资4711.6亿元，引进国内省外到位资金2293亿元。新增落户"三类500强"企业、上市公司、行业领军企业70户。外贸进出口总额累计540亿元，年均增长25.4%，位列全省第三。

二 在成渝地区双城经济圈中的战略定位

（一）总体定位

宜宾位于成—渝—宜经济"金三角"、川南经济区核心，是四川省南向开放大通道"桥头堡"，境内区位交通优势突出、资源富集、经济基础坚实、产教融合协同、营商环境优良、综合承载能力较强。可将宜宾总体定位为成渝地区双城经济圈副引擎，立足川南、辐射全省、面向全国，高水平构筑产业协作配套新高地，高标准打造产教融合创新试验区，高品质建设生态宜居环境，高层次扩大对内对外开放，推动宜宾在成渝之间强势崛起、次级突破，使宜宾成为要素集聚度高、辐射带动力大、综合竞争力突出的成渝地区双城经济圈副引擎。

（二）功能定位

1. 长江上游生态安全屏障"第一城"

川渝地区是我国水资源、水能资源最富集的区域，也是未来清洁能源的主要供应基地，其对长江流域的生态环境重要保护作用和屏障功能是其他任何地区都无法比拟的。而宜宾作为成渝地区双城经济圈和长江经济带绿色生态走廊的关键节点城市，"三江九河"纵贯全境，是中国水资源保护核心区之一，也是长江上游珍稀特有鱼类国家级自然保护区的核心区。生态建设抓得好不好，不仅关系自身可持续发展，而且直接影响长江中下游地区生态安全和国家生态安全。基于此，宜宾可将自身定位为长江上游生态安全屏障"第一城"，推动根本性绿色变革，扎实做好生态修改、环境保护、绿色发展三篇文章，助力成渝地区双城经济圈生态安全格局构建。

2. 成渝地区双城经济圈产教融合创新试验区

近年来相继入驻双城经济圈的高校和产研院，都坚持走产教融合发展之路。宜宾紧扣重点产业，围绕白酒、智能制造、汽车、轨道交通、大数据等优势产业和新兴产业发展，与科研机构开展了全面深入的合作共建，并取得了丰硕成果。在这股全新科技力量的助推下，宜宾市科技创新能力、人才支撑产业能力持续增强，为宜宾参与川渝合作共建西部科学城、成渝科创走廊和打造西部创新高地奠定了坚实基础。基于宜宾在产教融合方面取得的显著成绩，宜宾可将自身定位为成渝地区双城经济圈产教融合创新试验区，用好产教融合示范城市建设机遇，健全技术创新市场导向机制，推动创新资源综合集成，促进全市科技、教育、产业、城市融合式良性发展格局形成，成为新时代四川高等教育区域开放发展新标杆。突出抓好科技创新链后端，谋划建立长江上游绿色科技创新走廊。

3. 成渝地区双城经济圈产业协作配套新高地

成渝地区已形成以电子信息、装备制造（含汽摩）、材料等为主导，在细分领域又各有擅长的制造业体系，产业关联程度较高、互补性较强，且正在联动建设国家级承接产业转移示范区。融入成渝地区双城经济圈，宜宾应立足自身产业优势，瞄准未来产业发展方向，找准产业链、价值链、供应链的切入点，可将自身定位为成渝地区双城经济圈产业（特别是先进制造业）协作配套新高地，重点培育国家级智能终端产业集群、西部地区先进材料、轨道交通、装备制造、新能源汽车产业集群。高质量发展先进制造业，打造具有全国影响力和竞争力的产业协作配套新高地，进一步深化与成都的产业合作，与川南经济区其他城市错位互补、协同发展；寻找宜宾与重庆在电子信息、汽车产业、材料等产业之间的契合点，积极承接产业转移，利用重庆的溢出效应，构建"总部+基地"的产业链联系。

4. 成渝地区双城经济圈南向开放枢纽门户城市

宜宾的地理位置、交通枢纽地位和产业基础使其在成渝城市群中的重要性不断提升，基于此，宜宾可将自身定位为成渝地区双城经济圈南向开放枢纽门户城市。坚持"融入新通道、共筑大平台"，加速构建现代立体交通网络，深化与省内外周边区域合作，对接中新合作机制、粤港澳大湾区、北部湾经济区，搭建高水平重大展会活动、国际合作园区等载体平台，推动知识、技术、数据、人才等创新要素加速流动和整合集聚，不断完善枢纽门户功能，发展更高层次开放型经济，构建"开放发展四向联动"新格局，着力建设四川南向开放合作先行区。

5.成渝地区双城经济圈国际化高品质生活宜居城市

宜宾以绿色发展倒逼产业转型升级，以产业结构优化促进资源利用方式转变，形成节约资源和保护环境的空间格局、产业结构、生产方式，变得越来越绿色繁荣，越来越宜居宜业。凭借突出的区位优势、生态优势和产业优势，宜宾可将自身定位为成渝地区双城经济圈国际化高品质生活宜居城市。宜宾市可借长江上游绿色生态示范市建设契机，充分利用三江汇聚、众山环绕的独特地理地貌特色，依托三江六岸和自然山体，落实"拥江发展、依山而建"的理念，在城市规划上凸显亲水性和依山性，形成"城在山水中、山水在城中"的空间结构，让山水与城市交相辉映，让城市与自然和谐融合。通过全力提升城市七大品质——经济品质、生态品质、景观品质、配套品质、招商品质、治理品质、人文品质等——提升区域中心大城市的形象魅力，全面建成生态宜居、经济繁荣、社会文明、人民幸福的高品质生活宜居城市，用优美的城市环境、便利的生活条件和良好的发展氛围吸引产业和人口加速集聚。

三 融入成渝地区双城经济圈发展的路径

（一）加快生态环境治理能力现代化

优化区域生态空间格局。推进长江上游流域生态保护与生态修复，共建川渝森林群及生物多样性生态功能区，科学建设生态文明示范区，加快发展先进制造业、新材料、节能环保产业等绿色低碳循环经济。协同推进环境保护治理。全面落实河长制湖长制，高质量推进美丽河湖建设，积极构建环境风险联防联控体系，持续推进港口船舶与内河货船生活污水污染防治，抓好农村污染防治。形成绿色生产生活方式。全面清理整治"散乱污""低散乱"企业，大力推进化工园区整合提升，加快推行生活垃圾强制分类制度，积极开展节约型机关、绿色家庭、绿色学校、绿色社区、绿色交通等创建行动。深化区域生态环境保护合作。共同研究建立区域市场化、多元化的生态保护补偿机制。研究区域排污权交易机制，探索地区间水权交易。

（二）建设高层次产业协作配套体系

共同打造特色优势产业集群。着力发展汽车、智能制造、电子信息、新材料、轨道交通、食品饮料、高端装备制造等产业，提升产业层级、技术水平和规模效益。积极承接产业转移。积极融入以成都和重庆为龙头的区域协同创新体系，建设承接产业转移示范区和外贸转型升级示范基地，推动上市企业、龙头企业或独角兽企业落户宜宾，吸引关联配套企业入驻。推进数字经济快速发展。推动5G、卫星互联网、物联网、人工智能、区块链等新型基础设施共建共用，建设数字政府和新型智慧城市，积极推动政务数据、公共数据、社会数据等融合共享、创新应用。营造国际一流营商环境。推动区域内政务服务水平一体化和均等化，促进审批许可事项清单合一、证照资质互认，大力推进证照异地办理。依托物联网、云监测、大数据等先进技术，持续完善"智慧港口"基础平台、应用板块及相关保障体系。推动信用一体化建设，推动信用信息共享，提升城市信用品质。完善知识产权保护工作机制。加强与成都、重庆以及其他地区高水平知识产权评估、交易、流转机构合作，完善知识产权保护全体系服务链，努力创建国家知识产权试点示范城市。

（三）构建现代化产教融合创新体系

加快大学城、科创城建设。围绕全省唯一学教研产城一体化试验区以及南亚、东南亚和"一带一路"国家留学生基地建设，将宜宾打造成为成渝地区双城经济圈中的区域性科教中心。以合作基地、共建实验室等方式推进校企合作。构建高等学校协同创新体系，建设川南高校创新生态圈。推动企业建设大学生校外实践教育基地、双师双能型教师培养基地，鼓励相关院校、企业探索建立智能终端、汽车等领域产教联盟、职教联盟。支持成渝地区高校合作办学、协同创新，共建一批职业教育集团和特色职业教育园区。搭建科技创新合作平台。制定实施科技创新合作发展计划。支持相关高校建设若干教育部重点实验室、工程研究中心等科研基地。争取布局建设一批支撑未来高新科技发展与应用的基础设施，建设国家（重点）实验室、技术创新中心、临床医学中心、产业创新中心、制造业创新中心，搭建大型科学仪器设备共享服务平台。共同推进国际科技交流合作。推进国际科技创新合作平台建设，争取建设"一带一路"科技创新合作区和国际技术转移中心，建设一批国际联合实验室和联合研究中心，主动对接成渝地区国际科技合作基地联盟，吸引全球科研人才创新团队合作项目在宜宾落地，推动国（境）外人才和智力资源共享。建立海外人才联合创新创业基地，探索"圈内注册、海外孵化、全球运营"的双向离岸柔性引才机制。

（四）构建立体开放高效的南向战略通道

推进南向开放通道建设。继续加快高铁客货运枢纽建设与普铁客货运枢纽建设，推进成都经宜宾南向重要公路干线建设，完善以高速公路为骨架的三级路网体系。加快推进南向航空通道建设，推动宜宾新机场按照国家开放口岸标准进行改扩建，优化通关流程。实施内河航运扩能工程，推进长江宜宾至重庆段航道整治。提升长江干线宜宾段航道通航能力。提升宜宾至北部湾港口、粤港澳大湾区的陆路和出海铁路通道能力。拓展南向经济发展新空间。对接中新合作机制、粤港澳大湾区、北部湾经济区，参与中国-东盟框架合作及中国-中南半岛、孟中印缅、中巴等国际经济走廊建设，对接南亚、东南亚市场。建设服务"一带一路"、辐射南亚的三江新城。推动建设"一带一路"进出口商品集散中心、金融服务中心、对外交往中心。推进国际合作园区建设。加速发展多式联运。推动空运、铁路、江运信息共享、运输融合，构建空公铁水无缝衔接的多次联运体系。建立沿江港口协作联动机制，全面推动枢纽互通、江海联通和关检直通。打造铁水陆空南向联运基地。打造国家南向开放的战略中心。加强与"一带一路"国家和地区自由贸易园（港）区在投资、贸易、金融、教育、科技、人文等方面的交流合作与功能对接。支持与其他自由贸易试验区、毗邻地区特色功能区、边境经济合作区、境外经贸合作区等开展务实合作，创建一批具有引领、示范和带动作用的区域性开放创新平台。

（五）建设高品质宜人宜居宜业宜宾

加强区域文化教育与医疗卫生领域合作。加强宜宾与成渝地区公共文化领域的合作，积极探索数字文化建设方面的共建共享思路。因地制宜建设医院分院、医疗次中心，扩大优质医疗资源覆盖范围。建立完善重大疫情和突发公共卫生事件联防联控机制。推进宜宾和成渝地区基础教育深度融合、职业教育和高等教育创新发展，推行学区化管理、集团化办学，推动优质基础教育资源合理配置和共建共享。加强区域旅游、会展、养老服务合作。深化产业合作，加快区域产业资源统筹和高效利用，加快产业服务和监管一体化。与周边城市展开实质性合作，相互参与招展招商，海外出展共同组团，共同研发、培育和主办展览新项目、新主题，促进展览项目的合作交流。推进养老服务机构设施、服务标准和照护需求评估标准互认。健全社会保障体系。推动宜宾社保信息平台建设，实现社保卡共享应用和异地经办服务。推行住房公积金转移接续和异地贷款，推动公租房保障范围城镇常住人口全覆盖，吸引更多周边人口在宜宾安居乐业。探索工伤调查协作机制。加快创建国际化人才社区。建设宜宾国际人才港，打造环境优良、人才迁移便捷、高端智力集聚、创新创业活跃的人才国际化发展"软口岸"。提升社会服务水平，实行外国高端人才服务"一卡通"，建立住房、子女入学、就医社保服务通道。设立集成市级相关部门服务事项的专门服务窗口，"一站式"受理人才各方面的需求。

参考文献

陈立泰、蔡吉多：《城市群创新能力的区域差距及空间相关性分析》，《统计与决策》2019年第22期。

单学鹏、罗哲：《成渝地区双城经济圈协同治理的结构特征与演进逻辑——基于制度性集体行动的社会网络分析》，《重庆大学学报》（社会科学版）2021年第2期。

第宝锋：《研究成渝地区双城经济圈建设的力作：〈成渝双城五论〉》，《社会科学研究》2021年第5期。

冯月、刘志彪：《成渝地区双城经济圈的区域差距及驱动因素》，《财经科学》2021年第5期。

何一民、崔峰、何永之：《多维度视阈下成渝地区双城经济圈建设探析》，《四川师范大学学报》（社会科学版）2021年第3期。

胡锡琴、张红伟：《空间经济视域下城市群FDI、服务业集聚的经济效应——基于成渝城市群的实证分析》，《中国地质大学学报》（社会科学版）2017年第5期。

黄寰、肖义、王洪锦：《成渝城市群社会—经济—自然复合生态系统生态位评价》，《软科学》2018年第7期。

黄庆华、胡梦佳：《成渝地区双城经济圈产业关联演化格局分析》，《中南大学学报》（社会科学版）2021年第6期。

黄兴国、彭伟辉、何寻：《成渝地区双城经济圈技术创新网络演化与影响机制研究》，《经济体制改革》2020年第4期。

蒋永穆、李想：《川渝黔经济一体化助推成渝地区双城经济圈建设研究》，《西部论坛》2020年第5期。

涂建军、况人瑞、毛凯、李南羲：《成渝城市群高质量发展水平评价》，《经济地理》2021年第7期。

王佳宁、罗重谱、白静：《成渝城市群战略视野的区域中心城市辐射能力》，《改革》2016年第10期。

杨继瑞、周莉：《基于合作之竞争博弈的成渝地区双城经济圈良性关系重构》，《社会科学研究》2021年第4期。

叶文辉、伍运春：《成渝城市群空间集聚效应、溢出效应和协同发展研究》，《财经问题研究》2019年第9期。

张鹏飞、刘新智：《"产业—交通—人口"协调发展的时空格局与演进研究——以成渝地区双城经济圈为例》，《城市问题》2021年第9期。

张学良、洪旭东：《强化区域板块合作，全力推进长江经济带更高质量发展》，《云南社会学》2022年第1期。

张志强、熊永兰：《成渝地区双城经济圈一体化发展的思考与建议》，《中国西部》2020年第2期。

赵川：《城市群的产业-人口-空间耦合协调发展研究——以成渝城市群为例》，《经济体制改革》2019年第5期。

B.13
攀西经济区融入成渝地区双城经济圈路径研究

胡鲲翔*

摘　要： 本报告首先从自然资源、生态环境、产业基础、区位条件等方面对攀西经济区融入成渝地区双城经济圈的基础条件进行了总结评价。其次，立足双城经济圈建设机遇，围绕产业经济能级、科技创新支撑、区位交通、生态环境等方面分析研判了该区域在融入过程中的重大机遇与主要挑战。建议攀西经济区按照"以融入发展攀西、以发展助力成渝"的原则，以"融入—协同—共享"为阶段目标和发展路径，争取建设成为成渝地区双城经济圈的产业配套基地、南向开放门户、阳光康养后花园、"双碳"战略支撑区、协同创新高地。最后，提出了争取专项规划编制、加强政策联动、建立长效合作机制等方面的政策建议。

关键词： 攀西经济区　协同发展　共享发展　成渝地区双城经济圈

2021年中共中央、国务院印发了《成渝地区双城经济圈建设规划纲要》，城渝地区双城经济圈（以下简称"双城经济圈"）跃升为与长三角、粤港澳大湾区、京津冀同等层次的国家战略级经济圈。作为四川省五大经济区之一，攀西经济区面积约6.8万平方公里，占全省的13.9%，涵盖攀枝花、西昌、冕

---

* 胡鲲翔，经济学硕士，日新战研（成都）企业管理咨询有限公司总经理、研究员，主要研究方向为产业经济和区域经济。

宁、德昌等22个县（市）；总人口607万人，占全省的7.2%；2020年实现地区生产总值2774亿元，占全省的5.7%。该区域未纳入成渝地区双城经济圈范围，但其作为全国唯一的战略资源创新开发试验区和省委"一干多支、五区协同"总体布局重要支撑，可充分发挥资源、生态、产业、区位等比较优势，主动融入成渝"一盘棋"建设，积极探索融合发展体制机制，建设成为成渝地区双城经济圈重要的协同支撑发展区，对于落实国家战略要求、提升攀西位势能级、推动区域协调共进具有重要意义。

一　发展基础

攀西经济区（以下简称"经济区"）矿产、水能、土地、生物等自然资源富集，生态环境优越，农业、工业、旅游业基础较好，区位条件独特，是我国重要的钒钛和稀土产业基地、长江上游重要生态屏障、四川南向开放门户。经多年开发建设，攀西经济区经济实力稳步提升，民生事业取得长足进步，对外开放水平逐步提高，为高质量融入成渝地区双城经济圈建设打下了良好基础。

（一）自然资源富集

1. 矿产资源

钒钛储量居全国第一，已探明钒钛磁铁矿矿石储量117.7亿吨，占全国同类矿产总储量的95%，占全国铁矿总储量的15%。稀土储量居全国第二，由冕宁、西昌延伸至德昌等地形成近300公里稀土资源带，冕宁牦牛坪、德昌大陆槽稀土矿储量分别位居全国第二、第三，储量分别达到200万吨和70万吨。各类矿种资源丰富，富铁、铜、锡、镍、铅、锌、磷、金、煤等储量全国占比高，有泸沽富铁矿、盐边冷水箐、会理力马河铜镍矿、会理拉拉铜矿、天宝山、大梁子铅锌矿、东川式层状铜矿等，具有矿产资源总量大、种类多、优势特、组合优、开发利用便利、潜在价值高等特点①。

---

① 王建伟、郭科、刘红军等：《西部地区主要矿产资源优劣及保障程度：以攀西为例》，《地质科技情报》2014年第4期，第143~148页。

2. 水能资源

水能资源居世界前列，金沙江、雅砻江与大渡河三大水系流量大而稳定，峡谷多且自然落差大，水能理论蕴藏量达4400万千瓦和286万千瓦，为世界平均水平的40倍；蕴藏量1万千瓦以上河流有100余条，技术可开发量超过8000万千瓦，约占全省的78%、全国的13%[1]。水电设施加快建设，已建成二滩、锦屏一级、官地、桐子林、大桥等大中型水电站，在建白鹤滩、卡拉、孟底沟、乌东德、杨房沟、固增、博瓦、金沙、银江等水（库）电站。水资源规模巨大，开发配套资源良好，天然适宜建设清洁能源基地。

3. 土地资源

可开发利用空间广阔，区内人均土地达16.8亩，为四川省平均水平的19倍以上。宜林（林地）、宜牧（草地）、宜农（耕地）、各类建设用地等共计6.57万平方公里，分别占经济区总面积的61.65%、20%、14.1%和1.44%[2]。安宁河平原为全省第二大平原，气候特征有利于农业，年均温度14～18℃，南部、金沙江河谷等年均气温可达20℃，无霜期超300天。雨量日照充沛，年均降水量达800～1200毫米，年日照数达1600～2800小时，日照率最高达45%～60%，为发展优质错季农产品提供了良好条件[3]。

4. 生物资源

生物种类丰富，各类生物资源达6000余种，其中，野生经济植物4000余种，野生脊椎动物600余种，人工栽培作物、果树、中药材等1000余种，饲驯养动物近百种，有凉山虫草、麻风树、山鹧鸪等地方特色产品。经济转化价值高，野生真菌500余种，其中松茸、茯苓、云芝、虫草等食用和药用

---

[1] 罗怀良、冉茂玉：《攀西地区水资源及可持续利用探讨》，《自然资源学报》2001年第6期，第552~556页。

[2] 杨明兴：《攀西地区土地利用变化及其生态环境效应研究》，武汉大学出版社，2018。

[3] 张金盈、苏春江、徐云等：《攀西地区自然资源可持续开发利用研究》，《国土与自然资源研究》2005年第3期，第63~65页。

菌类近 400 种，抗防癌功效菌种 110 余种；皮毛、制革、羽用、渔猎、药用等动物 250 余种，为生态价值转化提供了诸多渠道[①]。

（二）生态环境优越

1. 森林广袤

攀西经济区是我国四大重点林区中西南原始林区的重要组成部分、全省四大森林城市群之一，森林覆盖率达 52%以上，森林总面积超 3 万平方公里。植被特征多元，主要有高山针叶林带、山地针阔叶混交林带、河谷旱生灌丛带等，多呈现垂直地带性分布，如木里盐源高原地区兼有高山草甸、常绿针叶林等。可充分挖掘森林康养、林下经济新业态，形成以"森林+"为特色的可持续综合开发利用模式。

2. 阳光充沛

全年阳光充足，四季气候宜人，冬季晴日可达 80 天以上，昼夜温差较小，海拔高度适中，不似海岛、沿海等有台风危害，不易受寒潮侵袭，填补了川渝冬季旅游短板。位于川滇旅游目的地中心地带，临近泸沽湖、丽江、大理、香格里拉等知名阳光景区，具有在"川滇阳光廊道"中东连西接、沟通南北的枢纽作用[②]。正加快建设普达阳光康养度假区、米易太阳谷、攀西欢乐谷等阳光康养景区。

3. 景点众多

景点类型多、特色鲜明、人文浓厚，水景有金沙江、雅砻江、邛海、泸沽湖、虎跳峡、二滩水电站等；山景有螺髻山、泸山、攀西裂谷等；森景有攀枝花苏铁林、山杜鹃、山茶花等；是大熊猫、小熊猫、牛羚、金丝猴、猕猴和盐源苹果、会理石榴等特色动植物生息地；人文类景点项目有灵山寺、西昌卫星发射基地、彝族火把节、特色温泉等。建成二滩风景区、格拉萨生

[①] 何锦峰：《论特色生物资源产业化开发战略——以四川省攀西地区为例》，《重庆交通学院学报》2004 年第 z1 期，第 109~111、124 页。

[②] 陈立、张沛、张俊杰：《攀西旅游发展——"阳光之旅"的策划与规划》，《规划师》2007 年第 2 期，第 34~36 页。

态旅游区、米易溶洞、会理古城、螺髻山、宁南金钟山等一批4A级、3A级景点。

(三)产业基础较好

1. 经济实力稳步提升

攀西经济区地区生产总值由2015年的2240亿元增长至2020年的2774亿元,攀枝花、西昌两市极核引领作用明显,占攀西经济区生产总值近六成。其中,攀枝花地区生产总值1040.82亿元,"十三五"时期增速为6.6%,人均GDP达8.5万元,居全省前列;凉山州地区生产总值1733.15亿元,"十三五"时期增速为5%,人均GDP达3.56万元;西昌市地区生产总值573亿元,"十三五"时期增速为5.7%,人均GDP达6.67万元。经济结构逐步调优,以优化资源综合开发利用为核心,淘汰过剩产能,加快动能转换,攀枝花三次产业结构由2015年的3.4∶71.4∶25.2调整为2020年的9.2∶54.9∶35.9,逐渐向"三二一"模式转变;西昌三次产业结构由2015年的9.7∶50.3∶40.0调整为2020年的9.6∶40.4∶50.0。

2. 农业开发潜力巨大

攀西经济区土地广阔、光热充足、水源丰富,安宁河谷被誉为"川西南粮仓",2020年全域实现农业增加值503.6亿元。作物生产潜力方面,光温光能生产潜力居全省之冠,光合作用生产潜力达24000万kg/hm2,为全省平均水平的1.18~1.45倍。畜牧业潜力方面,天然草地面积大;禽畜品种齐全,有牛、马、鸡、鸭、驴、黑猪等地方良种。生物资源潜力方面,附子、丹参、芦荟、杜仲、板蓝根等中药材实现规模种植;苹果、杧果、石榴、枇杷等水果产业粗具规模;康乃馨、剑兰、鹤望兰、郁金香等成为大宗优良产品。

3. 工业转型升级加快

攀西经济区以资源综合开发、清洁能源生产、机械装备制造为主的工业体系基本形成,2020年实现工业增加值944.7亿元,将重点发展节能环保、氢能源、电子信息、石墨等战略新产业,打造世界级钒钛产业集群、全国稀土研发制造基地。其中,攀枝花2020年工业增加值为479.06亿元,增长4.5%;规上工业企业349户,以攀钢为首涌现出十九冶、骏丰、德胜等龙头骨干企业;规划重点发展先进材料、装备制造、能源化工、绿色建材、食品饮料等"1+4"现代工业领域。西昌2020年工业增加值为380亿元、占凉山州的81%;规上工业企业64户,正加快发展钢铁钒钛、清洁能源、装备制造、食品加工、新型建材等优势产业和六大战略性新兴产业。

4. 服务业进一步壮大

现代服务业加快发展,推动资源型城市转型升级。攀西经济区2020年实现第三产业增加值1152.4亿元。攀枝花2020年实现第三产业增加值385.53亿元,增长2.4%;规上服务业企业有128家,集中在商务商贸、交通物流、信息技术、科技服务等领域;规划重点发展康养、商贸、物流、金融等行业。西昌2020年第三产业增加值为286.8亿元,增长3.1%;规上企业营收89.7亿元,集中在商贸、金融、房地产、旅游等行业,"十四五"规划提出壮大支柱型服务业,促进科技、康养、餐饮等成长型服务业发展。旅游业发展态势良好,2017~2019年攀西经济区游客总量年均增长9.26%,旅游总收入年均增长21.6%。

(四)区位条件独特

1. 区位优势独特

攀西经济区地处四川西南、长江上游云贵川三省结合部,可作为成渝沟通联系东南亚、南亚各口岸城市的"中转站",打造"南方丝绸之路"重要的枢纽节点和国际贸易平台。攀枝花作为四川连接珠三角、北部湾,通往东南亚、西亚沿边沿海口岸的"桥头堡",融入孟中印缅经济走廊、中国—中南半岛经济走廊的重要门户,已列为全国性综合交通枢纽和生产服务型国家物流枢纽承载城市。西昌位于成渝筑昆四市交叉辐射区域,是成渝辐射西南和东南亚的重要通道。

2. 交通体系建设

攀西经济区交通条件不断改善,以铁路、公路、民航为主的综合交通运输体系基本形成。攀枝花已建成京昆、丽攀、攀大高速公路共234公里，3条国道共360公里，7条省道共565公里；现有5座主要铁路车站；现有民航航线6条，2020年运输旅客达37万人次。西昌已建成京昆高速71公里，5条国道通车313公里，2条省道共153公里；现有5座铁路车站，铁路总规模70余公里；青山机场开通24条航线，可满足年旅客吞吐量110万人次。

二 机遇挑战

成渝地区双城经济圈上升为国家战略，将推动成渝地区建设成为具有全国、全球竞争力的城市群之一，形成带动全国的重要增长极和新的动力源。融入双城经济圈发展，攀西经济区机遇与挑战并存，总体来看机遇大于挑战。应抢抓"一极、两中心、两地"战略机遇，着力补齐产业基础、创新能力、区位交通、生态环境等方面短板。

（一）存在机遇

1. 抢抓双城经济圈建设具有全国影响力的重要经济中心机遇，借力完善特色现代产业体系

当前，双城经济圈经济发展势头良好，主导产业预期稳定，地区生产总值超7.3万亿元，电子信息产业规模近2万亿元，汽车整车产量占全国18%，航空与燃机产业规模位居全国前列，与外围城市产业和功能分工的需求持续增长[1]。成渝两市产业结构同质，相似系数达0.9[2]，完全一致的产业领域有15个[3]，协作配套需求趋于相似。《成渝地区双城经济圈建设规划纲

---

[1] 金晓雨、张婷：《成渝地区双城经济圈分工演变与城市生产率——从产业分工走向功能分工》，《重庆理工大学学报》（社会科学版）2020年第11期，第31~41页。

[2] 张剑玉、周雪、刁彦心等：《公共管理视野下成渝地区产业结构同质化问题及对策研究》，《决策咨询》2021年第4期，第86~90页。

[3] 李标、李溪铭、张航：《成渝地区双城经济圈产业发展特征、困境与提质路径》，《中国西部》2021年第5期，第9~18页。

要》(以下简称《规划纲要》)提出,聚焦航空航天、轨道交通、能源装备、健康食品、先进材料、生物医药和现代中药等领域,培育世界级装备制造业集群。经济区重点发展资源科技、先进材料、装备制造、特色农业、食品饮料、中医药等产业,与双城经济圈的产业发展定位十分契合,为对接成渝产业转移、推动优势互补发展、构建特色产业体系等夯实了基本条件。

2. 抢抓双城经济圈建设具有全国影响力的科技创新中心机遇,借智提升攀西创新能力体系

成渝地区双城经济圈跻身中国经济"第四极",得益于坚定贯彻新发展理念和大规模实施创新要素投入[①]。双城经济圈科技创新能力居西部首位,原始创新和辐射带动能力较强,成渝两市共建成国家重点实验室22个、国家工程技术研究中心和企业技术中心超100个、"双一流"高校10所;以西部科学城、重庆两江协同创新区为引领,正加快四川省碳中和技术创新中心等重大载体建设,已设立总规模100亿元的产业发展母基金。近年来攀西创新能力持续提升、创新环境不断优化,整体已处于四川省五大经济区的中游水平[②],攀枝花被四川创新指数评为全省第二位,仅次于成都。钒钛新城、攀西科技城建设成为区域科技创新和产业孵化中心。精准对接成渝创新链部署、有效吸聚创新资源、广泛探索协同创新机制,是攀西经济区加快转型升级和实现创新驱动发展的重大机遇、重要抓手。

3. 抢抓双城经济圈建设改革开放新高地机遇,借势提升攀西区位和城市能级

《规划纲要》要求,加快构建对外开放大通道、高水平推进开放平台建设、加强国内区域合作等,联手打造内陆改革开放新高地。双城经济圈《综合交通运输发展规划》指出,向南畅通西部陆海新通道,辐射东南亚、南亚。四川省"十四五"规划提出,将攀枝花建设为川西南、滇西北区域中心城市和南向开放门户。经济区"十四五"转型升级规划强调,突出南

[①] 盛毅:《双城经济圈"两中心两地"建设的思考》,《四川党的建设》2020年第10期,第54~55页。
[②] 朱艳婷、赵源:《基于AHP的攀西经济区创新驱动发展评价》,《科技和产业》2017年第1期,第39~44、121页。

向开放，打造四川面向东盟的南向开放门户。作为双城经济圈的亚区域中心，攀西是连接成渝、"西四角"的重要节点，成渝向外辐射的门户地带，随着双城经济圈势力扩容，攀西有望成为其南拓的前沿阵地①，这为经济区优化空间总体布局、完善交通体系建设、融入国家战略等提供了良好机遇。

4. 抢抓双城经济圈建设高品质生活宜居地机遇，全域打造成渝生态康养"后花园"

成渝地区建设已进入品质和功能的大发展大提升阶段，居民收入水平和消费能力的提升，将催生更多多元化、高端化、绿色化消费需求。《成渝地区双城经济圈消费报告》显示，2020年以来川渝旅游业快速复苏，两地互为客源地首位；旅游人次上四川居全国第五位，重庆居第九位；消费金额上四川居全国第四位，重庆居全国第七位。作为全省新冠疫情肺炎确诊量最少、治愈率最高、治疗时间最短的地区②，攀西立足自然禀赋、生态环境、人文资源、名胜景点等优势，阳光、森林、民族风情、"三线"文化等品牌，可大力吸引川渝市民来旅游消费，推动旅游业、现代服务业和新型城镇化联动发展，促进康养产业企稳发展。

（二）面临挑战

1. 产业经济能级不高

攀西经济区经济总量偏小，在全省经济发展大局中地位不高，2020年地区生产总值仅为川东北经济区的36.5%，川南经济区的35.1%，成都平原经济区的9.3%。凉山州经济体量居全省第9位，攀枝花市居全省第15位，核心城市"话语权""议价权"较弱，发展潜力不强③。产业结构不新

---

① 吴宏放：《成渝经济区视域中的攀西城市群建设》，《攀枝花科技与信息》2011年第3期，第1~10页。
② 周雪娟、张国洁、周菊：《攀西经济区康养旅游发展现状SWOT分析及策略选择》，《西昌学院学报》（社会科学版）2020年第4期，第71~75页。
③ 邓明君、杨雪：《四川省四大经济区经济发展潜力评估及建议》，《决策咨询》2020年第3期，第57~62页。

不优,攀枝花市第三产业占比远低于全省水平①,凉山州、西昌市占比低于全省水平且不稳定②;资源型特征明显,发展方式较粗放,以钢铁、钒钛、有色金属等为主,工业结构单一,重工轻工比例失调,仍是东部、中西部城市资源及初级产品的输出区域③,工业转型升级动能不足。巩固脱贫攻坚成果、防止返贫任务繁重;城乡二元结构矛盾突出。

2. 科技创新支撑不强

高层次人才支撑不足,人才整体素质不高,专业对口率较低,缺乏高技术和创新型人才④,相比成都都市圈、川东北经济区等受区位地理、城市环境、人才待遇等制约较大。研发投入力度不大,2020年R&D经费仅为川东北经济区的41.9%、川南经济区的25.1%、成都平原经济区的2.3%,R&D经费增速低于其他四大经济区,较全省低9.7个百分点。核心技术有待突破,在主导产业装备科研、材料制备、高端制造等方面仍有短板,钒钛产业领域工艺装备与西安、宝鸡等地存在明显差距,钒钛综合开发利用效率有待提升;水电产业领域,大型骨干水利工程较少,水资源利用率偏低。

3. 区位交通存在短板

攀西经济区区位不在双城经济圈"核心、中轴、毗邻"等关键节点,布局不在成渝地区传统范畴,核心城市攀枝花距成都610公里、距重庆1000公里,物理融入能力受极大制约。枢纽等级较低,运输物流结构性矛盾突出,航运、互联网等基础设施滞后,不能满足经济社会发展需求;攀枝花和西昌两市主要依赖高铁、普铁,交通基础设施和大通道能力建设不足,与成渝地区通道数量少、通达性差,难以形成类似成都都市圈、川东北与渝

---

① 2020年四川省第三产业占比为52.4%,攀枝花市为37.1%,比全省低15.3个百分点。
② 西昌市2015年、2016年服务业所占比重维持在40%左右,2017年、2018年增长到50%以上,且两年保持稳定,但2019年下降近4个百分点到49.64%,2020年达到50%,但仍低于全省平均水平。
③ 郭利芳:《新时期背景下攀西民族地区产业结构优化发展的路径选择》,《中国科技投资》2019年第24期,第132~133页。
④ 王一涵、焦秀君:《超理性创新动机与攀西试验区创新人才集聚》,《四川理工学院学报》(社会科学版)2018年第2期,第56~75页。

西北等的区域竞合优势,成为阻碍产业发展、对外开放、融入大局的关键因素。

4.生态环境亟待改善

攀西经济区生态环境脆弱,面临水土流失治理、工矿业整治、植被恢复重建、农业生态整治、生物多样性保护等多重挑战。地质灾害频发,盐边、米易、西昌、盐源、宁南、冕宁、会理、会东、德昌、木里、布拖等为重点防范区。森林草原防火形势严峻。

三 融入路径

坚持"以融入发展攀西、以发展助力成渝"基本原则,把握"融入—协同—共享"三阶段节奏,树立"产业为重、开放为要、生态为本、资源为基、创新为先"总体思路,强化融入双城经济圈工作,夯实保障体制机制,着力建设成为双城经济圈的主导产业配套基地、南向协同开放枢纽、阳光康养旅游名城、"双碳"战略主支撑区、协同创新活力高地,形成"联动双城、全面融入、顺势提能、共建共享"的新发展格局。

(一)立足产业优势,贯通协作链条,建设双城经济圈主导产业配套基地

围绕服务成渝两市和双城经济圈现代产业体系发展,以国家战略资源创新开发试验区建设为引领,统筹推进特色支柱制造业集群成链,主动承担成渝产业分工转移,加快推动重点产业载体平台建设,积极探索跨区域共建产业园区,进一步突出创新驱动、动能转换、要素协同、链条完善、规模扩张、深度融合发展实效,为经济区融入双城经济圈提供坚实的产业支撑。

1.构建先进制造集群,加强配套协作互补

(1)钒钛及稀贵金属产业。抓住新一轮钒钛稀土产能扩张和技术升级机遇,围绕双城经济圈汽车、电子信息、能源化工、航空航天、装备制造、大健康等主导产业,依托攀枝花钒钛高新技术开发区、西昌钒钛产业园、冕宁稀土科技园等重点载体，聚焦钒钛及钒钛高端材料、稀贵金属材料、石墨及石墨材料、先进钢铁材料等细分领域，推动产业集聚、集群、集约发展，着力打造集资源综合开发利用、选冶、精深加工等于一体的综合型产业体系，力争打造为双城经济圈重要的新型材料供应链基地。

（2）装备制造产业。围绕成渝两市和双城经济圈南翼装备制造业配套需求，发挥原材料、区域市场和老工业基地优势，重点发展机械、轨交、冶金、水电、节能环保、医械等高端装备制造业；聚焦汽车高端零部件及新能源汽车、通用机载及机电设备系统集成等，加快布局产业链高端环节；探索发展航空航天及军民融合产业，聚焦钣金、热表、部件和关键零部件生产制造和集成装配、机载系统研发、航空发动机材料等领域，力争打造为双城经济圈重要的装备制造产业配套基地。

（3）绿色建材产业。以工业固废资源生产新型建材为基础、绿色建材为重点、装配式建筑为核心，育强一批生产标准化、管理现代化、装备自动化、品牌国际化的龙头骨干建材类企业，打造新型建筑材料产业集群；建立工业固废发展绿色建材研发中心，加快推动工业资源综合利用示范基地建设，创建为绿色建材生产示范基地；推动新一轮绿色学校、绿色社区、绿色商场、绿色建筑等规划建设，力争打造为双城经济圈新型建材、绿色建材产业协同发展基地。

2. 主动参与城市分工，承接产业企业转移

（1）电子信息。坚持错位协同理念，重点对接成都高新区、绵阳、重庆永川区等电子信息产业集群，配套发展智能终端制造、元器件及集成系统零部件制造、工业软件开发和工业大数据存储处理、工业互联网技术咨询、系统集成、网安保障等。积极向上争取作为双城经济圈电子信息产业配套基地，纳入相关专项规划政策。依托攀枝花仁和区等重点区域，打造电子信息产业转移转化应用基地。加强与电子科技大学、四川大学、重庆大学等高校合作。继续承接东部沿海电子信息产业转移。

（2）汽摩、轨交工业。汽摩方面，重点对接成都龙泉驿区、重庆两江新区及合川工业园、广安市等，以新能源汽车、摩托车、矿用车、中重型货车

等零部件为主攻方向,加强与整车及部件制造企业协作协同,做精汽车底盘、汽摩制动、转向、悬挂、离合、齿轮飞轮等细分领域。轨道交通方面,重点对接成都新都区、成渝昆整车大企业大集团等,以工程及养路机械装备、高速铁路、重载货车、新型城市轨交等关键零部件为主攻方向,做强捣固稳定、高效清筛等整车系统及轮轴轴承、转向、减振装置、制动装置等细分领域。

(3)航空航天。重点对接成都青羊区及新都区、重庆两江新区等,瞄准成都军机、民机、无人机和重庆直升机产业配套协作需求,重点发展军民机机体制造装配、大部件研制生产、机载及机电系统制造和集成等领域;积极发展军用、工业级、装备级无人机生产制造领域;拓展发展公务机、飞机托管等领域。积极对接成飞集团、成都飞机设计研究所、成飞民机、重庆直升机公司,以项目落地、园区建设为核心加强产业链布局合作。

(4)生物医药。紧密依托双城经济圈道地药材产业高质量发展联盟等平台,充分发挥利用中药材原料优势,打造种植、加工、提取物、中成药及相关保健品"科工贸"一体化发展体系,打造为双城经济圈重要的中药材深加工基地。引进培育现代中药材深加工产业龙头企业,提升加工技术水平,推进中药提取物发展。加快资源普查成果转化,建强质检平台、物流仓储配套、产业基金等发展支撑。

3. 加快园区提档升级,夯实产业融入底力。以国家战略资源创新开发试验区建设为引领,完善空间布局规划体系,落实生产力科学布局,优化提升道路、电力、燃气、通信等基础设施和公共服务平台。重点推动钒钛高新技术产业开发区、盐边钒钛产业开发区、格里坪特色产业园区、德昌特色产业园区、会理有色产业经济开发区、雷波工业集中区等国家级、省级重点园区和特色园区建设发展,提升成渝产业吸纳承载能力。

(二)发挥区位优势,强化门户功能,建设双城经济圈南向协同开放枢纽

主动融入服务双城经济圈对外开放战略,加强基础设施互联互通,进一步加快对外开放步伐,突出南向开放战略,打造为四川面向东盟的南向

开放门户,搭建区域间合作平台,增强与成渝双核及双城经济圈中心城市功能协作,为畅通国内大循环、促进国内国际双循环提供有力支撑。

1. 加快基础设施建设

铁路方面,加快成昆铁路扩能改造工程实施,做好大理至攀枝花铁路规划建设,继续推动宜西攀高铁等重大项目纳入国家规划。公路方面,重点建设北向通道对接双城经济圈,推进攀枝花、西昌北上大通道建设,贯通攀西高速连接西昌至乐山高速,力争西昌融入成渝三小时经济圈;建成西昌至昭通、仁寿至攀枝花、峨眉至汉源、乐山至西昌、德昌至会理等高速公路项目。民航方面,加快推进西昌青山机场改扩建,开工建设会东民用运输机场,科学规划昭觉、木里、雷波等通用机场。水运方面,着力实施航道整治工程,建设凉山州库区重点交通码头(渡口)等工程,实施码头提档升级,增强资源货物水运承载能力,降低贸易交通成本。推进以5G为主的网络基础设施在交通枢纽、重点产业园区、热门景区等全覆盖,畅通信息技术高速公路。搭建枢纽经济发展合作平台,与成渝、周边地区加强基础设施和公共服务互通联动,推动跨行政区协同的财政投入机制,强化要素保障,做强城市品牌,吸引成渝劳动力要素有序流入攀西。

2. 提升南向开放水平

充分利用地处川滇黔接合部的区位优势,坚持"引进来""走出去"齐头并进,努力建设全省民族地区开放合作新高地,力争打造为双城经济圈南向大通道上重要的枢纽门户。重点突出南向开放,积极融入中国—东盟自由贸易区和区域全面经济伙伴关系协定,全面参与中国—中南半岛经济走廊、孟中印缅经济走廊建设。广泛探索友好城市建设新渠道,重点推动与欧洲、日韩、东南亚国家的重要城市交流合作。提升出川大通道承载力,支持攀枝花等城市建设南向铁路枢纽站,对接昆明、楚雄、大理等市州,协调规划建设高铁、高速等基础设施,加强辐射滇西北;加快畅通成渝经攀西(攀枝花)、昆明至广西客货运铁路,建设成渝经攀西(攀枝花)至缅甸、孟加拉等铁路网络。

3. 搭建区域合作平台

做实做深现有平台，探索"研发设计在成渝，转化生产在攀西"等模式，以攀西数字经济港、现代农业大数据科技园、西昌数字经济产业园等老工业基地转型升级项目为重点，以电子信息、汽车、资源加工、生物医药等引领性关联性强的产业项目落地为核心，围绕产经合作打造一批产业园区共建示范项目。规划建设区域合作功能平台，探索成渝—攀西高新技术产业合作示范区、城乡统筹与乡村振兴发展示范区、长江生态文明共建示范区、片区综合开发示范区等新思路新模式，研究出台专项政策支持成渝企业投资，吸引成渝力量助推攀西建设。

（三）彰显生态优势，促进产城融合，建设双城经济圈阳光康养旅游名城

叠加发挥阳光、气候、自然风光、民族风情、红色文化、工业遗产等优势，依托攀西阳光生态经济走廊和文旅经济带建设，抢抓旅游新需求、创造新供给、拓展新模式、实施新工程，优化核心城市功能，加快城乡统筹乡村振兴，推动阳光、康养、医疗、文博、运动、农业等深度融合，构建完善全域旅游发展体系，打造为成渝地区阳光康养旅游"后花园"和世界知名的康养产业休闲度假胜地。

1. 推动全域旅游发展

坚持生产、生活、生态"三生融合"、一二三产业"三产联动"理念，充分发挥西昌、攀枝花等核心城市旅游集散功能，做优做强"康养游""医养游""生态游"等细分市场，扩容提升邛海、安宁河谷、苏铁谷、米易谷等重点点位，力争创建一批国家全域旅游示范城市（示范区），并辐射带动会理、昭觉、冕宁、木里、盐边等重要节点城市，构建完善全域旅游发展格局。加强优质旅游资源整合，推进泸沽湖、螺髻山、灵山、雷波马湖、二滩等度假经济区改造升级，发掘彝族文化、摩梭文化、航天文化、移民文化等地域特色文旅潜力，探索后疫情时代旅游新模式新场景。凉山州聚焦"自然康养+彝族风情+大香格里拉生态"主题，重点围绕邛海布局康体养生、

养老旅居、沿岸水景、湿地景观、节庆赛事等内容，完善自驾旅游、星级酒店、运动基地等服务设施建设，大力开发温泉疗养、森林康养、山地探秘等高端产品。攀枝花聚焦"阳光康养+工业遗产+红色文化"主题，重点围绕中心城区、盐边、西区、仁和区、米易等，打造医疗康养、运动健身、阳光旅游、三线文化等一批本土特色文旅融合产业示范区，优化城乡旅游服务配套。

2. 擦亮阳光康养品牌

抓住秋冬季避寒和"候鸟式"旅游需求，依托优质阳光气候条件，以攀枝花"一核一带三谷"、凉山州"一核五区三带"为核心区域，加快普达阳光国际康养度假区、米易太阳谷康养度假区、金沙画廊康养旅游度假区、红格国际运动康养·温泉度假区等重点项目建设，不断丰富"阳光+"度假旅游业态，构建阳光康养度假产业链条。积极融入大西南旅游经济协作，联合成都、重庆、昆明、大理、丽江等城市，共同做好大香格里拉环线推广宣传，积极开拓长三角、珠三角、粤港澳大湾区等新兴客源地，巩固提升成渝昆传统客源地，促进阳光康养与"西南度假旅游"概念融合发展。支持成渝企业参与"阳光+"产业发展，共同推进阳光资源开发、产品研发、项目共建和投融资等。加强宣传营销工作，健全营销宣传渠道，主动在成渝等高出游率地区、主流媒体和新媒体扩大销售网络和覆盖面，推动优势资源转化为旅游价值和品牌价值。

3. 筑强城市乡村功能

深入推进以人为核心的新型城镇化，加快钒钛新城、攀西科技城、西昌主城区及高新区等重点区域建设发展，支持攀枝花建设川西南、滇西北区域中心城市，支持西昌建设现代生态田园城市，提升两大核心城市综合承载能力，形成引领带动区域发展的格局。建立健全城乡融合发展体制机制和政策体系，集中力量发展中心镇、重点镇，引导推动特色小镇规范健康发展，做强全域旅游、公共服务等功能；优化布局乡村振兴要素资源，打造一批风貌乡土、功能现代、绿色环保、生产生活生态融合发展的乡村，加强历史资源开发利用保护，推进民族特色村寨建设，提升城乡品牌价值。

（四）突出资源优势，坚定绿色发展，建设双城经济圈"双碳"战略主支撑区

以绿色农业、清洁能源"双轮驱动"推进"双碳"战略落实落细，坚持绿色生态方向，着力提升农业质量效益，大力发展现代特色农业，打造为双城经济圈的优质农产品保障供应基地；坚持水、风、光、氢等多能互补发展，促进集团化规模化效率化开发利用，建设服务全省和双城经济圈的清洁能源产业基地，力争在全省率先实现碳达峰碳中和目标愿景；推动碳排放权交易市场健康发育，带动引领双城经济圈生态文明建设提升。

1.加快发展特色农业

加快推进安宁河谷现代农业示范区建设，严格落实耕地保护、农村土地综治、高标准农田建设等目标任务，广泛开展水利、太阳能、节水灌溉等设施建设和技术应用，打造"四川第二大粮仓"。科学布局立体农业，利用金沙江流域等充足的光热条件，打造亚热带水果、蔬菜、花卉产业基地；突出山地生态禀赋，建设中药材、苦荞、烟叶等经济作物基地；森林地区发展核桃、青花椒等特色林业产业；草原地区发展草食畜牧业。梯次推进特色现代农业园区建设，依托蚕桑、石榴、桑葚等优势园区创建国家级产业园；围绕名优产品加快生态循环农业、智慧农业和农业加工发展，新建一批省级现代农业园区。推动农业科技创新能力体系建设，探索"人才+技术+资本"成建制引进等模式，积极协同成渝龙头企业、农科院（所），促进本地玉米、马铃薯、亚热带水果及苗木等种业技术提升和产业化发展。培育壮大新型农业经营主体，加强农业标准化建设，打造区域特色品牌，带动企业、合作社、农场等对接双城经济圈大市场。探索农业与电商、旅游、康养、文化等融合发展，引育一批农业科技服务企业。

2.打造清洁能源基地

有序推进水电开发，以金沙江、雅砻江水电基地建设为核心，加快推动白鹤滩、乌东德、杨房沟、卡拉等全容量水电项目建成投产，规划

建设以抽水蓄能为主的配套储能中心，提高水资源利用技术效率，增强能源供给保障能力。加快开发新能源，按照"多能互补、打捆供给"思路，以金沙江、雅砻江、大渡河为重点，规划建设一批水风光互补基地，加快发展凉山州风电基地、攀枝花光伏基地，开展智能化集中运维、并网调控、智慧预警等技术研究。重点推进骨干电网建设，加快与成都等主要负荷中心电网联网建设，研究攀西至成都等特高压电网工程，加快推进先进电网、自动控制、新一代信息技术融合，促进电网向互联互通、共享共济发展。探索发展氢能制储输用全产业链，发挥钒钛、石墨等氢能材料优势，聚焦电解水制氢、光解制氢、氢燃料电池和氢冶金等领域，支持攀枝花打造氢能产业示范城市和对接成都"绿氢之都"建设。提升能源科技创新能力，围绕多能互补协调运行、充换电、分布式储能等技术集成创新，推动5G、大数据、区块链等在能源产业全流程应用，多层次推动大数据中心、云计算中心、边缘计算中心等能源互联网基础设施建设。

3. 引领落实"双碳"要求

会同省上和成渝地区协同编制"双碳"行动计划、协同达标方案，着力提升攀西在相关工作中的战略地位。深入实施"气化全川、电能替代、清洁替代"工程，发挥水风光、氢能等清洁能源优势，构建完善新能源电力系统，推动规模化开发、高水平消纳、安全稳定利用，提升储能调峰能力；系统开展森林、草原等生态修复促进生产力恢复，放大生态系统碳汇固碳潜力，加快数字牧场、智慧森林等新技术应用；加快工业、交通、建筑等重点领域节能改造升级，推动能源利用向低碳零碳转型，提高钒钛钢铁、装备制造、工程建筑等领域高性能化、减量化材料利用水平，增强企业低碳发展能力，大力推动"减污降碳"与经济增长联动发展；倡导绿色出行、绿色办公等绿色生活方式。积极参与全省和双城经济圈碳排放交易市场建设，培育壮大龙头骨干企业，有序推动碳资产开发利用，探索开展用能权、排放权、排污权交易，主动助力准入审查、配额分配、交易结算、违约监督等碳交易市场机制构建完善，创新布局碳货币、碳信贷、碳基金、碳期货等新兴赛道[①]，持续建强"双碳"人才团队，积极对接天府永兴实验室等重大功能性平台开展合作。

（五）注重创新驱动，提升自主能力，建设双城经济圈协同创新活力高地

深度对接双城经济圈和成渝两市产业链创新链部署，不断深化国家战略资源创新开发试验区先行先试，实施战略资源综合开发利用重大科技攻关，加快布局建设重大创新平台，积极探索区域协同创新做法，推动一批关键核心和共性技术取得突破，促进技术孵化转化与应用加快发展，为经济区经济社会发展注入新的动力。

1. 战略资源创新开发

深研双城经济圈航空航天、汽车及交通装备、电子信息、医疗器械等领域需求，联合国内外科技创新力量和成渝地区科技优势，用好用足国家战略资源创新开发试验区先行先试等特殊政策，突破核心技术，开发"硬核"产品，着力提升产业基础高级化和产业链现代化水平。重点聚焦钒钛磁铁矿采选和综合利用、钒制品与含钒钛钢铁加工、钒精细化工、钛白先进工艺及装备、固废高炉渣钒钛共提、航空航天级海绵钛、航空发动机合金材料、航空用高强钛合金无缝管、钛合金装备、增材制造用高端钛合金、钒液流电池及储能系统、高速列车底盘车架用含钒高性能钢板、稀贵金属高效提取、医疗器械用钛及钛合金等领域开展重大专项科技攻关，着力破解产业发展技术瓶颈。强化与中科院、清华、北大、川大、重大、北航等院校合作，围绕基础研究、装备科研、转化应用、数据共享等深化联结。抓好"钒钛产业领军人才集聚攻关计划"落实，加大人才引进培育力度，搭建高层次人才综合服务平台。

---

① 王永莉：《四川民族地区发展低碳经济的路径研究》，《西南民族大学学报》（人文社会科学版）2012年第11期，第119~123页。

2.完善创新平台体系

鼓励支持企业技术中心、工程技术中心、产业创新中心、国家重点实验室、联合实验室等创新平台建设，加快创新成果通过服务平台实现转化，形成生产力动力源。重点抓好成都、攀枝花共建国家钒钛新材料产业创新中心工作，加快推动钛深加工工程技术研究中心、钒清洁生产工程技术研究中心、太阳能利用技术集成工程实验室等项目建设，支持凉山稀土研究院、好医生企业技术中心等升级为国家级，推动攀钢研究院等高能级创新平台发展壮大。充分利用"互联网+"模式，联合成渝创新型领军企业打造跨领域、跨区域创新平台。

3.探索区域协同创新

面向成渝地区科技创新共通需求，积极融入"一城多园"协同创新发展格局，规划打造一批具有攀西特色、功能完备、优势突出、深度融合的跨区域协同创新示范基地（中心），推动成渝—攀西创新要素耦合与外溢。联合研究制定激励政策和科技资源开放共享协调机制，务实推进"总部在成渝、基地在攀西""策源在成渝、孵化在攀西""开发在成渝、转化在攀西"等模式发展，以国家钒钛（虚拟）研究院、国家钒钛新材料产业创新联盟等项目为核心引领，建设成渝地区科技成果转化重要承载地。科学完善协同创新科技成果管理制度，建立健全知识价值、成果权属与利益分配机制。

四　政策建议

（一）强化组织实施

加强组织领导，充分发挥经济区联席会议作用，统筹研究和协调安排融入双城经济圈的重大战略、重大规划、重大政策、重大项目（工程）；联席会议下设专项工作组，负责推动细化任务落实。编制出台融入经济圈规划纲要、年度工作计划，启动国土空间、城市建设、产业发展等专项规划编制（修编），加强规划与工作计划衔接，形成"清单制+责任制"管理体系。把融入双城经济圈建设工作纳入各地区各部门综合考评,加强督查考核、效果评估。

(二)完善配套政策

全面贯彻落实各项上位政策措施,切实用好支持经济区发展的各项特殊优惠政策,密切对接重庆四川党政联席会议,积极争取国省成渝在资金、土地、人才、产业等方面加大政策联动和扶持力度,研究出台相关专项政策、配套政策,合理配置公共资源,有效引导社会资源,提高财政资金使用效率,实现政策共享。

(三)健全长效机制

加快"圈区"共建、"市区"共建等模式探索,与双城经济圈重点城市、重点区域、重点园区、重点企业等建立长效合作机制,全面促进"共建、共享、共治"的互利共赢合作,实现政策红利叠加、体制机制共创、服务体系共用。营造融入双城经济圈建设发展的良好氛围。

参考文献

陈立、张沛、张俊杰:《攀西旅游发展——"阳光之旅"的策划与规划》,《规划师》2007年第2期。

郭利芳:《新时期背景下攀西民族地区产业结构优化发展的路径选择》,《中国科技投资》2019年第24期。

何锦峰:《论特色生物资源产业化开发战略——以四川省攀西地区为例》,《重庆交通学院学报》2004年第z1期。

李标、李溪铭、张航:《成渝地区双城经济圈产业发展特征、困境与提质路径》,《中国西部》2021年第5期。

罗怀良、冉茂玉:《攀西地区水资源及可持续利用探讨》,《自然资源学报》2001年第6期。

盛毅:《双城经济圈"两中心两地"建设的思考》,《四川党的建设》2020年第

10期。

　　王建伟、郭科、刘红军等：《西部地区主要矿产资源优劣及保障程度：以攀西为例》，《地质科技情报》2014年第4期。

　　王一涵、焦秀君：《超理性创新动机与攀西试验区创新人才集聚》，《四川理工学院学报》（社会科学版）2018年第2期。

　　吴宏放：《成渝经济区视域中的攀西城市群建设》，《攀枝花科技与信息》2011年第3期。

　　杨明兴：《攀西地区土地利用变化及其生态环境效应研究》，武汉大学出版社，2018。

　　张剑玉、周雪、刁彦心等：《公共管理视野下成渝地区产业结构同质化问题及对策研究》，《决策咨询》2021年第4期。

　　张金盈、苏春江、徐云等：《攀西地区自然资源及可持续开发利用研究》，《国土与自然资源研究》2005年第3期。

　　周雪娟、张国洁、周菊：《攀西经济区康养旅游发展现状SWOT分析及策略选择》，《西昌学院学报》（社会科学版）2020年第4期。

　　朱艳婷、赵源：《基于AHP的攀西经济区创新驱动发展评价》，《科技和产业》2017年第1期。

B.14
成渝地区双城经济圈辐射带动川渝全域发展路径研究

李双强*

摘 要： 《成渝地区双城经济圈建设规划纲要》明确提出，要以双城经济圈辐射带动川渝两省市全域发展。为探索双城经济圈辐射带动川渝全域发展的路径，本报告分析了成渝地区双城经济圈辐射带动全域发展的有利条件，研判了成渝地区双城经济圈辐射带动全域发展面临的重要挑战。未来，本报告建议优化成渝地区双城经济圈空间布局，打造成都、重庆两个"灯塔城市"，做强辐射源；促进要素自由流动，完善交通基础设施，畅通辐射渠道；加强副中心和关键带建设，夯实从点辐射到面辐射的基础；优化区域内人口，有序引导圈外人口向圈内流动。

关键词： 成渝地区双城经济圈 经济辐射 川渝

2003年，"成渝经济区"概念首次在国家层面的报告中出现。2021年，《成渝地区双城经济圈建设规划纲要》的印发，将成渝地区双城经济圈的建设提升到国家战略的层面，标志着经济圈建设发展进入了快车道。成都是四川省综合发展水平最高的城市，而重庆是西部地区唯一的直辖市，以两者为核心组成的经济圈是西部地区最具活力和发展潜力的区域。

---

* 李双强，经济学博士，四川省社会科学院经济研究所助理研究员，研究方向为区域经济和房地产经济。

成渝地区双城经济圈的建设，有利于发挥城市群的带动效应，辐射带动川渝全域发展。

一 双城经济圈辐射带动川渝全域发展的功能要求

《成渝地区双城经济圈建设规划纲要》明确提出，辐射带动川渝两省市全域发展。强化双城经济圈对重庆市、四川省其他地区特色产业发展、基础设施建设的引领带动，促进基本公共服务均等化，引导秦巴山区、武陵山区、乌蒙山区、涉藏州县、大小凉山等周边欠发达地区人口向双城经济圈集中，强化生态环境保护，切实巩固提升脱贫成果，促进城乡区域协调发展。

对于川渝两省市中未纳入成渝地区双城经济圈建设的城市而言，随着成渝地区双城经济圈建设的持续推进，川渝两省市的交通现代网络逐渐完善，不同地区的时间和空间距离持续缩短，生产要素的跨区域流动越发便捷。

二 经济辐射理论分析

（一）经济辐射的定义与特征

经济辐射强调经济社会发展水平不均衡的地区之间，生产要素的流动以及文化观念等的相互作用。经济辐射是指经济发展水平和社会现代化发展水平较高的地区和较低的地区之间，通过劳动力、资本、技术等市场要素的相互流动，以及文化观念、生活方式等不断革新，提升整个经济体的资源配置效率的过程。

（二）经济辐射的作用渠道

1. 要素流动

生产要素的流动主要包括劳动力流动和资本流动。根据区域要素流动理论，要素流动指在市场机制的作用下，劳动力和资本等要素通过市场在区域空间中自由流动，实现最优配置的过程。

劳动力作为生产必不可少的要素之一，在区域之间的流动主要表现如下：当区域内的核心城市过度地理集中，即发生聚集不经济时，城市居民生活工作条件将逐渐恶化，出现交通拥挤、资源短缺、住房拥挤、环境污染加剧等问题。这将促使区域核心城市与周围城市之间的劳动力发生转移。一方面，核心城市居民为选择更优的生活条件，转移到周围城市生活工作。另一方面，核心城市居民为改善工作条件，到其他城市工作，但仍然居住在核心城市。研究发现，流动的劳动力具有两个特征，一是劳动者具有一定的技能，二是年轻的劳动力占比较高。这些流动的劳动力能为周围城市的经济发展带来更加丰富的人力资本。

资本要素包含物质资本和货币资本，与劳动力一起构成生产的必要条件。货币资本的流动性强，能够快速地从一个城市转移到另一个城市，而物质资本（如机器、厂房等）流动性低，较难发生转移。经济辐射下的资本要素流动通常具有如下三个特点。第一，当核心城市的土地等生产要素价格快速上涨时，企业的生产成本大幅上升，企业为追求利润最大化，会将生产和投资的重心转移到生产成本更低的周围城市，如在周围城市建立分厂或收购周围城市的企业扩大规模。第二，随着核心城市集聚水平不断提升，核心城市的人口规模和消费市场快速扩张，核心城市的工业品和农业品自给能力逐渐减弱，需要从周围城市购买生产和生活物资，这使周围城市的投资价值得到大幅提升，进而促进资本流动。第三，随着核心城市居民的可支配收入不断提升，居民的储蓄需求和投资需求将不断增强，这为周围城市的发展提供了丰富的资本。

2. 产业转移

新经济地理等理论表明，当核心城市的经济发展水平不断提升，由于本地市场效应和市场拥挤效应等综合作用，考虑到规模经济和交通成本的影响，企业和消费者为最求利润最大化和个人效用最大化，核心城市的企业会重新选择区位，在集聚力和分散力之间达到新的平衡。厂商和投资者在选择区位条件时，倾向于选择市场规模较大的地区生产并向市场规模较小的地区出售，在核心城市生产产品的成本一般比周围城市小，且原材料的运输成本较低，同时厂商喜欢在竞争者较少的地区售卖产品，从而达到利益最大化。而随着核心城市产业不断升级，传统产业和低端产业的附加值较低，会逐渐向周围城市转移，这为周围城市的经济发展和产业结构变化提供了条件。

由于区域核心城市的产业分工程度较高，创新能力较周围城市高，属于高梯度地区，而周围城市创新能力较低，属于低梯度地区。随着核心城市产业不断升级，核心城市和周围城市之间的产业转移呈现出以下特征。核心城市内圈层的产业逐渐演化成产业链中高附加值产业主导型，如高精尖制造、高技术装备以及公司总部、研发等，核心城市的经济逐渐表现为服务型经济。核心城市的外圈层和周围城市中的中型城市则逐渐演变为高新技术产业和以先进制造业为主导。周围城市的小城市则以发展产业链附加值较低的产业为主，如一般制造业和配套零部件生产。核心城市产业结构不断优化带来的产业转移，使不同等级的城市产业逐渐分层，产业分工协调度逐渐上升。

3.知识溢出

根据内生经济增长理论，知识和人力资本具有外部性，且具有规模报酬递增的特点，而知识积累能够促进经济实现长期增长。新经济地理学则将空间区位因素引入经济增长中，证明知识溢出能够促进集聚经济，提高生产效率，促进经济增长。知识具有稀缺性、外部性和流动性的特点，如技术和管理经验等各种知识有意识或者无意识的流动与扩散会使知识的接受方获益。知识溢出不仅存在于微观企业层面，还体现在区域空间层面，知识溢出能够作用于经济增长的多个场景，如加速促进区域经济集聚，进而加快经济发展；又如通过促进区域创新能力提升，进而促进区域产业升级，带动地区经济发展。在区域核心城市，知识溢出与创新和聚集经济具有不断相互强化的特征。在核心城市，知识的溢出效应能够促进知识积累，带动城市创新能力提升，创新能力的提升又可带动生产等经济活动，增加知识产出，进一步增强知识的溢出效应。知识溢出带动产业和人口的集聚，进而扩大核心城市的集聚经济效应,集聚经济效应的扩大反过来会进一步促进知识传递并扩大知识溢出效应。最终,知识溢出效应促进了创新活动和聚集经济,进一步促进核心城市经济增长并带动周围城市经济增长。核心城市的人才和知识集中度高,知识的溢出效应强,能通过劳动力流动、学习等途径,带动核心城市和周围城市的经济发展。

知识溢出的路径主要有四条。第一,产学研合作。生产者与学校和研究机构之间开展的产学研合作等交流活动,能够促进知识在不同主体之间转移流动,发挥知识的溢出效应。第二,人才流动。人才流动是知识发挥溢出效应的重要途径,尤其是隐性知识的传播只有通过人才流动才能发挥其溢出效应,如企业家的流动能够带动个人知识和经验的溢出。第三,区域经济贸易活动。区域核心城市的创新能力强,技术先进,能为周围城市带来技术含量更高的生产技术、先进的机械设备和生产资料,以及先进的组织管理方式和生产销售模式,经济贸易活动能够促进这些生产技术和管理方式的传播和改进,从而促进区域经济发展。第四,政府活动。政府主导或支持的区域经济合作项目能够为当地带来先进的技术和生产方式,发挥知识的溢出效应。

4. 交通基础设施带动

公路、铁路等交通基础设施不仅具有网络性和公共物品属性,能够将区域核心城市和周围城市连接起来,而且具有空间外部性,能够促进区域经济要素的流动并促进产业转移,发挥知识溢出效应。根据新经济地理学,从本质上讲,交通基础设施通过作用于经济活动的聚集和扩散来发挥其带动作用,区域交通基础设施的发展水平,能够改变不同城市之间的通行成本,从而决定着地区之间要素的流动效率,影响区域产业转移和知识溢出效率。交通基础设施的发展能够增强区域核心城市和周围城市的经济联系,促进不同城市各种要素流的流动,从而提高都市圈的资源配置效率和通勤效率。但是在核心城市发展的不同时期,交通基础设施对要素和资源的配置作用有所不同。当核心城市处于孤立和以极化作用为主的阶段,交通基础设施建设能促进产业和要素向核心城市集聚和转移。当核心城市从极化作用转向扩散作用阶段，交通基础设施建设则会促进要素和产业在空间上再分配和再转移，并促进知识从核心城市向周围城市溢出。这里的交通基础设施带动作用主要指后者，即核心城市处于从极化作用转向扩散作用阶段，交通基础设施的建设会促进核心城市的生产要素、产业和知识的扩散，带动周围城市经济发展。

三 成渝经济圈辐射带动川渝全域发展的基础条件及挑战

（一）成渝地区双城经济圈的地域范围及外延

成渝地区双城经济圈规划范围包括重庆市的中心城区及万州、涪陵、綦江、大足、黔江、长寿、江津、合川、永川、南川、璧山、铜梁、潼南、荣昌、梁平、丰都、垫江、忠县等27个区（县）以及开州、云阳的部分地区，四川省的成都、自贡、泸州、德阳、绵阳（除平武县、北川县）、遂宁、内江、乐山、南充、眉山、宜宾、广安、达州（除万源市）、雅安（除天全县、宝兴县）、资阳等15个市。

2020年，成渝地区双城经济圈中常住人口为0.96亿人，占全国人口总人口的近6.8%，地区生产总值为6.6万亿元，占全国生产总值的6.5%，是川渝两省市中经济发达、人口集中的地区，而未纳入成渝地区双城经济圈的区域主要包含秦巴山区、武陵山区、乌蒙山区、涉藏州县、大小凉山等地理位置偏远、经济落后的地区。

（二）周边城市融入全域发展的有利条件

一是周边城市具有发展潜力。成渝地区双城经济圈经济基础建设良好，人口集中度高。随着成渝地区双城经济圈建设的进一步推进，产业结构将进一步优化调整，部分产业会转移到周边地区。而成渝地区双城经济圈外的地区，自然资源丰富，土地价格相对较低，劳动力价格也比较低，加上近年来交通设施的不断完善，具备承接产业转移的基础和条件，发展潜力巨大。成渝地区双城经济圈产业结构的升级也会辐射带动周边地区产业的发展，在全域形成分工合理、竞争有序的产业结构。

二是周边城市资源丰富，具备融入双圈建设的基础条件。随着成渝地区双城经济圈建设的持续深入，区域内的自然资源将逐步减少，进一步发展会受到自然资源的约束，而周边的城市由于经济发展缓慢，仍然保留这丰富的自然资源。秦巴山区、武陵山区、乌蒙山区、涉藏州县、大小凉山等周边地区生态环境良好，具有丰富的旅游资源，也是融入成渝地区双城经济圈建设的重要竞争法宝。

（三）辐射带动全域发展面临的挑战

一是产业结构调整相对滞后。成渝地区双城经济圈周边地区尽管自然资源丰富，具备承接产业转移所需的土地、矿产、劳动力资源，但是仍然面临着许多挑战。比如长期以来经济发展落后，产业底子差，不具备承接部分较高端产业的基础；市场营商环境相对落后，在创新创业、知识产权保护方面未建立起完整的体系。

二是产业承接面临人才约束。由于核心城市巨大的虹吸效应，成渝地区双城经济圈相较于周边城市具有丰富的人力资源，大量优秀的人才往圈内聚集，使得周边地区在承接产业转移时缺乏技术人才和管理人才。这一问题的形成主要有两个原因。一是这些地区经济落后、教育水平低，缺乏高等院校和科研机构，本身在人才培养上输出较少；二是大城市的虹吸效应强，大城市在工资水平、福利待遇、职业发展前景等方面更具有竞争力，吸引人才往大城市集聚，出现小地方留不住人的局面，区域单向人才流动问题突出。

三是区域综合交通运输体系有待进一步完善。秦巴山区、武陵山区、乌蒙山区、涉藏州县、大小凉山等周边地区长期以来交通落后，梗阻严重。这些区域交通基础设施建设滞后，路网覆盖范围不足，综合交通运输网络化程度低，大山深处甚至还有一些群众靠溜索出行，严重制约了区位优势和资源优势的发挥。

四 双城经济圈辐射带动川渝全域发展路径研究

（一）做强辐射源

一是合理化成渝地区双城经济圈布局，形成区内辐射合力。积极推进成都"东进"和重庆"西迎"，强化两大都市圈沿成渝发展主轴、沱江流域绿色发展轴、成德绵乐城市带与周边城市互动发展，助力绵阳、南充、泸州、达州挖掘自身独有魅力和特色竞争力，打造区域中心城市。同时，通过"点、轴"协同联动，带动中小城市和小城镇特色化发展，培育形成成渝两大极核城市"大而强"、中等城市"壮而优"、小城镇"特而精"的梯次协调发展的城镇体系。

二是打造重庆、成都"灯塔城市"，强化中心城市的带动作用。实现双城经济圈辐射带动川渝两省市全域发展，首先要强化和优化成都、重庆两座核心城市的功能，提高其辐射带动全域发展的能力，加快培育以重庆、成都为核心的双城现代化都市圈，进一步提升两大城市极核能级，辐射带动都市圈内次一级城市率先壮大。增强重庆、成都两座城市的综合能级和国际竞争力，将其打造成"灯塔城市"，有"灯塔"的高度，才能更好地"照亮"（辐射）周边区域。

（二）畅通辐射渠道

一是促进要素自由流动，辐射带动全域发展。只有实现区域内要素的自由流动，才能更好地发挥辐射作用，实现全域经济快速发展。成渝地区双城经济圈跨越不同的省市，涉及不同城市。如果存在地方主义保护政策，将会限制要素的自由流动。因此，需要积极推进要素市场化改革，消除要素自由流动的障碍，实现资源在区域内的优化配置。需要从以下两个方面改进，畅通要素自由流动。首先，发挥市场在资源配置中的决定性作用，充分尊重市场规律，打破行政区的界限，加快市场发展的一体化进程。其次，推动川渝全域跨省市合作,加强经济发达地区对落后地区的带动作用,优化产业结构,引导高新技术产业对周边产业的带动作用,提高中小城市的产业承接能力,遵循产业结构与空间结构互动转换的经济规律,使核心城市充分发挥经济中心的功能,中小城市作为经济网络节点密切联系核心城市与广大腹地,推动大中小城市与小城镇形成分工合作和功能互补的有机整体。

二是完善交通基础设施,构建网络化交通运输体系。完善的交通网络是促进区域内经济发展的先决条件,是促进区域内要素自由流动的重要保障。周边地区要抓住成渝地区双城经济圈这一轮基础设施建设的机遇,主动融入成渝地区双城经济圈建设的交通规划,深入探索区域内交通网络建设的新机制和新模式。根据各区域的条件,因地制宜地规划发展交通,对于人口资源密集区域,应发展综合性交通运输网络,促进人口集中、产业集聚;对于农业生态区域,应建立"绿色快速运输通道"保证农副产品的正常运输;对于红色旅游区域,应该充分考虑以旅游业促进交通发展,以交通发展带动旅游业。

(三)加强副中心和关键带建设

一是加快成德眉资同城化建设。以空间同构、功能同建、产业同联、基础同网、服务同享、生态同保为目标,着力构建成德眉资同城化发展利益共同体,共建现代化成都都市圈,进一步做强成都极核。

二是发挥沿沱江流域绿色发展轴和成渝南线的带动作用。重点加强与资阳、自贡、内江、泸州在临空经济互动发展、自贸试验区联动发展、工业转型升级、生态安全屏障建设等领域的分工合作,推动建设沿沱江高速铁路网、快速公路网,联动建设国际航空港、国际铁路港、泸州港等沿线交通枢纽,构筑发达的基础设施复合廊道,共同建设以成都东部新区为引领,泸州、资阳、内江、自贡等区域城市融合发展的沿沱江流域城市"隆起带"。

三是加强成渝北线及中线建设。推动汽车装配制造、食品工业等向遂宁、南充等城市转移,推动沿线铁路通道扩能升级,加强高速网络建设,推动沿线城市扩展城市发展边界,承接成都相关产业转移。

（四）优化区域内人口布局

一是推动劳动力供给与经济增长协调发展。城镇和城市发展需要人口规模作为支撑，一定的人口规模是城市发展的基础。从人口结构看，青壮年是创造经济价值的主要人群，幼年人口可以衡量区域发展潜力。从价值论角度来看，青壮年生产价值需要满足自身和其他两类人群的消费需求，城市或城镇发展所需的社会资本有赖于青壮年的储蓄积累，而考虑到区域社会总体经济环境，如何实现区域人口布局优化调节，是实现城镇化规模发展的重要课题。良好且持续的经济发展要以充足的劳动力供给为基础。成都市与重庆市作为核心两极，其劳动力就业情况对整个成渝经济圈经济增长有决定性作用。一方面，同属于国家区域中心城市的成都市、重庆市都对劳动力具有极强的吸引能力，能促进人口要素有效集聚；另一方面，其他城市的劳动力存量、流动与分布，也会影响川渝全域劳动力就业整体供给状况。因此，要充分发挥成都市和重庆市的引领作用，促进全域劳动力供给的相对均衡。

二是提高人口素质，支撑高质量发展。人口素质是高质量发展的重要支撑，也是高质量发展的核心动力，成渝经济圈人口素质及其变动情况对于辐射全域发展非常重要。一般情况下，区域受高等教育人员规模能够反映一个地区的教育发展水平特别是自身培养人才的能力，也能在一定程度上反映人口素质状况。未来成都市在就加大人才引进力度、完善人才吸引政策的同时，应持续强化本地高等教育人才培养，将培养人才与吸引人才有机结合，继续保持其在成渝地区双城经济圈中的人才优势地位。重庆市应按照建设内陆国际金融中心的要求，进一步强化金融人才培养。其他各城市由于当地教育资源不够充分，以及成渝的虹吸效应使得人才和教育资源向两极流动，应该着力挖掘禀赋特色，充分发挥比较优势，在服务特色产业发展的特色人才培养上狠下功夫，走出具有特色的高质量发展道路。

三是推动区域人口规模结构动态流动。优化区域人口布局，推动超大特大城市中心城区瘦身健体，推动重庆和成都中心城区功能升级，合理控制规模，合理控制开发强度和人口密度，建设产城融合、职住平衡、生态宜居、交通便利的郊区新城，实现多中心、串联式、组团化发展。推进县城城镇化补短板强弱项，推动农业转移人口就地就近城镇化。引导周边欠发达地区人口向双城经济圈集中。优化整个区域内的人口布局，使人口规模和结构与经济发展、资源环境相适。

Abstract

This book is the first Report of the Chengdu-Chongqing Economic Circle Construction organized and compiled by Sichuan Academy of Social Sciences. We closely follow the development of the Chengdu-Chongqing Economic Circle, in order to comprehensively comb the achievements of construction in several major areas since 2020. In order to makes a rational and practical monographic analysis of many hot issues and offers suggestions for the construction of the Chengdu-Chongqing Economic Circle.

The book is divided into four parts, including a general report and three sub-chapters. Focusing on the theme of the construction of the Chengdu-Chongqing Economic Circle under the new development pattern, the general report systematically combs the historical evolution and National Planning Process of the Chengdu-Chongqing Economic Circle. This report analyzes and evaluates the economic development level, urbanization development level, coordinated development level and ecological civilization construction level. On the basis of the new development stage of the Chengdu-Chongqing Economic Circle, the report looks forward to the future development of the Chengdu-Chongqing Economic Circle under the new development concept and new development pattern.

The second part is a series of reports based on the "Five development concepts", which describe the progress, typical cases and key short boards of the construction of the Chengdu-Chongqing Economic Circle from five aspects: "Innovation, coordination, green, openness and sharing", and then put forward the corresponding countermeasure suggestion.

The third part is the chapter of Innovation and Synergy, which mainly analyzes the system innovation and practice exploration of the moderate separation and reform of economic zone and administrative zone in chengdu-Chongqing area, and explains the situation and deficiency of the coordinated development in the fields of economy, industry and education, then makes a in-depth and detailed analysis and judgment using a large number of data and cases.

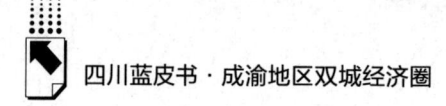

The fourth part is the integration of development, focusing on the hot issues of the construction of the Chengdu-Chongqing Economic Circle, such as urban-rural integration, regional integration and other hot issues.

Keywords: The Chengdu-Chongqing Economic Circle; The New Development Pattern; Collaborative Innovation; Integrated Development

Contents

I General Report

B.1 The Chengdu-Chongqing Economic Circle Under the new Development Pattern

Wang Fang, Hou Hongkai, Zhang Jianyu and Qu Tiantian / 001

Abstract: This report sorts out the historical evolution process and national planning process of the Twin Cities Economic Circle in the Chengdu-Chongqing region, and conducts in-depth analysis and comprehensive evaluation of the economic development level, urbanization development level, coordinated development level and ecological civilization construction level of the Chengdu-Chongqing Twin Cities Economic Circle. The results show that the economic growth rate of the twin-city economic circle in Chengdu and Chongqing is higher than the national average, the industrial structure is gradually optimized, the transformation of economic kinetic energy is quite effective, the level of opening up to the outside world is increasingly improved, urbanization is steadily advancing, the living standards, social security, infrastructure construction and public services of urban and rural residents have been improved, the cross-regional coordinated development has achieved initial results, and the spatial and resource development pattern and ecological environmental protection and governance mechanism have been gradually optimized. Finally, based on the development stage of the Chengdu-Chongqing region, based on the new development concept of innovation, coordination, green, openness and sharing, this report makes an outlook on the development of the twin-city economic circle in the Chengdu-Chongqing region.

Keywords: The Chengde-Chongqing Economic Circle; Urbanization; Urban Agglomeration; Chongqing; Chengdu

Ⅱ Development Concept Reports

B.2 Report on Regional Innovation and Development of Chengdu-Chongqing Economic Circle

Han Wenyan, Xiong Yonglan / 065

Abstract: From planning of Chengdu-Chongqing economic circle, two cities were building as the economic innovation center. The spatial pattern of collaborative innovation in Chengdu Chongqing region presents a significant "core edge" feature, with obvious spatial differences. Collaborative innovation is closer and the types of collaborative innovation are diverse. It initially forms a large innovation network with Chengdu and Chongqing as the core and a small innovation network with Chengdu as the core, and the policy system is gradually improved. In the future, this report proposes to build a main structure of "one center + multi Science City + multi industry base (Innovation Park) + Digital Science Innovation corridor", so as to integrate the scientific and technological resources of Chengdu and Chongqing, arrange sub centers, promote the balanced development of regional innovation echelons, deepen collaborative innovation, build a regional innovation development community, focus on key industries in key fields, form industrial clusters with distinctive characteristics and strong innovation driving force, and strengthen the dominant position of enterprises in innovation, Stimulate the innovation vitality of the whole society, build an innovation ecosystem, and help Chengdu and Chongqing build a regional scientific and technological innovation center.

Keywords: The Chengdu-Chongqing Economic Circle; Regional Innovation; Collaborative Innovation

B.3 Report on coordinated development of Chengdu Chongqing dual city economic circle *Wang Licheng* / 084

Abstract: Promoting the coordinated development of Chengdu Chongqing dual city economic circle is the internal requirement of implementing the new development concept and building a modern economic system, an important support for actively serving and integrating into the new development pattern, and an important way to solve the problem of unbalanced and insufficient regional development. The main achievements of the coordinated development of the two city economic circle in Chengdu Chongqing region are to give fuller play to regional comparative advantages, better quality and equal basic public services, more balanced access to infrastructure, and more sound regional coordinated development mechanism. The construction of Sichuan Chongqing Gaozhu new area, the construction of Chengdu Demai co urbanization and the coordinated development of Chengdu Chongqing electronic information industry are typical cases of the coordinated development of the two city economic circle in Chengdu Chongqing region. However, the coordinated development of the two city economic circle in Chengdu Chongqing area still faces some major problems, such as unreasonable urban scale structure, low coordination of industrial division of labor, and large gap between urban and rural development. In the future, this report proposes to optimize the urban spatial structure system, promote the complementary advantages of modern industries, promote the interconnection of infrastructure, promote the co construction and sharing of public services and improve the regional coordinated development mechanism, so as to promote the coordinated development of the two city economic circles in Chengdu and Chongqing to a new level.

Keywords: The Chengdu-Chongqing Economic Circle; Coordinated Development; New Development Concept

B.4 Report on Green Development of Chengdu-Chongqing Economic Circle   *Wang Qian, Chen Shiwei and Feng Yudong* / 099

Abstract: The "Outline of the Construction Plan of the Chengdu-Chongqing Economic Circle" issued by the Central Committee of the Communist Party of China and the Central Council formally proposes "exploring a new path of green transformation development", which marks a new stage of green development of the Chengdu-Chongqing Economic Circle. This report firstly reviews the historical evolution of the green development strategy of the Chengdu-Chongqing Economic Circle since the new century, and divides it into three stages: ecological environmental protection, green transformation and comprehensive green transition; secondly, it systematically summarizes the effectiveness of green development in the Chengdu-Chongqing region, and puts forward four typical models of green city, green production, green life and green trade; finally, the deep-seated problems of concept, dynamics and governance behind the green development in Chengdu-Chongqing region are analyzed in depth with regard to the problems of inputs, innovation, methods and institutions. In the future, this report suggests that the Chengdu-Chongqing Economic Circle should change its thinking and make strategic deployment for all-round transformation and green development; improve the innovation system of green development in all aspects to inject momentum for industrial upgrading; promote the innovation of green development model and upgrade the experience and practice into system; proceed with regional governance authority and responsibility, promote cross-regional industrial collaboration, and push forward the green development of the Chengdu-Chongqing Economic Circle to a new level.

Keywords: Green Development; The Chengdu-Chongqing Economic Circle; Low-Carbon Economy

Contents

B.5 The Report about Open Economy under the New Pattern of
Chengdu-Chongqing Economic Circle *Ran Min* / 130

Abstract: In the Planning of Chengdu-Chongqing Economic Circle, the Central Committee of Communist Party of China and the State Council assign to build reform and opening highland. So, the first, this report gives the concept of the New Pattern Open Ability, that is "absorbing the word quality resources, enhance the domestic and international market to promote participate in the international competition ability". Then, this report constructs the index of regional opening capacity under the New Pattern, and use this index to compare the Chongqing, Chengdu and other 8cities. Finally, this report analyzes the current situation of the opening development of the Chongqing-Chengdu Economic Circle. Finally, this report suggestions to improve the opening capacity, that is, building open channels to construct the advantages of inland areas; building high-quality open platform to develop high-quality open economy; promoting the ability of international contacts to explore new aeras of opening; promoting the ability of coordinated opening to strengthen the internal circulation.

Keywords: New Pattern; Open Economy; The Chengdu-Chongqing Economic Circle

B.6 Report on the Co-construction and Sharing of public
Services in the Chengdu-Chongqing Economic Circle
Mao Jing, Zhou Jun / 153

Abstract: Centering on the strategic goal of constructing the Chengdu-Chongqing Economic Circle, Sichuan and Chongqing continue to strengthen coordination and cooperation in the field of public service. This paper takes the progress of the work as the main line, and systematically combs the development of the cooperation mechanism construction and departmental linkage between the two places, so as to grasp the overall development of public services as a whole. At the same time, it focuses on some key areas of cooperation, deeply excavates the characteristics and highlights, and explores the improvement direction of the next step. Finally, based on the current work, it puts forward policy suggestions for the next step, including further improve the consultation mechanism of co-construction and sharing of public services, continue to reach more consensus on public service standards, continue to promote the in-depth cooperation of public services in various fields and encourage the free flow of resources in Sichuan and Chongqing.

Keywords: Public Service; Open Economy; The Chengdu-Chongqing Economic Circle

Ⅲ Coordinated Development Reports

B.7 Research of synergetic development of urban economies in
Chengdu-Chongqing Economic Circle *Cao Ying* / 163

Abstract: Coordinating and Synergetic development are highlighted in guidelines and principles in the Outline of construction planning of Chengdu-Chongqing twin-city economic circle. Differences of Urban output per capita are calculated by Gini coefficient approach and then synergy degrees are measured through synergetic model based on entropy theory. The Gini coefficients appeared normal in recent years yet in a trend of rising from year of 2011 to 2019, while the degree of synergy ascended slowly and unstably, which were expected to describe the synergetic development of the city group in the twin mega polis area of Chengdu-Chongqing. City Jianyang and City Ya'an were the two main factors causing the un-synergetic development. Some 'mutation' would be expected to occur in the future measurement on the degree of economic synergetic development, which is referred and compared by the calculation of the degree of synergy in the Shanghai-Jiangsu urban agglomeration. The administrators of Chengdu-Chongqing urban agglomeration are expected to uphold the concept and principle of inter-city cooperation over competition, to promote resources and all the productive factors to break through administrative boundaries, aiming to speed up their free flow and accelerate the process of regional economic integration.

Keywords: Urban Agglomeration; Synergy Degree; The Chengdu-Chongqing Economic Circle; Urban GINI Coefficient

B.8 Research on Industry Synergy in the Chengdu-Chongqing Economic Circle *Yi Xiaoqin, Huang Guiping and Yi Yanling* / 175

Abstract: The synergistic development of industry is the concrete performance of implementing the construction of Chengdu-Chongqing economic circle by the CPC. Since the construction of Chengdu-Chongqing economic circle, the coordinated development of the industry has become more active, the coordinated foundation has been consolidated, the coordinated mechanism has been improved, and remarkable achievements have been made in the overall economic operation, the construction of major projects, the level of coordinated innovation, and the introduction of coordinated policies. At the same time, the two places have also explored three new models suitable for the collaborative development of industries, namely, the inter-government collaborative management model, the collaborative development model of key industries, and the collaborative demonstration model of jointly built industrial parks. However, the coordinated development of industry in two areas are still faced with the small urban economic volume, the degree of industrial isomorphism in accordance with the high strong, division of administrative restriction problems, the two governments and enterprises need the joint efforts to set up the ?? new idea ?? of ?? urban ?? integration, vigorously promote the "central rise" in both places, effectively solve the problem of industry homogeneity, fully arouse the enthusiasm of market main body. Therefore, the two places will deepen the construction of Chengdu-Chongqing economic circle.

Keywords: Industry; Synergistic Development; Policy Suggestions

B.9 Report on the Synergetic Development of Education in Chengdu-Chongqing Economic Zone

Zhang Jun, Wang Tianchong and Yang Jing / 189

Abstract: The Outline of the Construction Plan for the Chengdu-Chongqing Economic Circle issued by the Central Committee of the Communist Party of China and the State Council proposes to promote the integrated development of education in the Chengdu-Chongqing economic circle. In order to understand the cooperation in education between the two places, this report selects the basic data of Higher Education, vocational education, compulsory education, preschool education, teacher team construction and other aspects of the two places and analyzes the educational synergy in different historical periods. The study found that the coordinated development of education in the Chengdu-Chongqing economic circle faces opportunities such as policy dividends, people's expectations, and technological empowerment. However, there are alsorealistic challenges, such us administrative separations that make integration difficult, the form of coordination is relatively simple, and the concept of collaboration needs to be strengthened, poor coordination with economic development, and so on. In the future, this report proposes to promote the integrated development of education in the Chengdu-Chongqing economic circle by strengthening the concept of educational synergy, highlighting the dual-core drive, and enhancing educational synergy guarantees.

Keywords: The Chengdu-Chongqing Economic Circle; Shared Education; Education Coordination

B.10 Theoretical logic and Practical Exploration of the Moderate Separation Reform of Economic Zone and Administrative Zone

—*Take Gaozhu New Area as an Example*

Wu Zhenming / 212

Abstract: The moderate separation reform of economic zone and administrative zone (MSREA) is a new path and measure based on the new development requirements on the basis of the practice of dealing with the relationship between economic zones and administrative zones. At the theoretical level, conflict between them arises due to the spatial non overall coincidence of them, the formation of administrative interests and the intervention of economic activities. Chengdu-Chongqing economic circle (CCEC) has jointly built Sichuan Chongqing Gaozhu new area and carried out the practical exploration of the MSREA. We can further promote the MSREA from the aspects of establishing a supervision system to restrict the improper intervention of local governments, dynamically optimizing the allocation of economic management authority, establishing a legal basis for MSREA, and giving economic zones more flexible policy authority.

Keywords: Economic Zone; Administrative Zone; Moderate Separation Reform

Ⅳ Integrated Development Reports

B.11 Analysis of Urban-Rural Integration Development in the Chengdu-Chongqing Economic Circle

Gao Jie, Li Minglu / 221

Abstract: Urban-rural integration development in the Chengdu-Chongqing Economic Circle is a practical need to break the dual structure of urban-rural areas and promote the simultaneous realization of Common Prosperity between the western provinces and the whole country. By sorting out the urban-rural development process of the Chengdu-Chongqing Economic Circle, this report constructs an indicator system from three dimensions of urban-rural economic integration, social integration and life integration, and evaluates the level of urban-rural integration in the economic circle. The results show that the urban-rural integration development levels of Chengdu and Chongqing city in the Chengdu-Chongqing Economic Circle are leading and differ significantly from other cities, and there is a positive correlation between the economic development status of each city and the level of urban-rural integration development. In the future, the urban-rural integration development of the Chengdu-Chongqing Economic Circle will face four key issues: market cultivation in value integration, administrative division barriers in functional integration, reform policy implementation in element integration, and governance mechanism optimization in social integration. We suggest that it should give priority to exploring the coordinated development path of urban-rural industries, innovating the cross-domain optimal allocation of urban-rural functions, deepening the reform of the household registration and residence permit system, exploring the reform of the rural land system, strengthening the guarantee of funds and talents for integrated development, and promoting the mutual integration of urban-rural society and culture to promote the high-quality development of urban-rural integration in the Chengdu-Chongqing Economic Circle.

Keywords: Urban-Rural Integration Development; The Chengdu-Chongqing Economic Circle; Comprehensive Evaluation

B.12 Path Selection for the Integration of Cities in Southern Sichuan into the Chengdu-Chongqing Economic Circle
—*Take Yibin as an example*

Li Jing, Li Liping / 239

Abstract: The master plan for the Chengdu-Chongqing economic circle clearly proposes to support Yibin to build a central city in the southern Sichuan region, and to drive the leap-forward development of the southern wing of the Chengdu-Chongqing economic circle. As a city with the fastest economic growth in Sichuan in the past two years, Yibin has strong typicality and representation. It has outstanding geographical and transportation advantages, rich resource endowments, solid economic foundation, integration of production and education, excellent business environment, comprehensive with strong carrying capacity, it can be positioned as a secondary engine of the Chengdu-Chongqing economic circle. This report conducts an in-depth study on how it integrates into the Chengdu-Chongqing economic circle, in order to provide a reference for promoting the development of the economic circle and for governments at all levels to formulate relevant policies. It is suggested to speed up the modernization of ecological environment governance capacity, build a high-level industrial cooperation supporting system, build a modern industry-education integration innovation system, build a three-dimensional, open and efficient southward strategic channel, and build a high-quality, pleasant, livable, and business-friendly Yibin.

Keywords: Cities in Southern Sichuan; The Chengdu-Chongqing Economic Circle; Yibin City

B.13 Study on the Route of Pan-xi Economic Zone Merging into the Chengdu-Chongqing Economic Circle

Hu Kunxiang / 250

Abstract: This report firstly summarizes and evaluates the basic conditions for Panxi Economic Zone to integrate into the Chengdu-Chongqing economic circle from the aspects of natural resources, ecological environment, industrial base, and location conditions. Secondly, based on the opportunities of constructing the Chengdu-Chongqing economic circle, the major opportunities and main challenges in the integration process were analyzed and judged in terms of industrial economic level, scientific and technological innovation support, location and transportation, and ecological environment. It is suggested that the Panxi Economic Zone should follow the principle of "developing Panxi by integrating, supporting Chengdu-Chongqing through self-construction", and taking "integration-coordination-sharing" as stage goals and development path, and strive to build it into an industrial supporting base, the southward open portal, a health-care sunny garden, dual-carbon strategic support area, collaborative innovation highland for the Chengdu-Chongqing economic circle. Finally, the report puts forward policy suggestions on striving for the compiling of special planning, strengthening policy linkage and establishing a long-term cooperation mechanism.

Keywords: The Pan-xi Economic Zone; Collaborative Development; Sharing Development; The Chengdu-Chongqing Economic Circle

B.14 Research on the Development Path of Sichuan and Chongqing Driven by the Radiation of the Chengdu-Chongqing Economic Circle *Li Shuangqiang* / 272

Abstract: The master plan for the construction of the Chengdu-Chongqing economic circle clearly puts forward that the radiation of the twin city economic circle should drive the global overall development of Sichuan and Chongqing provinces and cities. In order to explore the path of Sichuan Chongqing development driven by the radiation of the twin city economic circle, this report analyzes the favorable conditions and important challenges faced for the radiation of Chengdu Chongqing twin city economic circle to drive the development of the global region. In the future, This report puts forward four suggestions. First, optimize the spatial layout of Chengdu Chongqing double city economic circle, build two lighthouse cities of Chengdu and Chongqing, and strengthen the radiation source; Second, promote the free flow of factors, improve transportation infrastructure and unblock radiation channels; Third, strengthen the construction of sub centers and key zones, and consolidate the foundation of point to area radiation. Fourth, optimize the population in the region and orderly guide the flow of people outside the circle to the inside of the circle.

Keywords: The Chengdu-Chongqing Economic Circle; Radiation Driven; Sichuan-Chongqing

社会科学文献出版社

皮 书
智库成果出版与传播平台

❖ 皮书定义 ❖

皮书是对中国与世界发展状况和热点问题进行年度监测，以专业的角度、专家的视野和实证研究方法，针对某一领域或区域现状与发展态势展开分析和预测，具备前沿性、原创性、实证性、连续性、时效性等特点的公开出版物，由一系列权威研究报告组成。

❖ 皮书作者 ❖

皮书系列报告作者以国内外一流研究机构、知名高校等重点智库的研究人员为主，多为相关领域一流专家学者，他们的观点代表了当下学界对中国与世界的现实和未来最高水平的解读与分析。截至2021年底，皮书研创机构逾千家，报告作者累计超过10万人。

❖ 皮书荣誉 ❖

皮书作为中国社会科学院基础理论研究与应用对策研究融合发展的代表性成果，不仅是哲学社会科学工作者服务中国特色社会主义现代化建设的重要成果，更是助力中国特色新型智库建设、构建中国特色哲学社会科学"三大体系"的重要平台。皮书系列先后被列入"十二五""十三五""十四五"时期国家重点出版物出版专项规划项目；2013~2022年，重点皮书列入中国社会科学院国家哲学社会科学创新工程项目。

权威报告·连续出版·独家资源

皮书数据库
ANNUAL REPORT(YEARBOOK) DATABASE

分析解读当下中国发展变迁的高端智库平台

所获荣誉

- 2020年，入选全国新闻出版深度融合发展创新案例
- 2019年，入选国家新闻出版署数字出版精品遴选推荐计划
- 2016年，入选"十三五"国家重点电子出版物出版规划骨干工程
- 2013年，荣获"中国出版政府奖·网络出版物奖"提名奖
- 连续多年荣获中国数字出版博览会"数字出版·优秀品牌"奖

皮书数据库　"社科数托邦"微信公众号

成为会员

登录网址www.pishu.com.cn访问皮书数据库网站或下载皮书数据库APP，通过手机号码验证或邮箱验证即可成为皮书数据库会员。

会员福利

- 已注册用户购书后可免费获赠100元皮书数据库充值卡。刮开充值卡涂层获取充值密码，登录并进入"会员中心"—"在线充值"—"充值卡充值"，充值成功即可购买和查看数据库内容。
- 会员福利最终解释权归社会科学文献出版社所有。

数据库服务热线：400-008-6695
数据库服务QQ：2475522410
数据库服务邮箱：database@ssap.cn
图书销售热线：010-59367070/7028
图书服务QQ：1265056568
图书服务邮箱：duzhe@ssap.cn

社会科学文献出版社　皮书系列
卡号：652761591719
密码：

S 基本子库
SUB DATABASE

中国社会发展数据库（下设 12 个专题子库）

紧扣人口、政治、外交、法律、教育、医疗卫生、资源环境等 12 个社会发展领域的前沿和热点，全面整合专业著作、智库报告、学术资讯、调研数据等类型资源，帮助用户追踪中国社会发展动态、研究社会发展战略与政策、了解社会热点问题、分析社会发展趋势。

中国经济发展数据库（下设 12 专题子库）

内容涵盖宏观经济、产业经济、工业经济、农业经济、财政金融、房地产经济、城市经济、商业贸易等 12 个重点经济领域，为把握经济运行态势、洞察经济发展规律、研判经济发展趋势、进行经济调控决策提供参考和依据。

中国行业发展数据库（下设 17 个专题子库）

以中国国民经济行业分类为依据，覆盖金融业、旅游业、交通运输业、能源矿产业、制造业等 100 多个行业，跟踪分析国民经济相关行业市场运行状况和政策导向，汇集行业发展前沿资讯，为投资、从业及各种经济决策提供理论支撑和实践指导。

中国区域发展数据库（下设 4 个专题子库）

对中国特定区域内的经济、社会、文化等领域现状与发展情况进行深度分析和预测，涉及省级行政区、城市群、城市、农村等不同维度，研究层级至县及县以下行政区，为学者研究地方经济社会宏观态势、经验模式、发展案例提供支撑，为地方政府决策提供参考。

中国文化传媒数据库（下设 18 个专题子库）

内容覆盖文化产业、新闻传播、电影娱乐、文学艺术、群众文化、图书情报等 18 个重点研究领域，聚焦文化传媒领域发展前沿、热点话题、行业实践，服务用户的教学科研、文化投资、企业规划等需要。

世界经济与国际关系数据库（下设 6 个专题子库）

整合世界经济、国际政治、世界文化与科技、全球性问题、国际组织与国际法、区域研究 6 大领域研究成果，对世界经济形势、国际形势进行连续性深度分析，对年度热点问题进行专题解读，为研判全球发展趋势提供事实和数据支持。

法律声明

"皮书系列"(含蓝皮书、绿皮书、黄皮书)之品牌由社会科学文献出版社最早使用并持续至今,现已被中国图书行业所熟知。"皮书系列"的相关商标已在国家商标管理部门商标局注册,包括但不限于LOGO( )、皮书、Pishu、经济蓝皮书、社会蓝皮书等。"皮书系列"图书的注册商标专用权及封面设计、版式设计的著作权均为社会科学文献出版社所有。未经社会科学文献出版社书面授权许可,任何使用与"皮书系列"图书注册商标、封面设计、版式设计相同或者近似的文字、图形或其组合的行为均系侵权行为。

经作者授权,本书的专有出版权及信息网络传播权等为社会科学文献出版社享有。未经社会科学文献出版社书面授权许可,任何就本书内容的复制、发行或以数字形式进行网络传播的行为均系侵权行为。

社会科学文献出版社将通过法律途径追究上述侵权行为的法律责任,维护自身合法权益。

欢迎社会各界人士对侵犯社会科学文献出版社上述权利的侵权行为进行举报。电话:010-59367121,电子邮箱:fawubu@ssap.cn。

社会科学文献出版社